中國文化叢談

錢穆

三民書局

錢穆作品精萃序

錢穆先生身處中國近代的動盪時局，於西風東漸之際，毅然承擔起宣揚中華文化的重任，冀望喚醒民族之靈魂。他以史為軸，廣涉群經子學，開闢以史入經的嶄新思路，其學術成就直接反映了中國近代學術史之變遷，展現出中華傳統文化的輝煌與不朽，並撐起了中華學術與思想文化的一方天地，成就斐然。

三民書局與先生以書結緣，不遺餘力地保存先生珍貴的學術思想，希冀能為傳揚先生著作，以及承續傳統文化略盡綿薄。

自一九六九年十一月迄於一九九一年十二月，二十多年間，三民書局總共出版了錢穆先生長達六十餘年（一九二三～一九八九）之經典著作——三十九種四十冊。茲序列書目及本局初版日期如下：

中國文化叢談……（一九六九年十一月）

中國史學名著……（一九七三年二月）

中國歷史研究法……（一九八八年一月）
論語新解……（一九八八年四月）
中國史學發微……（一九八九年三月）
新亞遺鐸……（一九八九年九月）
民族與文化……（一九八九年十二月）
中國思想通俗講話……（一九九〇年一月）
莊老通辨……（一九九一年十二月）

二〇二二年，三民書局將先生上述作品全數改版完成，搭配極具整體感，質樸素雅、簡潔大方的書封設計，期能以全新面貌，帶領讀者認識國學大家的學術風範、思想精髓。

謹以此篇略記出版錢穆先生作品緣由與梗概，是為序。

三民書局
東大圖書　謹識

序

本集所收，係本人二十年來有關中國文化問題之講演共二十六篇或則在港九星馬，或則在臺灣各地。其中惟智識青年從軍先例一篇，乃對日抗戰時在成都所講，茲亦附收在內。各篇不分年代先後，略就其內容，又分為上下兩編。上編主就中國歷史指出中國文化之演進及當前文化復興運動之主要途徑所在。下編分述中國文化之各方面，如宗教信仰，道德修養，農村生活，社會經運設計以及科學藝術法律諸端，並及海外移民等，而以中國民族之克難精神及人人必讀書兩篇為殿。凡本人對於中國文化之看法，大體輪廓略具。其他已發表之文字，有《中國文化史導論》（正中）、《文化學大義》（正中）、《民族與文化》、《中華文化十二講》（三民）四種，讀者可取參考。其他尚有未盡收編成書者，此後當再絡續彙集出版。

中華民國五十八年八月中旬錢穆識於臺北外雙溪之素書樓

下編

上編

人類文化之展望

目前的世界，仍是一個動盪不安的世界，政治、經濟、社會、種種問題，雖是先後經過了第一第二次世界大戰，依然不能解決。人類前途，究竟何在，不僅不能解答，卻反見更為迷惘。假如有第三次世界大戰發生，恐怕還是不能徹底解決人類各問題，人類前途將會仍不見光明。這為什麼呢？我認為這正是我們人類當前文化的缺點和病態。因此，我們對目前的人類文化，應該作一番總檢討，來揭發人類文化病源所在，重新認識，然後才能提出改進方策，使人類真能邁向和平光明之路。

文化究是什麼？簡單言之，文化便是人生，只不過是大群集體多方面的人生。和我們各自的小我人生有不同。現在我將把人類文化分開三方面，也就是分作三階層來講。

一、屬於物質經濟方面的，是人對物的問題。

二、屬於政治社會方面的，是人對人的問題。

三、屬於精神心靈方面的，是心對心的問題。

先說第一階層，譬如人生基本所需、衣食住三項，都脫離不了物質經濟關係。可是，物質經濟只可限制人生活動，卻不該把來決定人生活動；而且此項有關衣、食、住各方面的物質生活，也並沒有一定的標準，需到如何階段，纔算有了一解決。因此一應物質經濟，只是人生活動中之消極必需。而不能認為是人生活動中之積極嚮往。若果人類文化，僅僅止於對物的一階層，那麼，這種文化，只可說是一種原始文化。

其次，說到第二階層，由於增進了人對人的關係，而人類漸漸地就形成了社會群體，在社會群體中必然會產生政治。於是遂有各個國家之建立。於國家之下，又有種種集團。為著國家和集團之需要和利益，政治必然要求人服從，不服從，則何來有國家，有集團。所以政治必帶有一種權力性，必帶有一種拘束性和壓迫性。每一國家因其內部鞏固，或向外發展，或抵抗侵略，同時還必帶有一種鬥爭性。然而拘束與壓迫，並不能解決人類問題，鬥爭更不能解決人類問題。當第一次世界大戰時，英國人在他們壕溝裡，祈禱上帝，賜予勝利，打敗德國，那麼人類就會實現和平。同時德國人也同樣地在他們壕溝裡，祈禱上帝，賜予勝利，打敗英國，那麼人類就會實現和平。我們試問，究竟誰一方的祈禱對了。至於第二次世界大戰，似乎祈禱上帝的心情，已遠不如第一次大戰時虔誠。似乎解決人類問題，更偏倚在飛機和大礮上。

就事實而論，政治固使人群團結，但亦使人群隔離，造成國家與國家之對立，集團與集團之對立，因而更引起了人類相互間更嚴重的鬥爭。不是嗎？請看我們中國人，今天要到中國大陸或臺灣去，固然非常困難，就是我從香港到新加坡來，也是要種種手續，不容易！

我以為人類的理想政治，應該遵循下列兩大法則：㈠政治要盡量減輕其權力性，使不致引起對內對外的一切鬥爭；㈡政治要在最小量的服從和拘束中，獲得最大量的自由和平等。人類文化，演進到有國家的階段，是為人類文化進步過程中一大關鍵；繼此還要向前。若是人類文化僅僅止於這一階層而不再向前的話，那只可算是一種半成熟的文化。

現在說到第三階層，屬於人類的心靈精神方面的，那才是人生的本質部分，也是人生的終極部分。心對心，始是人生的最高一階層。心靈活動雖是個別的，所謂「人心之不同如其面」；但心靈的活動必有其共通性，所謂「人同此心，心同此理」。我們心裡的思想和感情，總希望發表出來傳給別人，如果我們內心的思想感情，不能表達，那麼，有思想等於沒有思想，有感情也等於沒有感情。同時，我們心對心的發表和溝通，不論思想情感，都是一種贈予，贈給了他人，而自己仍沒有損失；相反的，可能把自己的思想加強，感情加深而發生出一番普遍的傳播作用。所以說，只有心對心，才能把全人類融成為一個整體。纔是人類文化一個最大目標，即終極目標之所在。

人類文化中最堅實的一項東西便是心靈，它能啟發、能感通和積累、能變化、能享受。我們從物質和政治觀點出發，有了錢，仍然希望有更多的錢；有了權力，仍然希望有更大的權力；這是一種相互分割性的占有慾，由此分割占有，必然會引起鬥爭。鬥爭有各種形式，但總之是鬥爭。我們要從心靈的觀點出發，即如喜、怒、哀、樂、人心中各種情感，都是人類共同享有的公物，是一種共通性的感發和享受；心靈惟一希求只在向外感通，感通即是一種贈予，而同時不失其為一種占有。物的占有是分割的，心的占有則可成為共通的。換句話說，心靈感通乃是一種精神共產。人類文化，便是這種精神共產的結晶和成果。故而物質人生是有限的，心靈人生是無限的，而且它不受空間時間限制。人心一番獲得，可以贈予全世界，可以贈予千百世。人類文化必須進展到這一階層，才是人類文化的高貴嚮往和終極歸趨。

人類文化要是停頓在物質階層或政治階層再不前進的話，都不能說是文化之完成，只有越過上述兩關，而向心靈精神方面邁進，才是人類理想文化的成熟。但是人類文化，儘多在此三方面雖各俱備而輕重倒置的，這就產生了文化病。就歷史而論，在這文化三方面安排比較妥貼的，西方國家中只有希臘，東方國家中只有中國。但希臘文化雖高，在第二階層發展有限制，到底只是一種小型性的政治，未能形成為大國。中國人則由格物、致知、誠意、正心、修身、齊家、治國、平天下這一套的大同思想，和因此而形成的王道政治下，已經演進成為一大國。

中國政治思想，比較不重權力，更不重鬥爭，而多留社會以自由。中國文化，向重安定，不重富強，中國人的人生理想，在前二階層中，只求「安足」二字，政治只求安，經濟只求足，「安」而不「強」，「足」而不「富」，自然也是缺點。但是今天的世局，許多是「強」而不「安」，「富」而不「足」，兩兩相較，可說是彼此各有得失。而中國文化則因在前兩階層，僅以安足為目標，故能使人輕易邁進到最高的第三階層去。

今天世界人類文化當前問題，正在於如何減輕政治和經濟兩階層的重要性，而求更益增進人類心性相互感通的重要性這一問題上。人類不要為了經濟問題而來歪曲政治，更不要為了政治問題而來歪曲心靈，甚至抹殺心靈。這是救治今天人類文化病之惟一大前提。

我們應該為人類心靈儘先安排一良好的環境，先獲得物質（經濟）方面的給養，再獲得政治方面的安定，而後大大地激發人類相互間心靈的感通。換句話說，一切政治經濟等問題，都應依隨著心靈方面的目標而措施，這才是今天人類文化的惟一新希望。而中國文化傳統則正在此一途徑此一順序上有其莫大之貢獻。因此我們身為中國人的更應在此一方面多加努力，多作貢獻，以救國家，以救世界，此乃當前中國人之惟一大責任，特在此提出，敬請大家指教。

從東西歷史看盛衰興亡

一

今晚的講題是由上次講後張先生提出，要我講從歷史上來看中國的盛衰興亡。我今略事擴大，改為從東西歷史來看盛衰興亡。大義承續前講，只是所從言之角度不同而已。

我改從東西雙方歷史來講的原因，因我幼時有一事常記心頭，到今已快六十年。那時我在小學，愛看小說，一日，正看《三國演義》，一位先生見了，對我說：「這書不用看，一開頭就錯，所謂：『天下合久必分，分久必合，一治一亂』，這許多話根本錯誤，在我們中國不合理的歷史演進下才有這現象；像近代西方英法諸國治了就不會亂，合了就不會分。」當時那位先生這番話深印我心頭，到今不忘。那時我還不滿十歲，但今天由我看到西方國家像英法也走上了衰運。不僅如此，我們讀西方歷史，常見他們的國家和民族往往衰了即不再盛，亡了就不再興，像巴比倫、埃及、希臘、羅馬都是顯例。所以西方人講歷史，沒有像我們中國人所想的天運循環觀念。要說一治一亂，亡了再興，衰了復盛，西方人似乎沒有這信念。但中國歷史明明如此，亡了會再興，衰了會復盛。其間究是什麼一番道理，值得我們研究。下面所講，或許只是我一時幻想；但也不妨提出，供大家討論。

我上次講東方文化是內傾的，西方文化是外傾的。西方文化精神總傾向於求在外表現，這種表現主要在物質形象上；這可說是文化精神之物質形象化。其長處在具體、凝定、屹立長在，有一種強固性，也有一種感染性。一具體形象矗立在前，使人見了，不由得不受它感染，因此這一種文化力量相當大。但亦有缺點，既成一形象，又表現在物質上，成型便不容易再改。換言之，不是繼續存在，即是趨嚮毀滅。而且物質形象固由人創造，但創造出來以後，卻明明擺在人外邊，它是獨立自存了。它雖由人創造，但卻沒有給人一種親切感。它和人，顯成為兩體的存在，而且近乎是敵體的存在了。而且物質形象化有其極限，發展到某一高度，使人無可再致力，它對我們乃發生一種頑強的意態，使人發生一種被壓迫、被說服的感覺，而那種感覺又是不親切的。因此，物質形象之產出，固是由於人的內心生機與靈性展現，但到後來，它可以壓迫人，使人靈性窒塞，生機停滯。因此文化之物質形象化，到達一限度，衰象便隨之而起，而且也不容易再盛。

埃及的金字塔，便是文化物質形象化之一個具體好例。今天我們去埃及，面對此巨型體製，無不感其偉大。從其偉大可以引生出我們對自身之渺小感。縱使今天人類科學遠邁前古，但面對此成型巨製，也感到無可措力、無可改進。金字塔本也是由小而大逐步進展的，但最後到達一限度，它定了型，好像超然獨立於人類智慧與力量之外而自存自在。埃及古文化衰了、亡了，但此金字塔則屹然常在，脫離了它所由生的文化而獨立了。

又如歐洲中古時期的許多教堂，宏麗瑰偉，鬼斧神工，也都到達了定型化，無法再進了。可見任何物質形象之偉大，必有一限度，一方面是人類文化進展而始能到達此限度，人類當時的文化精神就表現在此偉大上。但當時人類文化之無可再進，也表現在此限度上。所以物質形象化到達一限度，即回頭來壓迫人，要人自認渺小，自承無能，而人的靈性也因此窒塞，生機也因此停滯了。在耶教初期，以至在羅馬地下活動時，我們不能不認耶教有其不可估量的生命力；但到中古時期，各地的偉大教堂興起，不論教徒非教徒只要一番瞻仰，敬心油然而生，而耶教的新生命新精神也不能不說在向著下坡路而逐漸萎縮了。

今天跑進歐美各地的大博物館，收藏的盡是些巴比倫、埃及、希臘、羅馬，乃至中古時期的各項遺物。要瞻仰研究他們的古代文化，多半要憑藉這些遺物，這說明了他們的文化，正表現寄存在這些遺物上。若捨棄了那些遺物來直接觀察今天的巴比倫、埃及、希臘、羅馬，試問他們的文化在那裡？所以說他們的文化偏向於物質形象化，精神外傾，衰了不復盛，亡了不再興。

二

且離開西方的古代和中古，來看他們幾個現代國家吧。我認為現代西方文化仍然不脫其外傾性而走了物質形象化之老傳統。姑舉他們幾個大國的首都來講。這些首都建設，正也是他們文化精神外傾及其走向物質形象化的一種具體例證。如去英國倫敦，總要瞻仰西敏寺、白金漢王宮和國會。三建築近在一區，就其歷史演變言，實從一個而演化成三個。中古時期的宗教神權，下及近代國家的專制王權，再進到現代的立憲民權，不到一千年來英國全部歷史上三個階段的演進都保留在那裡。他們的歷史文化精神，正可一瞻仰倫敦這一區的三大建築而具體獲得一影像。而由一個展演出三個，又是三個共存在一塊。從這裡我們可以進一步來看英國的國民性是最現實的，又是最保守的；所以又最長於適應與調和。因重現實，過去一切都捨不得丟；要保守，而當前現實又要適應調和。他們的現實主義，由一面保守、一面適應調和來完成。因此產出他們一種無理想而灰色的所謂經驗主義。但這一種灰色經過歷史的長期累積，終於不得不變質，由淡灰色變成了深灰色，再變便慢慢地成為黑色，暗淡無光了。歷史積累，遂成為英國人之一種負擔與束縛。

英國人憑藉他們那一套重現實、重保守、重適應調和和經驗哲學而創出他們一段光輝的歷史，但歷史要再向前而保守有限度。從西敏寺到白金漢宮、到國會，極相異的全保留，而且像是調和成為一體了。全部的歷史、文化精神都從物質形象化中具體客觀地放在那裡。不論是英國人非英國人來此一瞻仰，無不肅然起敬，覺得它了不得。困難的，是物質形象已定了型，極難追隨此下新歷史之無窮演變而前進。若要剗地改造，則是另一回事。所以物質形象化，終於要使人精神被它困惑住，新生命不易再發展。

再看法國巴黎，從凡爾賽宮過渡到拿破崙的凱旋門，成為巴黎市容的中心。廣大的馬路，會合向此凱旋門而八面開展，體製定了，便苦於無法變。由拿破崙凱旋門推擴到拿破崙墓，不論法國人非法國人，一到巴黎就會聯想到拿破崙。巴黎市的建築就表現出法國的國民性，主要乃是一種個人崇拜的英雄主義。由拿破崙而造成巴黎市，法國歷史的光榮，在巴黎市容上表現。到今天，拿破崙陰魂不散，還控制著法國，如戴高樂，何嘗不是受著拿破崙影響而想恢復法國已往歷史的光榮呢？但這也是一種文化外傾物質形象化到達了某階段，而回頭來壓迫說服人，使人限制在此一形象上，不能再有新生機，新開展。除非革命，把巴黎市容整個破壞，從新做起。然而此破壞，亦為人不易忍受。英國人講保守，法國人講革命，都有他們一段光輝歷史，都物質形象化。在他們的首都建設上，正可使我們來推測他們國運之將來。個人英雄主義、經驗保守主義皆不適於新歷史之不斷向前，因此在今天而談英法兩國之前途展望，皆不免於黯澹，不使人興奮。

再看義大利，它是一新興國家，立國遠在英法之後；然而一到羅馬，首先看到許多古代羅馬的遺跡，其次便是梵諦岡教皇宮廷，以及代表文藝復興一段最光輝歷史的最偉大的教堂建築。這些在義大利人精神心靈上是會有一種壓迫感的。倫敦巴黎，是英法人的自身表現，羅馬則是一種先在表現，這些先在表現壓迫它，便不易再起來一個新興的羅馬。像墨索里尼法西斯政權，夢想要把古代羅馬的陰魂來放進這個新興國家裡，曇花一現，當然要失敗。所以義大利的新生機不易成長。只看文藝復興那一時期的表現，義大利人的聰明智慧，斷不比英法人差，正因為在其境內的物質形象化已到達了某階段，遂使這一塊疆土內生機衰落，停滯不前了。

英、法、義以外，要講到德國。德國同是一個新興國家。但義大利有歷史擔負，遠古西方文化之物質形象，重重地累積壓迫在它身上了。德國比較是平地拔起，柏林是一新興城市，又在第二次世界大戰後整個毀滅。在德國的物質形象化方面似乎還沒發展出一定型來，因此他的向前的生命力似乎也比較旺盛。

現再綜述上面所講，我認為西方文化總會在外面客觀化，在外在的物質上表現出它的精神來。因此一定會具體形象化，看得見，摸得著，既具體，又固定，有目共睹，不由不承認它的偉大有力量。這一種文化，固然值得欣賞，但它會外在於人而獨立。我們遊歷到埃及，埃及古國早已滅亡，但金字塔依然屹立。歐洲中古時期各地的大教堂也如此，似乎在此以前的耶教精神都由它接受過去而作為惟一真實的代表似的；此後的耶教心靈，卻不免為此等偉大而宏麗的教堂建築所拘束，所範圍。換言之，從前耶教精神多表現在人物及其信仰上，此下耶教精神則物質形象化了，人物和信仰，不能超過那些莊嚴偉大的物質建設。英法各有一段光榮歷史，亦都表現在倫敦巴黎兩都之物質形象裡去了。遊倫敦如讀英國史，遊巴黎如讀法國史，至少其歷史上之精采部分揭然提示在眼前。然而文化精神表現在物質上，定型了，便不能追隨歷史而前進。起先是心靈創出了物質形象，繼之是物質形象窒塞了心靈生機。前代之物質造形，已臻於外在獨立之階段，與後起之新生機有衝突性，舊定型吞滅了新生機，而此國家民族，乃終於要走上衰運，而且一衰就不易復盛。

再論國家體制，它們也多定了型，所以近代歐洲極難有統一之望。我們由此推想古代希臘各城邦，始終不能統一，而卒為馬其頓所併，希臘燦爛文化，亦終告熄滅。此非偶然。若要在定型後更求發展，則如古代羅馬及近代歐洲走上帝國主義而向外征服，這是惟一可能的路線。但帝國主義違背歷史進程，到後仍只有以悲劇收場。故國家定了型，也是除非革命，從新改造，否則擺脫不了以前的舊傳統。

三

現在代表西方文化的應輪到美國。美國又是一個新興國，其年代比較淺。從歷史來看美國，應可分四階段。我們也不必定讀美國史，只到美國各地遊歷一看，也可明白一大概。因美國不脫西方文化範圍，一切也是外在形象化的。如到康橋，到新港，哈佛耶魯幾個大學所在地，尚可約略想像英國人最先移民來此，他們的社會村落人情生態一個簡單輪廓來。其次看美國首都華盛頓，市區計劃模仿巴黎，可是和巴黎不同，巴黎充滿著個人英雄崇拜、帝國主義的色彩；華盛頓的市區形象顯然是平民化，是民主的。市區中心是國會，向四面展開，而總統的白宮則並不占重要地位。當時美國建國那種素樸的民主作風，一遊華盛頓，還可想像到。接著是美國的西部發展，這猶如中國有南向發展一樣，造成中美兩國泱泱大國之風者在此。此下，就發展出一個極端繁榮的自由資本主義的社會，紐約市作為其代表。紐約市容，亦可謂是近代西方文化到達了一個登峰造極的階段，這是人類一奇蹟，乃是現代西方文化物質形象化之一奇蹟。這當然是近代科學工商文明之一項得意傑作。

華盛頓市代表舊美國素樸的涵帶農村意味的平等民主精神；紐約市代表新美國豪華的高生活的沉浸於物質享受的自由資本主義精神。這兩個中心，到今天，不見有大衝突，這誠然是美國國運之深厚處。但光看它政治經濟，不看哈佛耶魯這許多學校，及其各地鄉村和教堂的情形，單看它東部十三州，不看它西部發展，等於在中國只看黃河流域，不到長江流域去，同樣不易了解美國。因此到今為止，我們還難看出美國的將來。可是我們可以想像，美國實際上大部分由英國移民，雖然兩國國民性有不同，但美國幾百年來的歷史演變，由移民到獨立，而西部發展，而到現今高度的自由資本主義社會，由於基督教與民主政治與自由資本之三位一體而結成為一新美國，他們能兼容併包在一體之下，而亦仍然是物質形象化了，這一點還是保有很多英國色彩。換言之，美國社會也是一個無理想的、現實經驗主義的。到今天只有三百多年歷史，再往下，歷史積累慢慢加厚，將仍不免由淺灰色變深灰色。他們亦已在全盛中潛伏衰象。我們很難想像如紐約仍然繼長增高，更有何種新花樣出現。不僅如此，即現狀也有不可長久維持之可能。今天紐約的飛機場，任何一架飛機不能按照定時起落，天空的沒有降，地上的不能升。任何一輛車不能定時進出，進出的車子排長龍蜿蜒著，亦壯觀、亦麻煩。車子進了市，要找一停車處又極難。本由最科學的發展出紐約，現在的紐約卻變成了最不科學的。最不能遵守時間的是紐約，交通最困難的是紐約。若我們超然於紐約市之外，紐約實在大值欣賞。但進入其內，容身紐約市中，則紐約市實已是外在獨立於人生活之外，而回頭來束縛壓迫人。總而言之，紐約市之出現，亦證明了我所說外傾文化之一切外在客觀化，物質形象化，而已到達了一限度，沒法再進展。

再看全美的公路網，亦是偉大壯觀，有些是八道平行，四往四來，又是上下架疊，終日夜車輛飛馳，但全國也好像被許多繩索緊緊綑紮了。任何人有一輛車，最少一家有一輛，車可以直達各家家門，但你在家想買一包香煙，也得駕車去。一出大門就是公路，最小的也可兩方車子對開。道路交通之發達，剝奪了人在路上之散步自由，週末和星期日有著半天一天閒，除非關門在家困坐，否則開車出門奔馳。若星期五星期一有假期，連得三天閒，那就舉國若狂，披閱明天報紙，準見因車禍死亡的統計數字。平地上的公路網，亦如大都市中的摩天大廈，同可外面欣賞，跑進去，便見困縛壓迫。

在美國，黑人是一大問題，個性伸展與群體緊縮相衝突。如大都市集中，如公路網之綑縛，都會使個人自由窒息，也是一大問題。現狀的美國，顯然有種種隱憂，而其一往直前，走向定型化，愈定型，將使各種隱憂愈曝著，愈難得圓通的解決。

以上講西方文化都帶有一種外傾性，物質形象化之逐步進展，一定會到達一限度，前面便苦無路，人的精神到時就衰下，一衰下就沒有辦法。這些都從最簡單處來講，既不是講哲學，也不是講歷史，只是些親眼目睹的情形，也說不上是我創見。西方學者從經濟發展來討論文化盛衰的，如斯賓格勒《西方的沒落》一書，也認為大都市集中到某一限度，就轉向衰運，古代的羅馬，近代的美國紐約就有其相似處，進一步乃有馬克斯的唯物哲學與其歷史必然論。馬克斯同是西方人，他對西方歷史進展不能謂無所見，固然西方全部歷史不能如馬克斯那樣簡單武斷，但其有所見處，也不該全抹殺。至於我們東方人說歷史，如天運循環，寒暑往來；這一理論，在西方是不易接受的。但即拿人的生命來講，生命走入物質中，從生物學講，每一種生物發展，都有一最高限度，到人類形體，幾乎是再難演進了，人又是不能不死，起初是生命依賴物質而表現，生機在物質中；但物質限制著生機，物質變化，生機壞了，生命亦跟著壞。在生物學上，任何生命不得不依賴物質。有物質，就有死亡，生命只有轉向新物質體中去求再生。這是一個很粗淺的譬喻。但在這譬喻中，實可把東西文化歷史聯挽在一起來作說明。下面我將轉說到東方。

四

講到中國歷史的發展，似乎沒有一定型，至少是不傾向某一定型而發展，亦可說它沒有一個客觀外在具體而固定的物質形象可作為其歷史文化的象徵。因此中國文化轉像是新陳代謝生機活潑。姑舉歷代首都為例，遠從商朝有沬邑，這一代首都也有幾百年歷史，並相當富庶與繁榮。接著是西周鎬京，也是幾百年。秦代咸陽，體制更大。西漢長安，東漢洛陽，南朝金陵，北朝新洛陽，隋唐兩朝的兩京，北宋的汴，南宋臨安，遼金元明清的燕京與北京，各時代各首都的物質建設都極偉大壯麗。讀《洛陽伽藍記》、《長安巷坊志》等書，可見一斑。西方學人對此等甚感興趣，只要有物質具體證據，如殷墟地下發掘，如最近長安古城遺跡發掘，以及其他古器物，都認為是那時文化水準的無上證明。但在我們，歷代首都，一個接一個地毀滅，在今天去遊洛陽長安，真有銅駝荊棘，黍離麥秀之感，俯仰之間，高天厚地一片蒼涼，文物建設蕩焉無存。但國脈不傷，整個文化傳統，依然存在。雅典毀滅了便沒有希臘，羅馬城毀滅了便沒有羅馬；今天的倫敦巴黎不存在了，英法又如何，這就很難想像。這是東西雙方歷史文化一相異點，值得我們注意。

再講整個的國家體制，在中國亦可謂未有一定型。從遠古起，夏商周三代一路下來，大體言之，永是一個中國，實際上中國疆域是慢慢地擴大，而始有今天的。西方又不然，英國就是一英國，法國就是一法國，定了型，再向外，便成為帝國主義。到今天，在歐洲有羅馬、有巴黎、有倫敦、有柏林、有英、法、德、義諸國。國家雖小，歷史雖短，都成了型。即他們講學問，分門別類，有組織、有系統，也定了型。不僅自然科學如此，人文科學也如此。在中國，一門學問劃分得太清楚，太定型了，反而看不起。這好像中國人頭腦不科學，然而這裡面長短得失很難言。這一層，暫不講。要之，拿今天的西方各國來回想從前希臘各城邦，我們可以說，希臘即是今天西歐的縮影，今天西歐之不易統一是可以想像的。但在中國，從春秋到戰國，以至秦代統一，其間楚國燕國各歷八百年；齊國只統治者換了姓，實也有八百年；韓、趙、魏、三晉，都有三百年；宋、衛諸邦都有八百年。當時歷史最短的國家如美國，長的如英國法國。何以秦始皇能一舉而把天下統一了，而且此後就不再分裂。若把西方歷史作比，這就很難講。我只說：中國國家發展無定型，疆土可大可小，可分可合，立國的主要精神不在此。一個國家當然有一首都，其首都當然有其物質建設。然而此非立國精神所在，破壞了也並不傷害國家的命脈，歷史文化生命可以依然還在；從我們的歷史看，這是很清楚的。但西方顯然不同。以上只講歷史現象，雙方不同處已顯見。

因此我們可以說，中國並非沒有物質建造，物質建造則必然形象化，但與中國文化大統沒有甚深之勾聯。即是說中國文化命脈，不表現在這些上，也不依托在這些上；其存其毀，與中國文化大統無甚深之影響。即如今天的北平故宮三大殿天壇北海中南海頤和園等建築都還存在，西方人每好憑此來欣賞中國文化。但中國人心中則另有一套想法。孫中山先生建都南京，中國人都想新中國復興了。在極平常的心理反映上，可知必有一番道理可資闡說。

五

今且問中國文化命脈與其傳統精神，究表現寄放在那裡？上面說過，西方文化是外傾的，中國文化是內傾的。外傾的便在物質形象上表現，內傾的又在何處表現呢？《易經》上有句話說：「形而上者謂之道，形而下者謂之器。」器即屬於物質形象；形而下是說成形以後，客觀具體看

得見。我上面講都市建築，也可說其都屬器。形而上是在成形以前，這叫做道。器可見，而任何器之形成，則必有一本源所在，那是道。開物成務屬器，在開物成務之上還有其不可見之道。因此《易經》上把開物成務都歸屬於聖人，聖人便是有道者。當知宮室衣冠一切文物都從道而來。但這是中國人觀念。

今且問埃及金字塔其道何在？可知西方人所震驚重視者即在器，而中國人必從器求道；苟其無道，斯器不足貴。希臘人雕刻一人像，極盡曲線之美，那又是物質形象；中國人畫一人，重其氣韻，注意在其眸子，在其頰上三毫。這些處，都可見東西方人實在所重有不同。中國古代傳下的禮樂器，乃至一切瓷器絲織品等，專從器方面講，也都極精妙；但這裡更應注意者，在中國一切物中所包涵的關於人的意義的分數卻多過於物的意義的分數。因此中國人又要說技而進乎道，這是中國的藝術精神，在中國藝術之背後也必有一個道的存在。

中國人並不想科學只是科學，藝術只是藝術，宗教只是宗教，可以各自獨立。卻要在科學藝術宗教之背後尋出一道來，此即藝術科學宗教之共同相通處。器有成壞，舊的不壞，新的不成。這一所房子不拆，不能在此再造一所新房子。房子裡的舊陳設不拿走，新陳設就擺不進。一所房子造成，即已定了型，建造工程也從此終止，不能在這所房子上再造。所以西方人要講革命，把舊的拆了造新的。中國歷史上有湯武革命，但意義甚不同。中國人認為道有隱顯，有消長；道顯固然是存在，道隱還仍是存在。如說：「君子道長，小人道消」或「小人道長，君子道消」。消即隱了，但不就是毀滅。道無毀滅之理，可毀滅的即非道。中國人講道，則表現在人身上，人群中；所以說道不遠人，道不離人。中國人所講道，主要是人道，即人之道；因此說中國文化是人本位的。中國人所謂人，包括個人與大群，既非個人主義，亦非集體主義。道則存在於各人，存在於社會，存在於天下，存在於歷史傳統裡。子貢說：「文武之道，未墜於地，在人；賢者識其大者，不賢者識其小者，莫不有文武之道焉。」可見道表現寄託在人；只要人存在，道就不會墜地而盡。

孟子也說過：「待文王而後興者，凡民也；豪傑之士，不待文王猶興。」亂世不會無好人，世界不理想，人仍可以有理想；世界亂，人自己還可治，至少是治在他的心。道消而隱，舉世陷於衰亂，但道仍可以在人。人興，即道興之機緣，道興則歷史時代可以復興，而文王之世亦再見了。故說：「道不行，卷而藏之，達則兼善天下，窮則獨善吾身。」道與善，在我心裡，在我身上。因此說：「文王既沒，文不在茲乎？」我上次講，中國人所謂道即是文化，是指文化中之有價值意義者。中國文化之內傾性，正在其把文化傳統精神表現寄託在各個人之身與心，乃以各個人為中心出發點；由此推去，到人皆可以為堯舜，到各自身修家齊國治而天下平。乃以天下與世界大同為道之極限。到此極限，道仍可有隱顯消長，但道則仍在；故歷史文化可以不斷有再興與復盛。

剛才講過，外傾文化總要拿我們的聰明智慧、技能才力、一切表現到外面具體物質上去。譬如今天美國人要送人上月球，可能十年八年真見此事。自然要整個文化配合，各方面條件夠，才能送人上月球。這是今天西方文化一大表現。我並不想抹煞此種文化之力量與意義；但人上月球又怎樣，能不能再上太陽去？一方面在這裡上月球，一方面卻共產主義與資本主義永遠對立，種種不合理的人生還存在。當前人類各項問題仍不得解決。

西方人遇要解決問題，或表現其文化偉大，每好從遠大艱難處、人所難能而己所獨能處著意用力，如古埃及人造金字塔，英國人自誇其國旗無日落，及最近美國人之要爭先送人上月球皆是。中國人又不然，遇要解決問題及表現其文化偉力，只從日常親切處、細微輕易處、人所共能處下手。我上講提到君子無入而不自得，雖遇無道之世，個人仍可自求有得，其所得乃在道，行道有得，得於己之謂德。德在己，別人拿不去；因此縱在大亂世，個人修德亦可以避艱險、渡難關。國家大事也如此。如孟子告滕告鄒，如宋儒告其君，卻只從正心誠意敬天修德處求。

中國人又說：「士可殺，不可辱」；「三軍可以奪帥，匹夫不可奪志」。原子彈氫氣彈可屈服強敵，夷滅人之國家，今天美蘇互怕，都只怕在此。但每人有其內心決定，有每一人之德操與人格修養，雖不表現在外，看不見，卻為外力所無奈何。中國人又說：「德不孤，必有鄰。」這一細微看不見處，卻可影響別人。「十室之邑，必有忠信如丘者焉。」「君子之德風，小人之德草，草上之風必偃。」一君子有德，慢慢地可以影響後世千萬人，使次第盡變為君子；但小人則無法影響到君子，君子則必不為小人所影響。因此一人之德可以變成一時代的氣運，氣運轉而時代就復興了。

六

《中庸》上講：「莫見乎隱，莫顯乎微。」最容易見的又在隱處，就在人之心；力量最顯著的反在輕微處，就在人的一言一行。《中庸》上又說：「上天之載，無聲無臭。」中國人看天，好從此無聲無臭處看，聽不見，聞不到，然而它的力量最大，可以運轉主宰一切；待具體擺出來那就小了，形而下的則總有限。因此中國人的文化觀，其基本只在道。道存，國家存，民族存，文化就傳下，道滅，那就完了。

所以顧亭林有亡國亡天下之辨。如西周鎬京毀滅了，秦之咸陽、西漢長安、東漢洛陽毀滅了，改朝易代，此之謂亡國。如何是亡天下？中國人不成為中國人，盡變成夷狄了，即是說中國人所看重的人道亡了，這叫做亡天下。明亡了，中國人的政權被滿人奪去，一時大賢像顧亭林、黃黎洲都回頭注意到中國文化傳統上面去。他們不是不想對國家負責任，但這責任負不起。國家體制擺在外面，大亂局面已成，一時挽回不過來；但還有隱藏在後面的文化大傳統。道之興亡，則寄放在每一人身上，因此每一人各有一份責任。因此其文化傳統與道，究也不易亡。因每一人都可為轉移氣運扭轉時代的中心。而且這一事又是最自由，最堅強，因誰也奪不了你的志與德。此番話，說給西方人聽，會說你有點神秘性。這不錯，這是中國人內傾文化的說法呀。

所以我說中國文化是個人中心的文化，是道德中心的文化，這並不是說中國人不看重物質表現，但一切物質表現都得推本歸趨於道德。此所謂人本位，以個人為中心，以天下即世界人群為極量。《中庸》上又說：「人存政舉，人亡政息。」我在幼年時，即聽人批評此說要不得。由今想來，《中庸》此語還是有道理。埃及的金字塔，人亡了塔還在。一部羅馬法，羅馬亡了法還在。中國人則更看重人，光有物質建造，光有制度法律也無用。所以說：「人能宏道，非道宏人。」要轉移世運，責任仍在人身上。

中國人愛講天運循環，又說「物極必反」。物則必有極，極是盡頭處，物到盡頭，自然向前無路了。人之道則沒有極，人生有極是死，後浪推前浪，時代繼續向前，人物隨時轉換，那是從物界自然界來看是如此。從人之修心養德處講，人到達為完人，不是做了完人就必然得要反。而且我在上講又提過，人要做一完人，當下現前即可做，所謂我欲仁，斯仁至。但也不是一為完人便到了盡頭了，他還須時時不斷的修與養。做人如此，世運亦然。世運轉了，不是儘可恃，還有盛衰興亡接踵而來。但不能說道極必反；因道在人為，非必反，亦非必不反。由此講下，恐引伸過遠，暫不深講吧！

現在再講世運與人物。世運轉移，也可分兩方面來講。一是自然的物極必反，饑者易為食，渴者易為飲，久亂則人心思治，那是氣運自然在轉了。但人物盛衰有時與氣運轉移未必緊密相依，成為平行線。有的是新朝開始，像是氣運已轉，然而人物未盛。如秦代統一，這是中國歷史上最大一新氣運，但秦始皇李斯這些人物並不夠條件。漢高祖平民革命，又是一番新氣運，但漢初人物條件還是不夠。待過七十年，到漢武帝時，然後人物大盛。也有些朝代氣運已衰，如東漢末年，而人物未衰，還是有存在；所以到三國時還有很多像樣人物。從歷史看，新朝崛起，不一定就是太平治世，而舊朝垂亡，卻已有許多人物預備在那裡。如唐初新人物早在北朝末及隋代孕育。又如元代是中國史上一段黑暗時代，然而元朝末年孕育人才不少，明太祖一起便得用。明初人物之多，較之唐初無遜色，兩漢宋代均不能比。明亡了，人物未衰，清人入關，那輩人物間接直接，都影響了清初的政治。最近如中華民國開國，這又是中國歷史上一個極大新氣運的轉變，然而那時人物準備似乎還沒有齊全，實因清之末季，人物早就凋零了。到今已經過了五十二年。但西漢開國經過七十年，北宋經過一百年，纔始人物蔚起，何況這五十二年中又是內亂外患頻繁，無怪我們這一時代要感覺到人物異常缺乏。但氣運可以陶鑄人才，新氣運來了，自然有新人物產生。而人物也可扭轉氣運，縱在大亂世，只要有人物，自可轉移氣運開創出新時代。

西方人看法和我們不同，他們注重物質條件，他們總說我們是落後。這幾年來臺灣，說我們進步了。究竟進步在那裡？其實也只從物質條件上衡量。進一步問言論自由嗎？法律平等嗎？政治民主嗎？仍是從外皮形跡看。他們沒有深一層像中國人來看所謂道。西方道在上帝，在天國；權力財富則在地，在凱撒。西方人把人生分作此兩部分。現實人生則只是現實的；理想人生不在現世，在天國。希臘、羅馬、希伯來是現代西方文化三源，又加進新科學，遂成為現代的西方。但這幾方面，始終不能調和融合。在孔子時，若論富強，自然魯不如齊，齊不如晉；但孔子的評論，則魯在齊前，齊在晉上。此後晉分為三，田氏篡齊，魯最孱弱，但安和反較久。唐初亦有一故事，西域高昌王曾派人入貢，見隋煬帝當時物阜民豐，他覺中國了不起，奉事甚恭。隋亡唐興，高昌王聽說中國換了朝代，再來朝，那時正經大破壞，不能和隋相比，高昌從此不再來中國。沒幾年，唐朝派兵把高昌國王捉到，高昌國也就亡了。那位高昌王也正是從物質形象表現在具體上的證據來看一個國家，他可謂是不知「道」，從而也不能好好保住他的國。

七

中國文化最可寶貴的，在其知重道。今再問道由何來？當然中國人一樣信有天。道是人本位的，人文的，但道之大原出於天。中國人雖看重人文，但求人文與自然合一，此是中國人天人合一的理想。不過道總表現在人身；所以人可以參天地贊化育。我又聽近代人常說黃金時代，其實時代不能把黃金來代表作衡量。又常說中國唐虞三代是我們理想中的黃金時代；其實中國人理想中，應該沒有黃金時代這觀念。中國人只說大道之行，孫中山先生也把此四字來想像新中國之將來。這一傳統觀念，我深切希望大家莫忽略過。只此一端，便可使中國永存天地間。中國不亡，中國的文化傳統也永不至中斷。

中國不亡這句話，在今天講來已是鐵案不可移。這又要講到我小孩子時的事。我為讀著梁任公中國不亡這句話，才注意研究中國歷史，要為這句話求出其肯定的答案。在我小孩時，人都說中國要亡。康有為就是這樣講，波蘭印度就是中國一面鏡子，中國是快被瓜分了。到今天，我想不僅我們中國人，甚至連全世界人，都不會想像到中國會亡，這句話已經不存在。但要中國復興、再盛，卻不可專靠時代和氣運。反攻大陸，猶如辛亥革命，有時可以賴著氣運。而中國之真正復興，到底還在我們的文化傳統上，還在我們各自的人身上，在我們各人內心的自覺自信，在我們各自的立志上。我上講每個人不論環境條件，都可做一理想的完人，由此進一步，才是中國復興再盛的時期來臨了。道有隱顯，有消長；道之行亦有大小廣狹；但道則仍是道，不能說道之本身在進步。我們豈能說孔子不如孟子，孟子不如朱子陽明，朱子陽明不如現代的外國人。中國人看法，物質經濟可以有進步，人之生活可以有進步，道則自始至終無所謂進步。德亦然，它可不論外在條件而完成。所謂「東海有聖人，西海有聖人，此心同，此理同。」不能說西海聖人定超過了東海的聖人。因此照中國文化傳統講，量的方面可以擴大到世界全人類，到世界大同而天下平；質的方面則還是這一道。道無所謂進步，因亦無所謂極限，不如形而下之器與物是有極限的。而且道，父不可以傳子；孔子不能傳付與伯魚，仍要伯魚自修自成。所以世界隨時要人來創造，永遠要人來創造。今天盛，明天可以衰；今天衰，明天仍可以盛。這是中國人看法，其責任則在我們每人各自的身上。這是我們想望中國再興復盛一最要的契機。

我這兩次講演，可以推廣來專講東西藝術比較、東西文學比較、東西物質建設的比較、東西人生哲學的比較、整個東西文化的比較。而我此兩講，雖籠統也還親切，並不敢憑空發理論中意見，也決沒有看輕近代的西方。我只想指出一點東西不同處。我們固然應該接受西方的，但也希望西方人能了解東方的。如此下去，或許有一天，誠有如中國人所謂大同太平時代之來臨。可惜我所講粗略，請各位指教吧！

歷史地理與文化

一

先講歷史與文化。我認為此二者，實際是一而二，二而一的。有了歷史，才有文化，同時有了文化就會有歷史。也可說文化是體，歷史是此體所表現的相。或說是現象，在現象背後則必有一體。看著種種相，自能接觸到這個體。可是我們也該明白須有了這個體，才能發生出種種相。

講到表現在歷史外面的種種相。只就粗淺講，歷史有長，有短。這是時間綿延。中國歷史可說在世界任何一部歷史中是最長的。過去的埃及、巴比倫、希臘、羅馬，他們的歷史都已完了。現在西方各國有的只有七八百年，有的只有兩三百年，有的歷史剛開始，只有幾十年。而中國歷史，有器物、有文字，可以具體講的，總在四五千年以上。至於中國歷史長，別人家歷史短，這是歷史表現的一個相。也可說歷史有大小，拿歷史的內容講，有的歷史範圍很小，有的歷史範圍很大。如希臘歷史範圍就很小，羅馬比較擴大了，但比起中國，廣土眾民，直自秦始皇時代開始就同目前差不多，也可說在世界各民族的歷史中間，中國歷史是範圍最大的一部。除了歷史之長短大小以外，可以進一步講，有的歷史繁複，有的歷史簡單。中國歷史又是世界人類所有歷史中間最複雜的。試看清代《四庫提要》，中國史籍卷帙之多，分類之廣，試舉一例就政治區域分，有省、有縣，還有更小的一鄉市莫不有史，中國史中之方誌，在世界上是獨特的。即如一個家，任何一家幾乎都有歷史記載。特別是孔家，從孔子到現在，有世世相傳的一部家史，世界上更沒有第二個家庭具備到兩千五百年以上的歷史的。再說到個人，古代書多失傳暫不論，但自唐以下這一千幾百年，中間歷代各方面有名人物，多數有年譜。從生到死，一年年詳細記下，其他方面不勝縷舉，故說中國歷史記載最複雜，西方歷史記載較簡單。再就政府組織論，中國政府自秦以下，試看歷代正史如百官公卿表、職官志之類，可以知其組成之複雜，即就現代西方政府論，也並不比我們歷史上的政府複雜得很多。因此，現代西方人講政治，只分立法、司法、行政三權，但我們　國父孫中山先生，卻根據我們歷史來加進監察、考試兩權，此兩權在中國歷史上就有了幾千年的演進。可見孫先生腦筋裡的民主政治，比之西方人幾百年來所討論的要繁複得多了。我所說的歷史之繁複與簡單，大家就此推求便可處處得其證明。歷史又有安定性與不安定性之比，拿世界上各部分歷史來講，中國史最富安定性，西方歷史則變動超過了安定，我們是安定超過了變動。當然我們的歷史也有變動，但比較安定。古代西方如希臘、羅馬倏起倏滅，這些且不講。專講近代，英國八百年歷史，其中變動很大。德國兩百年歷史，其變動更大。以前如此以後可知。西方人因為在變動的歷史中成長，他們認為歷史應該變，變動才有進步。但我們認為真進步，定在安定的情形下才發生，變動過程中的進步，我們認為靠不住。因其下面還要變。在一個安定狀態下的進步，進一步同時保留一步，這才是真進步。我上面所舉中國歷史，在長的時期，廣大的範圍，複雜的情形，安定的過程中，三四千年，一路下來，像這樣一部歷史使我們很難看，很難講，不容易看清楚，不容易講明白，譬如一個遠行人，他環遊世界，今天到這裡，明天到那裡，在一個極變動的狀態下，好像得到很多知識，當然有很多話可以向人講，亦可以寫很多字的書來記載報導。但另外有一個家庭，在長時期中，安安穩穩在一個安定的環境中過活，他們似乎無話可說，但我們深一層求之，他們一家人之所瞭悟所獲得，或許會比常在變動旅行中的人所得更深更實在。因此我說中國歷史有深度，比一個在變動的、簡單的、短時期的、小範圍的歷史內容來講，他們是深度不夠，是比較淺顯，講歷史講到英雄、戰爭、勝敗、興亡，聽來很動人，同時也易了解。如法國大革命，拿破崙故事，戰後德國復起，希特勒故事，這一切，其實易講易知，而中國歷史則並不然。

我們可以說歷史不同，就是文化不同。所謂歷史不同者，不是幾個人名，地名，或幾件事情之不同。我所指乃是剛才所說的幾種相，長、短、大、小、繁複、簡單、安定、變動、深、淺，當然還可繼此分出種種相。在這種種異相之後，便可講到質之不同。我們也可說因為文化相異，所以產生出歷史面相不同。我常喜講中國《易經》上一句話，「可大可久」，要可以擴大，可以長久。一個人的事業，乃至一個國家、民族、一種文化，都希望能如此。《易經》，就是要講變，然而所謂「窮則變，變則通，通則久」，只有通了纔可大而可久。孟子說「所過者化、所存者神」。歷史上一切經過都化了，傳下來能存的則是不可測的一種神。也可說中國人講歷史有兩個字，一是「通」，從外面講要能通，一是「存」，從內部講要能存留下來。若使今天進步了，明天又推翻了，沒有了，不再存在了，這不是我們所要的進步，一面進步，要一面能存留。西方歷史，如希臘如羅馬，如中古時期如近代帝國，都不能存，現在歷史跑到美國去。再過一時期，又如何呢？他們對歷史上一切能留不能留，似無自信，一切只是過而不留，保存不下來。像大英帝國吧，到今天不是不再能保留了嗎。中國人所講與西方不同。他們認為變就是進步，要進步一定要變。中國人講的是要通、要留。這樣纔是可久可大。不論研究生命或生物，一定要有稟承，有變通，能綿延。這也可說是中國的傳統歷史文化精神。我們看歷史面相，正如相人一樣，相人是注意一個人的面孔，又看他坐和立，看他種種形相，就能約略知道這人的個性。我們只看歷史的種種相，也就可以懂得它的文化精神。

二

前面所講是歷史面相，拿別人家的歷史同我們的一比，長短，大小，繁簡深淺顯然不同。而歷史之主幹在人物。歷史只是人事記載，在人事中有傑出的人，起領導作用，主持歷史命運的，便是歷史人物。沒有人物，僅有社會，也不會有歷史，如非洲社會存在並不比中國社會遲得多，只因沒有人物就沒有歷史。希臘社會依然存在，但到羅馬興起以後，希臘就沒有了人物，有些人物轉到羅馬去。希臘也便沒有歷史了。羅馬覆亡以後，社會還存在，而人物不同了。羅馬歷史也中斷了。講到歷史裡面的人物，我想全世界任何一個國家民族的歷史記載，都沒有中國歷史裡的人物豐富。也可能因為中國人很早就懂得人之重要，所以在歷史記載裡把人物的重要性很詳細的透露出來。至少從太史公《史記》以下歷代正史都是列傳第一，把一個個的人物，分別作傳。即在《史記》以前，試看《左傳》，裡面就包括多少人物。在中國歷史裡，可說有各式各樣的人物。有政治人物，有軍事、外交人物。有學術人物，有哲學、文學、史學等種種人物。科學上有醫學、工程、水利、農業、天文等種種人物。藝術上，有建築、書畫等種種人物。中國歷史上人物分類最多，若把英國歷史，算他八百年，把他們的人物都寫下，把我們歷史上切一段八百年人物也寫下，分類比較，我們相信必然是中國人物豐富，多采多姿。只有最近一百年，中國人才凋零，西方新科學興起，人才蔚盛，但這是一時期的現象。

此刻再進一步說歷史人物從什麼地方來？我說從文化陶冶而來。從文化中陶冶出人物，同時也由人物來指示、創造、改進這文化。文化的創造、發揚、精進，都要靠人物。因此我們研究歷史，進一步，應研究歷史的靈魂，這就是人物了。治亂盛衰興亡，乃及黑暗、光明，都關係在人物。而我們今天研究歷史的，即略去人物不講，專講社會，如所謂封建社會，資本主義社會，共產主義社會等。其實在這後面，還不是由幾個人在那裡操縱主持。有人拿著一個共產社會的口號來驅策民眾，硬要創造出一個共產社會。這並不是歷史命定。因此我們不能不說列寧、史達林、毛澤東也是一個歷史人物。現代中俄社會為什麼這樣變？這並不是一個理論，而是背後有人在操縱。人物之辨主要有正人、大人與邪人、小人。東漢以後為何會有三國？主要在出了一個曹操，曹操不能說不是一人物，政治、外交、軍事、文學他都行，可是是一個邪人小人，由他來造成下面一個黑暗的時期。我們從中華民國創立以後，為什麼會插進一段大陸的赤化？這也不是一個理論，還是由於人物，出了一個毛澤東，毛澤東不能說他不是中國歷史上一人物。正如民國初年出一個袁世凱，他們都有力量，有作用，可是也都是一個邪的，小的。使中國近代史平增禍害，橫添曲折，因此中國人一向看歷史，是重看人物的。

三

講到人物之產生，就曾講到地理。人物是歷史的主腦，地理是歷史的基礎。若說歷史如一本戲劇，演劇的是人物，而地理即是戲臺。我們從歷史上看，並不是某地可以產生人物，而某地不能產生人物。也不能說某地產生某種人物，而別一地則產生另外一種人物，當然，如看西洋史有英國人同法國人，法國人同德國人，他們國民性不同所出人才也有分別。中國有地方性，南方人同北方人，沿海人同西北人，也有不同。但既成為一人物，應能超疆域的。如一個文學家，法國的文學家英國人也歡喜，英國的文學家德國人也欣賞。又如一個政治家，江蘇人到陝西去做地方官，陝西人會佩服他，東北人，到廣東雲南做地方官，那裡也會對他了解，服從尊敬。可知人物並不為地理所限，不能說什麼地方出人，什麼地方不出人。至少我們應有這樣一個觀念，任何地區都能產生人物。這一層即拿中國歷史便可作證。但為何有時某一地區卻不產生人物？理由何在？我們應另作推尋，我們不能說北美洲是產生人物的，南美洲是不產生人物的。我們中國內地能產生人物，而我們之四鄰如西藏、蒙古等地也都曾產生人物。朝鮮、日本、安南，再遠到印度，亦都產生人物。出產人物之多少盛衰，背後另有原因。我們不能說這個地方太熱了就不產生人物，這個地方太冷了又不產生人物。又說這個地方太窮了不產生人物，又說這個地方太富了又不產生人物，這樣講法太浮泛。我們要作進一步研究，先認定任何一地區都可產生人物，中國人有一句話說「人傑地靈」，人物傑出，才覺得這地之靈，而地靈不一定有人傑的。歷史最重要的是人物，我們要抱一信心，任何地都可產生人物，我們研究地理，有很多不同的地區，從歷史上看來，各時期產生人物的地區，常在轉動著。某個時期，某地方產生人物特別多，為什麼在這時期傑出人物都在這地方呢？為什麼換一個時期傑出人物又轉到別地方產生呢？顯然西洋史也同樣，如最先人物都出在希臘，後來轉到羅馬，以後又到別處。歷史要靠人物，人物可以將這個地區黑暗的歷史變為光明，也可將這地區光明的歷史變為黑暗。人物可使歷史起死回生，看時奄奄一息了，有個人物出來，就百病皆消，健康起來，精神恢復了。但也可把一段活活的歷史弄死。出了一個反面人物，可使時代在忽然間變一面目。所以我們要把握時代的命運，最重要注意在人物上。

當然我們希望能多生人物，來支撐、扭轉局面，來開下面的新歷史。但諸位不要認為人物只產生在某一地區上，任何地區都能產生人物，尤其在中國的廣大疆土之上，各時代，各地域，都曾產生了不少人物。簡單講，唐以前，北方人物多，宋以後，南方人物多。我們當研究其關鍵所在，我想我們講中國事，不妨用中國原有的話來講。我將用「風氣」簡單的兩個字來作說明，天的風氣是流動，轉變的。一切生命，當然要春風和氣。天暖了，下些雨，陽光，水分，和風通暢，一切生物都生長了。到冬天，寒冷，蕭殺，生物就凋殘了。這是風氣影響著生命。

中國人常謂，人物產生於風氣，在某種風氣下就產生人物，在某種風氣下就易產生某種人物。其實說風氣，猶如說氣候。某種風氣，也定要等到某個時候它才能生長出這力量來。所以風氣必有一個候。這是一個等候，定要時機到來，機緣成熟了，那麼便是氣候到了。一如春天來到，也定要待暮春三月才能百花生樹，群鶯亂飛。這是自然的氣候，也有人為的氣候，中國人又稱「火候」。如煮一杯水，定要等待幾分鐘，那水才沸。煮一個雞蛋，要看著錶，或老，或嫩，都要看火候。也說火功，用文火或是用強烈的火？經過多少時可以燒成陶，或煉成鋼。歷史上的所謂風氣，也要等到某種程度，某個階段，才產生人物來。我們講教育，說十年樹木，百年樹人，便是拿生物來比人物，栽一棵樹要十年工夫，栽培一批人才差不多要百年工夫。植物生長，一定是春天來了，先是梅花、楊柳，而後到桃花以及其他，有一段時期的經過。中國人講教育，所謂春風化雨，就是拿作師的當做一個天地。天地可以產生人，而文化教育可以產生人物。物是一種品質之稱，高級的理想的，經過選擇的品種，才叫物。普通人只是一個人，有品種分別，如聖人，賢人，政治家，軍事家，思想家，文學家，藝術家，分等分類，這是第一級，這是第二級。政治家有第一流的，也有第二流的，文學家也有最高級的，次一級的。這樣分類，分級，叫做物。物是一個品種，天地，只能生人，在人中間要培養出各種品種，分門別類，多采多姿，這才是所謂人物。陶鑄人物的權就在人自己的手上，天地生人，等於自然原料，人物須等加上製成，拿原料如棉花、羊毛，經過人類的科學技藝，可以造成種種布料，人也要經過一個大的工廠或一個大的工程師來製造他。中國人稱做陶鑄，等於在爐子裡煉鋼，在窰裡燒陶器。春風化雨，就是人代天工，作育人才，即如桃李滿門，朱光庭到程明道先生家住了一個月，回來後，別人問他，你到了程先生家，得到什麼印象？他說如在春風中坐了一個月。人須有生氣，在人格上、學識上、性情上，各方面都該有生長，如在春風中，經過一段氣候，才成為一人物，也有人說，程明道一團和氣。你一接觸到他，你的一切感情、理智各方面，經過這和氣，就可以得到扶養，成長到某個境界中去。《易經》上說「天地變化，草木蕃」，天地是一片自然產生萬物。人文陶冶，教化作育，是在這許多原料中精製出很多理想的品種來。我們的社會，歷史，文化，是另一個天地，這個天地，在我們人的自己手裡，要能造成氣候，生長人物。如清朝末年的曾國藩，他在軍營中，過著一種戰鬥生活，但他的幕府就是一個小天地，跑進幕府作賓僚的，後來都是人物，他的幕府等如一個園地，他自己是一個農師，可以有很多花草在他手中生長起來。所以我們在任何一個時代中，要提倡有一種風氣，在此風氣之下，須能作育，陶鑄人才。有了人才，纔能改換歷史。在某時代，某地區，具備這種氣候，就出人物了。這種風氣過去了，人物就不出了。我們可以把中國史分期來看，唐代人才開始在那裡，後來在那裡；宋代人才開始在那裡，後來在那裡。我們細求它原因所在，這裡面就把握到一個歷史的重心，可以旋乾轉坤，可以來開創新時代。開創新時代，一定要有新人物，而新人物一定在新風氣中產生。天地也是一樣，風氣必待凝成，冷也好，熱也好，都得積漸凝聚而成。好像我們剛才所講的火功，爐子裡的火一定要集中在一點上。我們只要能在某個地區養成某種風氣，某個地區便會出人才。而後慢慢傳播開去，傳播到其他地方，這個風氣要可久，一代傳兩代，傳三代，這個風氣又要可大，一地可以傳播到別地。倘使這風氣消失了，人才就沒有了，人還是照常。他們的聰明體力，並不比前一代差，然而他不能繼，不能傳，不能成一個高的品質，不能繼續成為一人物了。我們在這裡就得到兩個教訓。第一個教訓是歷史的主持者是人，第二個教訓是人在各個地域都可以產生，而主要在有一風氣。這種風氣由少數人提倡，即可以形成。

四

不論中外，一個大的文化傳統，所謂文化精神，是不會消失的。這種文化傳統精神，彌漫在天空，散佈在各地，然而我們若是不能和這種歷史上大的傳統精神接觸，便不能發生出實際影響來，譬如：廣播電臺的歌聲，散佈在太空，只要有一個收音機，這歌聲就會進入我們耳朵裡，倘使沒有一個收音機，那歌聲便像沒有，其實它是存在的，而我們不覺得。孔子說：「文武之道，未墜於地，在人，賢者識其大者，不賢者識其小者，莫不有文武之道焉。」所謂文武之道，即是歷史文化傳統。他說歷史文化傳統沒有掉下地，還在人身上，不過賢人得其大，小人，不賢者得其小，莫不有此文武之道在我們身上。今天我們講中國文化，講孔孟精神，講五千年中華民族的精神道統，也都還在我們身上。不是在某一人身上，全國家、全民族，每個人身上多多少少，大大小小，深深淺淺，都有的。所有說沒有掉下地如巴比倫、埃及、希臘，他們也有他們的歷史傳統，文化精神，可是掉下地了，不再在人身上，不再在社會上。今天我們到埃及去，在埃及人身上和其社會上，找不到古埃及的文化。到希臘亦然。我們研究埃及文化和希臘精神，便要到地下去發掘古器物。一個雕刻，在裡面可以見到古希臘的精神；一個金字塔，在裡面可以想像古埃及的文化，即使今天我們發現少數幾本古書，實際上也已經隔一層，至於古物，更隔一層。西方人研究古代文化，第一是研究古器物，研究埃及也好，希臘也好，多如比一塊石頭，地下一個小箭頭，都重要，在這裡面可以想像出古代的文化。第二是拿各地的土產，如臺灣的土產，菲律賓的土產，拿來可以研究這個地方的文化。這是一種褊狹觀念。主要的，文化應在人身上，在我們人的感情、理智、生命中。當然器物也可以表現出文化，但已經掉下地了。你掉下去，我可以檢起來，希臘的掉下地，給羅馬人檢起，羅馬的掉下地，給現代歐洲人檢起。現代歐洲人的恐怕也快要掉下地，又給美國人檢起來。美國人的，又要掉下地，主要在他們不懂看重人。我們中國人的文化傳統還把握在自己手裡。不是一些器物，而是一種內部的精神和生命，賢者識其大，不賢者識其小，莫不有文武之道在我們身上。西方人對於這一點，似乎不曾深切了解。他們講歷史哲學，從黑格爾到馬克斯，直講到今天，總說正反合。其實反是要不得的。埃及一個正，一反就沒有了，希臘一個正，一反又沒有了。羅馬一個正，北方蠻族來了，又是一個反，羅馬的一切又掉下地了，又由別人再來合起來，所以我說他們歷史的變動性很大。中國人看重正不看重反，常說反敵不過正，而且正與反絕對不會合，兩漢是一個正，曹操、司馬懿是一個反，反不勝正，此下的傳統還是兩漢的。不是漢高、光武和曹操、司馬懿合起來，而成為唐代之復興的。中國人講歷史重正統，論人物也只重正面的、光明面的，不能說孫中山、袁世凱一正一反，合成了此下的中華民國，中國人的歷史哲學，自有一套，對不對，可把歷史來作證。所以研究中國歷史就是研究中國文化。如製造一件東西，先要在實驗室裡試驗過，一個醫藥上的發明，光要臨床實驗，看過多少病人的反應，才知道這藥對不對。一套理論，也要拿歷史經過來看它對不對，馬克斯的學說，根本是短命的。他要從矛盾到統一，下面再沒有了，豈不是死路一條。大家共產了，世界也沒落了，人類歷史，永遠得向前。若今天全世界都換成共產階級專政，該問下面是什麼，若下面便沒有變，生機便窒塞了。所以說它最成功也是短命的，中國人看歷史看重在人生上，中國文化傳統的一套精神應知另有說法，可以無窮無盡，日久月大地向後推演。

五

現在再講到歷史文化傳統最重要的在人物，人物不是自然產生的。如天地生物草般也不是命定的，有了這一定有那，革命不可避免，社會必要突變，正了必要有反，中國人不作如是想。如一個園林要弄得乾乾淨淨，只見花，野草生來就剷了。人才須陶鑄作育，這不是法律，不是宗教信仰，而是人與人間的一種風氣感動，太陽出了，和風來了，你覺得很舒服。但不是由它來控制你，改造你。大風起於青蘋之末，梧桐葉落而知天下之秋，履霜堅冰至，中國人講歷史，要講最先一點起在那裡。現在我們要陶鑄新人物，開創新時代，便要有新風氣，新風氣起在少數幾個人身上，試問這少數幾個人究從什麼地方來發動、來產生，而形成此風氣？這一最先發動處究在那裡？中國人從前歷史上教訓我們，主要就要教訓這一點。這一點卻並不是哲學，若照西方人哲學講法，或說我下面一番話是唯心論，是玄學。但我所講是一種實事實證，拿歷史人事，拿眼前人事，拿自己親身經驗都可作證。我現在要講開創新時代，新文化，需要有新風氣、新人物，但此類風氣卻在我們少數人身上，今天我們都可以在自己掌握中旋乾轉坤，開出一套，慢慢形成為風氣，慢慢陶鑄出人才，而最先，最精微的一點，則在我們之內心，在內心中透露出一點光明。這一點光明亦就是歷史，文化上的光明，它開始在我們某一人，或某幾人的內心中，一下透露。如孔子說：「吾十有五而志於學，三十而立，四十而不惑。」所謂十有五，不一定是十五歲。總之是在他青年時，他心裡忽然感覺有志於學了。三十而立，也不一定硬是三十歲，總之經過十幾年工夫，所學成立了。我們說的氣候正是這樣，春天，慢慢的從立春這個氣節開始，一段一段過去，經過梅花、楊柳，到杏花、桃花，下面便是夏天了，再過三個月，秋天來了，梧桐葉落，慢慢變下，直到深秋。那麼正如孔子十有五而三十而四十，一路向前般，但他學的是什麼呢？孔子自己說：「好古敏以求之。」他所學是一套人本位的學問，是一種歷史傳統文化學，他極看重人物。一部《論語》，孔子所批評的人物，從堯舜起，到孔子當時止，這些人物他都在天平上一一稱過。他說：「甚矣，吾衰也，久矣，吾不復夢見周公。」他在年輕時，心裡主要只有一個周公。故說：「如有用我者，吾其為東周乎。」可見他自有一套，也不全是依照周公。他只融會了周公的，在他年輕時，心裡忽然有一點光明觸動，他才跑上這條路。又如投下一顆種子，慢慢發芽、生長，完成了將來孔子的全人格。而這顆種子，二千五百多年傳遞下來，都還在我們的身上，都還在我們人的心裡。孔子以外，我們也可把歷史上許多大人物，大聖賢，大英雄，大豪傑，成功大事業，發生大影響的，挑一兩個作榜樣，來讀他的傳記，或年譜，從他年輕時一年年下來，如能透視到他的內心，可以約略看得出來，他從什麼時候開了這一點光明慢慢培養？慢慢長成，發揚光大？然後成他這個人。他的外面表現，就是一種風氣。教育是拿人來教人。一定是他自己有這一陣風，有這一段氣，你接觸到他，聽他的言論，看他的行事，就感染到他的影響。我們縱不能直接接觸到他，讀他的傳記，讀他自己寫下的文章，體味他自己說的話，許多方面拼起來，自有一個影像。總之一切事定從人發生，諸位讀科學發展史，沒有科學家怎能有科學？科學的原理原則，如我剛才所講也是散佈在太空，在地上，要到某個階段，在某人之一剎那間接觸到，蘋果為什麼掉下地，他心中一觸機一開悟，慢慢一步步地發現出一套真理來，沒有科學家，便不會有科學，也可說沒有飛機以前，已經有飛機之理存在，沒有太空船，已經有太空船之理存在。一切科學物理總是早已存在的。至於我們怎樣發現出這個物理，當然必先在我們心裡浮現出，從飛機到太空船，經過多少年代，它也有一個氣候。必有一批從事於此的專家。而這些專家總有他從某剎那的心中開始，而發展成熟，這是事實，非理論。張橫渠說：「為天地立心，為生民立命，為往聖繼絕學，為萬世開太平」，開始也要從一念間，內心這一動上。一個做學問的大體系，自格物、致知、誠意、正心而至修身、齊家、治國、平天下。今日格一物，明日格一物，格物後就致知。以至於誠意正心工夫要靠他內心自己發動。某個人在某種機會中，忽然有一線光明在他心裡浮現，慢慢就等於如一顆種子，要有一段時間，要有一個氣候。一顆種子掉下地，便要長成為一棵樹木，中國人對於這套學問，可說講得非常具體，非常透徹。但我們總不相信，總從外面求，認為治國、平天下，應研究政治學、社會學、人類學，研究軍事、外交等。而《大學》卻從正心、誠意、修身講起。

把我們人看做一個小天地，這個天地要從他內心認識起。不是說一個權力在我們手裡，我們就可以改造這世界，支配這世界。諸位拿古今中外歷史來看，從秦始皇到希特勒，到毛澤東，若他可免失敗，則全部人類歷史亦須改寫。我們莫要少見、短見，儘從目前情況看。你若問毛澤東何年失敗，那自然不可知，須待氣候到，此乃一種人理。我們從內心一念之際，慢慢自己誠意、正心、修身，造成一個氣候，作育一批人才，而到齊家、治國、平天下，這是孫中山先生所講的王道，以心服人。人同此心，心同此理。以力服人是霸道，權在我手裡，要怎樣就怎樣，那麼下面只有革命。我們講的是治道，政治在道之中，法律、軍事、外交一切莫非道，道便是一個文化理想。《中庸》裡講：「自誠明，謂之性；自明誠，謂之教。」「人一能之，己百之；人十能之，己千之。」「得一善，則拳拳服膺。」這是講工夫。我們每一人，或者一天，或者一月，或者一年，他們心裡總有一片光明。然而沒有這套工夫，氣候沒有成熟，這東西便過去了。若氣候成熟，則如吾十有五而志於學，三十而立，四十而不惑，到後自見影響。

孫中山先生又說，信仰產生力量，若我們不信這心的一念之微可以掌握歷史命運，可以開創新局面？便不見有心的力量，但信後還得用工夫，要訓練，天地生人是普通人，要我們自己訓練。訓練有積極，有消極。我們可以用消極的訓練，來達到積極的成果。因積極的比較難，孟子說：「狂者進取，狷者有所不為」，進取自不容易，自己心裡那樣想，外面不照你那樣。自己的信心先失了，要待外面風氣轉，我們也隨而轉，我們還不過是一個普通人。我們要信得自己的心，有一種力量，至少可以支配我自己，真到可以支配自己，也就可以轉移社會。孔子所講最大學問是「仁」，後人所謂天地萬物一體，修身、齊家、治國、平天下，也都是一仁字。怎樣能仁呢？孔子說：「我欲仁，斯仁至矣」，這話似乎很簡單。有一天這個仁心開了，但等一會又丟了。儘管人心裡有仁，然而不發生大力量。如何從我們這內心一念之際而造成出力量，這就要自己有信心。信心不能失敗，失敗了這個信心也會掉的。我們常說勇往直前，失敗為成功之母，我覺得培養信心還是不要叫他多失敗，多碰壁，顏淵向孔子問仁，孔子說：「克己復禮為仁。」顏淵又「請問其目」，孔子說「非禮勿視，非禮勿聽，非禮勿言，非禮勿動」，四個勿字都是消極的，在佛家謂之「戒」。我們該先自立一個戒條，絕對不做，隔壁有人講話我不聽，不動心，這就是非禮勿聽，別人家的信我絕對不看，這是非禮勿視。慢慢一條條來做，看是一件小事，然可培養你心中力量。積年累月，這個人的內心力量，可以影響到別人，影響到社會。並不待外面給你一個機會，給你一番權力，主要還在己心，要使你的心能支配你自己，開始不要從積極方面做。因積極方面多牽連到外面，關口重重，有時闖不開，不如先從消極方面支配你自己。如那邊講話我不聽，不動心，從這樣最簡單的幾條裡，可以訓練自己，有所不為。如不說一句假話，像是普通事卻不易。司馬溫公有一學生問他怎樣做人，他說只有一個「誠」字。又問怎樣叫做誠，他說只不要講假話。這學生記住這句話，下了十年工夫，才感到這句話不容易，可是他亦就是歷史上一人物了，這工夫是自己內心工夫。不是說要我能支配我的心，乃是我的心要能支配我，若連自己都不能支配，怎樣支配人？孔子稱讚子路，說他穿一件破棉袍可以同一個穿狐皮袍子同站一起，而泰然自若。謝上蔡說，你在家裡吃青菜湯飯，客人來了，你怕他看見，倘使是一碗雞湯，客人來，你心裡泰然，這樣人的心可說一無用處，一碗雞湯也夠支配了你，還能擔任事業？作育人才，創造歷史嗎？孫中山先生說革命先革心。我們要革歷史的命，卻不能革自己的心，可知這是空講。佛家說戒了，能定，定後能生慧。此如《大學》上講「知止而后有定，定而后能靜，靜而后能安，安而后能慮，慮而后能得」。常人一天到晚在慮。但都是無頭考慮，儘考慮也不一定能得，得了也守不住。你先要把自己心定下來。如教小孩子讀書，儘讓他亂跑亂動怎樣讀，先要叫他安定下來，才能用此心。如何叫他安定，先應有一個戒心，這地方我不去，這件事我不做，這就是知止，非禮勿視，非禮勿聽，非禮勿言，非禮勿動。這個非禮就是一限。把自己限在此非禮之外，甚至取之有道而仍恐傷廉，與之有道而仍恐傷義，這就不易了。中國人教人常從他心裡教起，要教他自己能自信，而後能發揮力量。孟子所謂浩然之氣，是集義所生，每件事要義。其實也簡單，只不義的不做，義不義其實我們心裡也明白，只是這人心太脆弱，自己明白的事不一定能做。如果有一天有此覺悟，你自己明白，別人卻不知，從來的大人物都應是這樣開始。曾文正到中年，忽一天把自己換了一個字號滌生，這是要拿自己全部洗滌，換一新生命。我們看他的家書家訓，一切講話，都主要在訓練心。他在軍營裡，有人時時往來報告，打了勝仗，大本營須要立刻跟前進，打了敗仗得立刻往後退。然而這一仗非可立刻見分曉，前面正在打，但在後方卻不曉得下一分鐘是什麼一回事。這時候曾文正找一朋友來下棋，好把此心暫放一旁，前面來報告，說勝利了，把棋子收了，趕快前進，說敗了，趕快後退。這是一個極好、極簡單的方法。叫自己心定下來，李鴻章跟曾文正學到一件事，他每天早上必寫一頁字。並不是要做一個書法家，李鴻章也說不上是什麼大人物，可是他至少負了當時軍國大任，碰到種種艱難，早上爬起來他的心能什麼都不管，先寫一頁字。這是幾十年工夫，遇到寫字時候，心就定在那裡了，每一天能有這一段時間心定得，積久此心也就有力量。我們的心一刻都不定，老在那裡想，這多不好。但要定也麻煩，如學和尚打坐，不是一天能成功的，我們沒法定下心，看場電影也好，打八圈麻將也好，但這些全靠不住。一旦有事情來，麻將也打不成，電影也看不成，此心已亂，如何處事。曾文正常教人有恆，今天做一件事，明天還要做，後天還要做，這便是積極的了。但主要在不間斷，則仍是消極的。總之從小處訓練，便能在大處見效。任何一個人偉大成功，都在他自己有訓練，若說社會黑暗，風氣腐敗，種種都可不相干。每個人都可自下決心，在簡單的容易的事上下工夫，自己力量就會來了。若能有朋友、團體，自然風氣變，人才起，下面歷史也換個樣。此刻我們天天盼著回大陸，但自己的人沒有變，一切問題都還在那裡。還不是一樣，人變了，不怕歷史不變，一切要自發於心，要有一套自我訓練的工夫。

我們遠從五千年歷史文化傳統講到一心一念之微，我認為這個講法是把中國的聖經賢傳，和歷史配合起來講，這裡面實有一個值得我們注意的道理。

中國文化之成長與發展

一、前 言

我先講文化二字之涵義。普通說，文化即是人生，但應該說明是大群的人生，不是個別分開的人生。個人人生不算文化，應指一個大群集體的人生才是文化。但大群集體人生與文化兩語之間，還有意義不同。因此我們該說文化是大群集體人生的種種方式或式樣。譬如穿衣吃飯，房屋建築，都是一種生活方式，而各個大群集體此種生活方式各不同，這纔叫文化。可是這個講法仍覺不妥。因生活方式僅是一種現象，形而下的表現在外。我們要講到生活之內部，即是形而上的一個體。中國人講體用，體相，人生表現在外的只是一個用和相，深求其裡面；還有一個體。那麼我們講文化，該說是一個大群集體人生之總體相，把形上、形下都包在內。如衣食住行，風俗習慣，信仰理想，藝術文學，一切生活都包括了，始是一個大群集體人生的總體相。如是來講文化二字的意義，比較恰切。然而我此刻還感覺如此講法仍有不妥當處。因為我們人類的一觀念，譬如說文化，似乎人人易知，但要引用一句話來解說，往往很困難。即如我們講人生，豈不簡單，但要用另外一句話來解說此人生二字便不容易。現在我要再想一個講法。如說人生方式，那是一個平面的，說人生之總體相，似乎是近乎立體的了，然而人生在空間之外還該加進時間。文化不是限在當下的，它上面有來處，下面有去處，只說總體相三字仍嫌不夠明白。因此我說文化該是大群集體人生的一個共業。文化是由我們大群人集體共同來造的一個業。這個業，不只是從人造出，是從人再造，基本上的精神是這樣。我想這樣講法，對於文化二字要更合適一點。這個「業」字，用佛家意思講更清楚。業是一番事，這番事，不限在平面上，指當前的，而是推上去，推下去，有因有果，有一種傳統性的歷史在內，這是我們人類一個共同的作業。這種作業，不僅表現在外面，而有其一種內在的精神性。這個業，不僅是由它造出，乃是前有所承，由它再造。而這個業又是永不終止，復有此後的不斷再造。因此業字之涵義，就深富有時間性，深富有精神性。我此刻講得更明顯一些，應該說文化是人類中大群集體人生中之一種精神共業。我此刻只講到這裡，覺得比較要恰切些，是否如此講法還有毛病，還不夠恰切，此後慢慢兒是否還會有更恰切更妥當的講法，則不可知，留待此下來再探討。

既說文化是人們一種精神的共業，有其傳統性，因此也可說文化有生命性。此種生命和我們人的生命有不同，它有它的傳統，它有它的生命。順著這條路來講，這個文化生命就也可分作兩個過程：一是其成長，一是其發展。譬如說一個人，從嬰孩開始，到青年成人，他的身體智慧，一切都在一個成長時期。中年以後，就是他生命的發展時期。又譬如一棵樹，有根、有幹，這是它生命的成長。有枝、有葉、開花、結果，這是它生命的發展。現在我只依照講題來講中國文化之成長與發展，我再用佛家的名字來講，各個群體人生，都有它們的相同處，這是文化的共相。然而各個群體人生亦有它們的互異不同處，這是文化的別相。所謂各個群體人生之不同，也可說是一種民族性的不同。由於民族性之不同而產生了文化之別相。今天我們要來講的，是中國文化之成長與發展。此下所講，將不重在講我們文化個別的精神，不講我們文化的特有內容，而是只講我們文化演進的經過，等於是講一段歷史。

上面講到由於民族性不同而文化有其異相，也可說因是有了民族才始有各別的文化。那麼我們當問這個民族性由何而來，因何而與其他民族有不同？為何中國人與印度人，或歐洲人，在其性格上有相異有不同？簡單說，因各大群各集體的自然環境不同。所謂自然環境應可分三方面說：一是天，一是地，一是物。人也是萬物中一物。天之最重要者指氣候。地之最重要者是土壤與交通。物則由氣候土壤配合而產生。因為氣候、物產、交通情況之不同，慢慢兒影響到住在那裡的人之性格上的不同。這地的人和那地的人性格上有不同，生活上有不同，而各自形成為民族，因此也有其民族性。

中國民族，起源是在一個溫帶的大平原上。當然黃河流域也有山脈區分，可是大體上講，這地和那地易可相通，等於一大平原。世界上有低濕地、有草原地、有沙漠地、有小塊平地，而我們則是一個大平原。又在溫帶，適宜於農業耕稼。這些條件，可謂得天獨厚。古代文化發源有埃及，有巴比倫，有印度，與中國，同稱古代四大文化。埃及、巴比倫地面太小，印度恆河流域較大，又是氣候不好，要找一個農業地區，在溫帶，而又是一個大地面，則只有中國。中國人既是得天獨厚，因此中國的民族性和其產生出來的文化，自然會與眾不同。

二、中國文化之成長

繼此講中華文化之成長與發展。此兩個階段，從中國歷史上講，究該於何處劃分，以前尚未有人仔細討論過，我此刻只粗陳己見。遠從上古神農、黃帝、堯、舜，下及夏商周三代，禹、湯、文武而至周公，當已有兩千年的時間。周公以後四百多年而到孔子，這已到了春秋時期。我說這一時期中華文化生長，而且已經成熟了。西周初年，由周公的經營，中國是一個大一統的國家了。

後人常說秦始皇統一中國，亦是不錯。但秦始皇時乃是一個郡縣制的統一，而西周則是一個封建制的統一。「統一」的觀念，西方似乎沒有，他們只重征服，不重統一。這兩者間有不同。至如封建，在我們是一種政治制度，英文裡的 Feudalism，那是一種社會形態，兩者間又是有分別的。羅馬帝國以羅馬人為中心，他們征服了義大利半島，又征服了地中海沿岸，進而征服到法蘭西，到英吉利，這纔形成了一個帝國。不能說那時的羅馬人、法國人、英國人、埃及人、希臘人是統一了。猶如不能說今天香港的中國人和英國人統一了。那只是被征服，被統治。西周時代的統一政府，就是周王室，以周天子為領袖，分封諸侯，天下統一。一個民族國家之創立，這乃是中國文化裡面所表現的一點。在今天世界上，一個民族可以不只成立一個國家，一個國家可以包容不只一個民族。而中國文化到了周公那時民族文化國家的規模，即是其文化之外面建築已經完成。後來只是變些花樣，如由封建變為郡縣，天子變為皇帝，諸侯變為地方行政首長等。然而在此民族大一統的政治組織裡面，還得充實其內容，來講一套教育，講一套理想，這就有待於孔子。我請問諸位，經過周公、孔子到現在，有沒有歷史上人物能超出於周公、孔子之上的？但從另一面講卻不是周公與孔子來創造了中華文化，實乃是由中華文化來產生了周公與孔子。周公、孔子是我們中華文化中所陶鑄出來的人物，是由以前兩千多年的文化積累文化陶冶而產生。周公、孔子只能算是我們中華文化的代表人，或說是兩個最高的代表人，卻不能說中華文化創造於周公與孔子。

這個觀念，諸位要很清楚的辨明。今天反對中華文化的人，隨便說要打倒孔家店，他們不曉得中華文化不是由孔子所創造。孔子以前早有中華文化，而陶冶出孔子。孔家店即是中華文化的產品。此刻要來提倡新文化，認為有了孔子造成了今天的中國，今天有了我，便造成出明天的中國。我早在前面講過，文化是大群共業，不是一個一個人的，你打倒我，我打倒你所能隨意創造。若我們把孔子、釋迦牟尼、耶穌、穆罕默德四人來說，直到今天，還說他們是世界上的四大聖人。因為他們的教可以普及到很大一片的人，超出於政治，學術之上的。這四個人中，孔子是最先第一人，釋迦牟尼略遲些，耶穌要到漢代纔出世，穆罕默德比耶穌又遲一步。孔子到現在已經超過二千五百年，耶穌到現在還不到兩千年。但若那時，孔子生在印度恆河流域，試問能成為今天的孔子嗎？又如生在耶路撒冷和阿拉伯沙漠一帶，試問能成為今天的孔子嗎？我想穆罕默德、耶穌、釋迦，倘使他們生在中國春秋時代，或者生在中國的漢代，也不可能成為如今天般的一個穆罕默德、耶穌和釋迦。耶穌的一套，若在中國漢代，決不會如此講。釋迦牟尼的一套，若生在中國春秋時代，也決不會如此講。諸位當知世界上每一最偉大的人，都是由群眾中產生，都是由文化陶冶而來，決不是他們能脫離文化傳統憑空來創造出一套文化的。所以我認為要講中國文化的生長，應從古代史講起，講到周公、孔子為止。至於周公、孔子以後到今天，又是兩千多年，這已要講到中國文化的發展史上去了。我們單拿這一點來講，中國文化在客觀條件上，是夠偉大的。到了釋迦牟尼降生、耶穌降生，那時中國文化早已完成，而像埃及、巴比倫等地的文化到那時也早已消失了。

中國文化理想，一向兼顧到兩方面，一是政治，一是教化，這就很特別。釋迦牟尼、耶穌都不講政治，穆罕默德右手一把刀，左手一本《可蘭經》，乃主以武力傳教，也不是在講政治。他們最多是一偏之見，所以成其為宗教，而造成了後來西方歷史上的政教鬥爭。我們看一部西洋史，他們的政、教鬥爭極激烈。大家都知，不用詳說。到今天，他們是信教自由了，不用再鬥爭，雙方都放開一步，說你可以自由，然而雙方各自分開，誰也管不到誰。我們中國呢？只講看得見的，便很簡單。政治、教化雙方協力，同舟共濟。如上面所講堯、舜、禹、湯、文、武、周公，他們都是一個政治人物，而都帶有教化性的意義在裡面。到周公身上，此層特別顯明，他是一個大政治家而極重視教育的。從堯、舜、禹、湯、文、武到周公，中國在政治上的成長，可說已是極偉大，已經變成了一個統一的天下了，文化一統，政治一統。從周公到孔子，然後產出了中國第一個教化上的聖人，成為人類歷史上最早而又最偉大的一個教育家，但同時亦極重視政治。所以周公、孔子就其各自偏重處講，則分別代表了政治、教育兩方面，而成為兩個大聖人。我們從歷史上講來，中國文化乃是從政治慢慢生長到教育的。單就這一點，孔子便和釋迦、耶穌、穆罕默德不同。這乃是各方民族不同，歷史不同，所以文化不同，而產生出的人物也不同。說到這裡，若使我們今天要來完全接受佛教或耶穌教或回教，那就相當困難，這因文化是一種精神共業，從前印度人、猶太人、阿拉伯人都沒有在精神上和中國人合作，各自走各的路，大家碰不上。一天要捨己從人就極難。今天的世界，還沒有一番世界人類的精神共業。今天我們不長進，不用說。即使是我們此刻所崇拜的英國人、美國人，他們也沒有為世界人類著想過。今天的世界，還沒有一番人類的精神共業，因此也沒有一個世界文化，這事要待將來慢慢兒來。在中國歷史傳統裡，則顯是有了周公，而後有孔子，乃是由政治而發展到教育。我們可否如此說，中國文化是先有了一番實際行為，而後配合上思想的呢？這顯然有些不妥。因周公並非沒有思想，孔子並非沒有行事。大體上講，我們下面歷史上的發展，卻往往是思想在先，行動在後。孔子的地位，漸漸超過了周公，所以孔門學者早說孔子賢於堯舜，那亦是中國傳統文化裡面值得注意研討的一項觀念。

以上說到孔子，孔子以後三百年間，就是從春秋末年到秦代統一這段時期，專就學術思想方面講，專就教育方面講，有了孔子，就有墨子、孟子、荀子、莊子、老子，諸子百家都來了。這真是一段思想極為發展的時期。但諸子百家中，尤其是儒墨道三大家派中，有一點是他們互相會通合一的地方。孔子、墨子、孟子、荀子、莊子、老子，他們的思想對象都是全人類的，把全體人類作為他們思想的對象，那又是極夠偉大的。可以說世界上沒有第二個民族產生的文化中間的大理想是以整個世界、整個人類為對象的。諸位看孔子、墨子、老子的書，是不是這樣呢？因此中國歷史上的實際情形，並非是後來秦始皇出來統一了六國，實是當時三百年來的學術思想先已統一了中國民族的大理想，構成了一個大一統的心理期待。秦始皇碰到這個機會，先由軍事統一，但共只二十多年，就有漢高祖以平民為天子之新局面出現，這可說是學術思想的發展在前，而政治的發展在後，我們現在誤認為戰國時代最像樣，當時諸子百家自由講學有似古希臘，待秦代統一，中國的黃金時代便完了。所以這幾十年來講中國歷史，都把秦以前劃為一個段落，總說先秦是如何，而秦以後便棄而不論，認為專制政治建立，以下便沒有可講了。但秦漢政治也有來源，難道是秦始皇漢武帝一人想出，一人定下？我告訴諸位，天下並沒有這樣一個人。我先講過：孔子生到恆河流域去，便不成其為今天的孔子。耶穌生到中國來，也將不成其為今天的耶穌。秦始皇、漢武帝生到希臘，能成為秦始皇漢武帝嗎？亞力山大生到中國來，也定不是歷史上那個亞力山大。拿破崙生到中國，也定不就是這個拿破崙，清康熙生到歐洲，也不便是一個清康熙。我們此刻談文化，更不能把個人看得太重。文化是人的共業，文化在我們各個人身上，幾千年的傳統，陶冶出我們每一個人。但卻不能把每一人高抬到文化傳統之上面去。

三、中國文化的第一度發展

到了漢代，國家規模比周更大。周代主要只在黃河流域，秦、漢版圖同現代差不多，一個統一的大民族，創建了一個統一的大國家。中國古人文化理想，到漢代可說是十分之八完成了。譬如一所房子已經蓋好，裡面添一張桌子，加上一幅畫，那是小事情。即便是在這房那邊再蓋一房，也都是小事情。所以我認為漢代四百年是中國文化的發展期。不僅是孔子儒家，老子道家他們的思想都擺出來，擺到社會人生的實際方面來，更其是漢代這樣一個大一統，教育、政治合一，已奠下了一大體。此刻我得提出關於文化上的一大問題。任何一種文化，必有其內在的一個理想，亦可說是文化精神。我們從堯、舜、禹、湯、文、武、周公、孔子一路下來，早有一番成套的理想。其實任何一個國家都有它的一套，英國有英國的一套，美國有美國的一套。現在我們國家自己有問題，卻要去學美國、英國，那真談何容易。英國是自由世界中最先第一個承認匪偽政權的。美國在國內講民主，在國外只希望和平。今天的美國人，還是再三聲明要和大陸共匪和平相處，不要有戰爭，這都是由他們的文化傳統下演變而來，此刻不講這些，此刻所要特別提起的，乃是文化各有一個理想，文化不斷發展，便會漸成一個定型。《大學》上說：「古之欲明明德於天下者，先治其國，欲治其國者，先齊其家，欲齊其家者，先修其身……身修而后家齊，家齊而后國治，國治而后天下平。」這是中國的文化理想，理想發展到有一個定型，那就是到了一個止境。如我們人的生命有生、老、病、死，文化也是一個生命，是不是也有一定的生、老、病、死呢？這是我們今天講文化的一個大問題。西方人對此問題都抱悲觀主義，希臘完了，有羅馬，羅馬完

了，有現代西歐，即就西歐講，葡萄牙、西班牙完了，義大利、荷蘭完了。今天的大英帝國還不是完了，最近英國人要把東方駐軍全部撤退，這就表示他的帝國美夢是覺醒了。但今問英國人除卻其一番帝國美夢之外還有一番更高遠的理想嗎？英國如此，法國亦然。西方人對文化生命抱持一番消極、悲觀的論調，是有理由的。可是要知文化有共相，有別相，中國文化是不是也該死亡了？照西方人講，中國文化早死亡了，他們不認為有四千年傳統不斷發展的一種文化之存在。在此中間，又有各種講法。有的說中國文化到唐朝早死亡了，有的說到漢代早死亡了，有的說戰國以下中國文化早死亡了。但他們都只是憑空講，他們並不懂得中國史。而今天的中國人，則大部認為西方人講的話必然對。文化發展有一個定型，我也承認。待發展到某一時期，它要斷滅，要沒落，那個問題卻值得討論。文化是不是能重生？是不是能復興？他們很悲觀，對此問題，我們此刻不深入討論，且繼續講我們的歷史，可為討論此問題的作參考。

四、中國文化的第二度發展

到了東漢末年，中國文化，確像已到達一定型。下面經過三國、兩晉五胡、南北朝，將近六百年的長時期。這中間，在中國歷史上發生了兩個大變化。一是異民族跑進中國來，所謂五胡亂華，乃至北朝都是。但我們且問，我們從神農、黃帝以來就是這樣一個中華民族嗎？這不是的。

在中國這樣的大地面上，本有很多民族存在。我們這個中華民族，乃是由中華文化所導致而完成。中華文化最偉大的一點，就是它能陶鑄出一個大民族，而由此民族來創建出一個大國家。到了漢代，那國家便幾乎已成為天下。所以說，中國文化到此時，已發展到一定型了。但到東漢末年，就有許多新的異民族跑進中國，血統不同，自然環境不同，文化傳統不同，許多異民族跑進中國，這是當時中國一大變動。第二個變動，是有一個新的信仰，由一個異文化異民族所產生的一種宗教跑進中國來，這就是佛教。這兩個變動，諸位要知，並不比今天東方和西方之接觸和衝突來得小。這不僅是大批異血統的異民族跑進中國，而且一個人生最高信仰，中國人擺棄傳統來信仰了印度人的信仰，這是一個極大問題。然而慢慢地經過六百年，隋唐繼起，政治再統一，這些異民族又都融化變成了中國人，都在中國社會裡經中國文化之陶鑄而融化了。而佛教新信仰，也慢慢地變了，也漸漸融化成為中國文化中的一部分。這是說佛教信仰和佛教理論的自身變了。中國文化傳統跑進佛教裡面而成為一套中國的新佛教。我們說文化是人生一總體相，此刻是此一總體相中新添了一些新花樣，而與其原有體相則無損害而有補益。此層該特別提出來多講幾句話，當然也不能詳細講，只簡單講幾點重要的。

第一是佛教進中國，而當時中國人仍能保持原有文化中的政治體制和政治組織。北朝雖由異族統治，而政治大體系則仍是中國的。第二是家庭、家族傳統，當時也保留住。佛法第一要叫人

出家，但中國人信佛，還保留著大家庭。當時北方南方均有大門第，由門第跑進政府，政府也把門第作骨幹。大門第裡面還保留著中國文化傳統精神，當然已是打了折扣，可是這政治體系與門第傳統保留著，至少當時中國人腦筋裡，雖是信佛教，而對佛教也打了折扣。接受了那一部分，還保留著這一部分。第三，佛教教義，經中國一般高僧們融化轉變，今天我們稱之為中國佛教，表示其和原來印度傳來的佛教有不同。尤其最偉大的一點，是並沒有像西洋歷史上的宗教革命，從舊教變出一個新教來，到處衝突，紛亂鬥爭，而中國則沒有。一般社會不知道，只認為佛教還是佛教，和尚還是和尚，而實際已大變。

這個變，特別是在中國僧人所自創的三宗裡面表現著。佛下分派稱宗，今天我們合來稱宗教。但從佛教言，教與宗的分別是該注意的。在印度，教下本已分宗，到了中國隋唐之際，又由中國僧人自創新宗，一是天台宗，一是華嚴宗，一是禪宗。我們稱之為中國的佛教，即佛教的中國化。本來佛教來中國，主要是中國人自己發願去尋找來的。中國自有了佛教，從道安、慧遠一路下來，發生大力量的高僧也都是中國人。而且這些高僧往往避居山林，由你向他去求，不是由他向你來傳。中國古禮所謂有來學無往教，中國高僧們依然有此風格。印度高僧來的也有，但不多，而且也純是私人性質的，其背後並沒有銀行經濟和軍隊武力作護法，而且也沒有教會組織作後盾。同時西域僧人來的比較多。西域自漢代以來雖與中國相通，但多是小國，國際關係上，長時期是中國的藩屬，但在他們來一僧人，中國人卻尊奉之為大師。即此一點上，可見中國人當時的心胸開闊，純是一種宗教信仰，更沒有絲毫世俗富強觀念夾雜著。在彼不仗勢通，在我不為勢屈。在如此的情況之下，佛教來中國後，有中國僧人自創新宗，那是不足為奇的。在先，中國僧人所努力的是翻譯印度經典，加以闡釋。所謂新創三宗，他們也各自依據佛教經典中之某一部經典來發揮，天台宗所依據的是一部《法華經》，華嚴宗所依據的是一部《華嚴經》，禪宗開始是依據一部《楞伽經》，後來依據的是一部《金剛經》。現在此四部經典依然存在，我們只要把來和此三宗高僧們所闡發的教義作一對比，自知其間已有不同，確是有了變化。雖說依然是佛教，但其中已有一番新信仰，也可說在佛教信仰中已然翻出了新花樣。他們已是講出了中國人傳統的，和中國文化相協調相融合。

原來佛教教義，主要精神是出世的，講輪迴，講涅槃。中國人新創的三宗，則是轉向入世，把入世出世融而為一。如天台宗講一心三觀，即空、即有、即中，三個看法，融在一心，那麼入世出世自不必嚴加分別。又如華嚴宗講四法界，一是理法界，一是事法界，一是理事無礙法界，一是事事無礙法界。天台從內心講，華嚴從外界講，同是一種大融合，同是把入世精神與出世精神相調和。

再講到禪宗。不立文字，直指本心，經典也只是文字。中國僧人幾百年來，花盡心血，把印

度經典逐一翻出，此刻卻說可以一個字也不要。本心是各人自在自有，單憑此心一悟，可以不由階梯，徑超直入，即身成佛，立地成佛。而且又說煩惱即是菩提，佛即眾生，眾生即佛。他們自稱是教外別傳，教中只有佛菩薩，他們卻有祖師，而且有些祖師們還保留著俗姓，如馬祖就是姓馬，大珠和尚本是姓朱，別人為他加一稱號為大珠。這可以說禪宗是佛教中一大革命，因有禪宗，更顯見其是中國的佛教了。

現在我們再講天台、華嚴兩宗在佛教裡的貢獻，除把佛教出世精神轉回到入世，和中國自有的人文本位的傳統文化相協調外，更有一點重要的，是他們兩宗能把佛教統體組織化。本來釋迦牟尼講了些什麼，印度人不看重歷史，並不太理會。佛教教義愈演愈複雜，照例都說是釋迦牟尼所講。但所講內容不同，究竟是那個對？中國人好學心重，把印度佛經有一部翻一部，但也有選擇。小乘經典翻得少，大乘經典幾乎全翻了。後來天台、華嚴兩宗又把各種講法加以會通組織，這個工作，在當時喚做判教。他們把一切經典中教義全歸到釋迦牟尼身上，卻把來分作幾個時期，為各別的對象而說法。說釋迦牟尼開始講的是某些經，後來講是某些經，最後講某些經典。據天台宗說是《法華經》，據華嚴宗說是《華嚴經》，雖說法不同，但他們把印度一切經典許多相反的、旁出的、錯亂的全會通起來而加以組織化，由先到後，由淺入深，相反相成，無不條貫。這一種智慧力量，可稱偉大已極。現在我們只說中國人思想沒有組織力，即就天台、華嚴兩宗幾位高僧對佛學所下的判教工夫，即可為此辨誣。西方人講的組織，似乎注重在自己一家之內，如康德就是康德，黑格爾就是黑格爾，馬克斯當然就是馬克斯。他們的思想當然有組織，但組織得愈嚴密，愈圓滿，排外氣氛卻愈濃愈深，外面別人的話加不進去，只有再來一派。中國人著書立說，像是無組織，但中國人注重一通字，會通、旁通、圓通，像儒家從孔子到孟子，荀子到此後，都要把它會通組織起來。道家亦然。佛家的天台、華嚴兩宗，在龐大複雜的佛教教義方面，可說他們所做的會通組織工夫貢獻太大了。佛教在印度終於要傳不下去，為什麼呢？說法愈多，莫衷一是，理論紛歧，不成系統，到後來自會慢慢地消沉下去。能組織，有系統，又要相互會通，不能專在小圈子中求。中國人愛講道一風同，是要一個大組織。不僅儒道佛三教各有組織，卻又要來三教合一，三教會通，那是中國人想法。至於禪宗，卻說許多經典許多理論都不要了，簡單扼要，只須一個字，一句話，甚至可以不要一個字，一句話，而一切都通了。這是顯然相反的兩面。天台、華嚴，把全部佛經，凡是中國人翻過來的，都組織成一個系統，都會通了。禪宗不要組織，只單提一個字，一句話，作為一個簡單中心，一切可以由中心通去。因此天台華嚴之所長，在能會通，能組織。禪宗之所長，則在能簡單扼要。後來禪宗盛行，又走到禪淨合一的路上去。淨土宗注重念佛號，只要念一聲「南無阿彌陀佛」，把此心集中在這上，能畢生只念此六字，到臨死也只念此六字南無阿彌陀佛。連禪宗所參種種話頭也不要了，豈不更是簡單扼要。你要問：何以念此六字，便能升西天，證佛果？他們自有種種講法，叫你念這佛號六字，則只是一個簡單扼要人人易行的方法而已。我此所說，並不是要來提倡佛教，更不是要在佛教中來提倡禪宗與淨土。我只在指出，中國僧人把印度佛教傳進中國，而又使其中國化，成為中國傳統文化中一新枝，此一番歷史經過極重要，值得我們注意。其次是從此指出當時中國僧人智慧力量組織會通與簡單扼要之兩方面，使其表現出如此絕大成績來。因此在隋唐時代，可說又是中國文化的第二度發展。在上面，唐太宗、魏徵、房玄齡、杜如晦，與唐諸賢重新組織了一個新政府，又完成了中國的統一。異民族進人到中國的，全同化為中國人。在下面，一輩佛教高僧們又把印度佛教融化，變成為中國化的佛教，變成為中國文化一新枝。此兩事皆值我們重視，並可具體證明中國民族和中國文化之偉大。我們講到這裡，又該提出文化研究上第二個重要的問題。第一個重要問題，是講文化是有生命的，是不是定像人的生命般有其生、老、病、死之必然過程。現在我們指出中國文化從兩漢下到隋唐，又獲新生，不像西方從希臘到羅馬，從羅馬到現代西歐，又由現代西歐轉到美國和蘇維埃，而西歐英法諸邦慢慢地垮下臺去。但在此，我只指出此事實，不再進一步作詳細的討論。

此刻所要講的，文化既是一生命，此生命又是很微妙，寄託此生命的應該有一構造，有一體系。換言之，我們說：文化應是一機體。如人身般，有眼睛、有耳朵、有鼻、有舌、有手、有腳、有心臟、有胃、腸、有肝腎、脾肺，各方面配合起來，成為一個生命的機體，在此機體上來表現我們的生命。上面我們講文化是人生總體相，分言之，構成此文化的也有許多體配合，如宗教、教育、政治、文學、藝術等，而政治方面又要加上軍事、法律等，這一文化體系是由各方面配合而成。《中庸》上說：「致廣大而盡精微」，文化體系應該能「致廣大」，應該無所不包。而在此致廣大之內裡，還要「盡精微」，在看不見的地方，該有一個最高中心之存在。人的一身，眼、鼻、耳、舌、胸腹五臟是致廣大的。眼睛能看，耳朵能聽，而且愈看愈遠，愈聽愈遠。肚子吃東西，什麼都可吃。這是人身的廣大，而中間這一個生命則是極精微的。文化體系也如此。《中庸》又說：「極高明而道中庸」，文化理論講來「極高明」，但太過高明了別人不懂，不能成共業，故又要「道中庸」。人人能知，人人能行，文化共業才可久可大。西方人講文化，多從其別相方面來看。西歐人、印度人、中國人、非洲人，他們到處都看，見聞廣。他們知道人類文化種種的別相，即在此種種相上而稱之曰文化。但中國人看法，定要在別相之上求得一共相；求得其更高精微之所在，而又要使大家人人能知能行，這才是世界人類文化的遠景。換言之，文化該在一大體系中求配合，但西方不然。如你看馬克斯書便不易，看到黑格爾更難。看到康德，能懂的人更少。他只自成一套哲學，若要把此一套哲學推到別處，便易出毛病。黑格爾比較只講哲學，已出了毛病，他把他的哲學講到日耳曼民族之最高無上，便出毛病了。馬克斯更不得了，他講歷史社會，講經濟，講政治，驟看是哲學而平實化了，所以一下子風行全世界，然而真實推行起來，便出大毛病。

毛病出在不顧到文化大體系，而儘在某一觀點上來推概。違反人性，遺禍無窮。中國人則在兼顧到各方面而求其通，所講極廣大，而有其精微之所在。所講極高明，而有其中庸之所在。要懂得一整個的大體系，而能來組織化，能來簡單化。主要在求通，通了便不爭。若使整個文化中之各體系總是相反相爭，這對那不對，如何完成一整體？若要專仗一部分來推概其他部分，吞滅其他部分，更不行。

說到此處，唐代文化復興，在此裡面仍不免有毛病。先說第一點，唐代融化異民族使他們全變成中國人，其中有政治家、文學家、藝術家、軍事家，這樣成績固不易，然而這裡面還剩下許多渣滓，融化未盡。唐代極多番兵番將，如安祿山、史思明，那些都是渣滓，掌握軍權，怎會不出事情？唐代的中國人，心胸是大了，認為外國人都可變中國人，一視同仁，不加提防，就出了問題。安史之亂以後，唐代的藩鎮節度使帶兵在邊疆，十個中至少有八個是外國人。平安史之亂的，如郭子儀是中國人，李光弼便是外國人。李郭並稱，李光弼是融化成為一個像樣的中國人了。但安祿山，史思明便不然，沒有融化，成為渣滓。以後一路下去，唐代兵權，都在番將手裡。由藩鎮轉變到五代。五代中五個開國的，三個是外國人，都是在中國文化中沒有融化的渣滓。這樣便使這文化機體出了毛病。第二是佛教，雖說是中國化了，在原來佛教中已有了配合中國文化的新信仰，然而同樣是融化未盡，佛教信仰並未和我們的修身、齊家、治國、平天下一套人文理想的文化大傳統相配合。他們握有思想上的最後支配權，不論皇帝宰相大臣，一切知識分子乃及社會平民，會常到和尚寺去聽和尚們講佛法，講一套最高的真理。但真要治國平天下，還要靠中國自己這一套，佛教南無阿彌陀佛，不能打黃巢，不能打藩鎮。當時佛教在中國，是思想的領導。周公孔子只落在較低一級的地位上，從皇帝起到平民小百姓為止，都信佛教。佛教進行到幾乎全國化了，大家能聽得懂，隨便在街頭巷尾都有人講禪宗的道理，又簡單，又扼要，大家都喜歡聽。可是，在中國文化體系中可以容納一佛教，而佛教到底不能來做中國文化的中心，所以唐代終於垮臺而為五代。五代時有一個大和尚，他卻在和尚寺裡勸和尚們讀《韓昌黎集》，韓昌黎是唐代第一個最反對佛教的人，到底佛教僧徒們覺悟了，若不講治國平天下，政府和社會都不上軌道，和尚們也不得安。這樣一轉，纔轉出下面的宋朝。我們把歷史來講，中國唐代末期，比東漢末期更壞更可怕，只有兩種人最占勢力，一是和尚，一是兵。然而西方羅馬垮了，再沒有羅馬。中國漢代唐代下面依然還有中國，這又是大值我們注意的。所以我說漢代是中國文化第一次的發展，唐代是中國文化第二次的發展，下面來的是宋、元、明、清四代。

五、中國文化的第三度發展

中國文化到唐代，可說是多彩多姿，有一個最高的發展，然而也有一個最大的危機。不過沒

有像羅馬帝國那樣亡了，還跑出宋朝來，把這個歷史危機重再挽轉。有幾點可以提及：

第一是宋朝人刻意要把文人地位高高的放在軍人之上。這也可說是宋代一個缺點，可是也有不得已。唐代末年軍人跋扈，驕兵悍卒，實在使國家民族受禍太深了。

第二是宋代的理學。唐代高僧們把佛學中國化。宋代的理學家再把佛學來儒家化。所以宋代理學，現在稱之為新儒學。他們在儒學中，融化進佛學與道家思想。在唐代，道教亦盛行。道教是模仿著佛教而來的。宋代的理學，把佛教、道教都容納進來，使它儒學化。

在理學中，也可分成兩大派：一是程朱，他們主要的在能組織會通，另一派是陸王，他們所長是在簡單扼要。我們可以說，程朱學派略等於佛教中之天台、華嚴，陸王學派略等於佛教中之禪宗。這兩條路，可說是中國人之所長，但此兩條路還是要相互為用，不能只有了朱夫子，沒有陸象山，也不能只有了陸象山，沒有朱夫子。我們若再推上去說，孔子集大成，便是組織會通，而孟子則把來簡單扼要化了。自然講儒家思想有了孔子，不能沒有孟子。中國社會到了宋代，可說是純淨化了。不像唐代，有新的外國宗教，有許多異血統、異民族，宋朝都把來純化，學術領導是儒家，整個社會是中國傳統，在此一點上，宋代更與漢代相似。然而宋代人有一大毛病，這個毛病也不是宋代人應該單獨負責的，大部責任該由唐代人負。宋太祖爬起來，遼國已經很強了，遼在前，宋在後，中國還能保留，已經了不得。燕雲十六州是唐末藩鎮送給遼國的，宋代一開始，什麼都沒有，經過了一百年，才慢慢像樣起來。從宋仁宗、英宗到神宗，中國才能像樣上步。遼國垮了來金國，把中國北部拿去。緊接下來的是蒙古，把整個中國都拿去了。可是蒙古只拿了中國的政權，在中國社會下層，中國的傳統文化還保存著，比宋代初年好得多。最重要的是書院。書院固然遠始唐代。但到宋代始盛，蒙古人統一了中國，特別在江浙一帶，經濟並未十分破壞，講學風氣還是有。在元代，中國的理學、文學、史學、藝術、科學各方面，種種都遠超過唐末，這是宋代人的功績。因此到了明代統一，政權一拿回來，就成為中國文化的第三度的大發展。明代向外發展，並不輸過漢、唐，或許更盛。以後，滿洲人跑進中國，這是明末政治腐化所招來，但清代入主，對於中國社會並沒有大破壞，明代傳下來的政治法制，學術思想還保留著。因此，我們把明清兩代合著看也可以，所以今天的中國社會，實可以說是由宋代一路下來的，與漢唐各不同。現在由我們的社會往上推，推到宋朝，是近代的中國。由宋代往上推，變化很大，這是中古和古代的中國。

這樣講了我們中國四千年的文化傳統，成長在周公、孔子，發展在漢、唐、宋、明。宋代全國沒有統一過，可是到宋代，纔是中國社會的一個再純化。宋代以後和以前有一個極大不同點，宋以前人講周公、孔子，宋以後，轉講孔子、孟子，把教育放在政治的上面，這是宋代的大功績。

六、西學東漸

接下來要講現代的所謂西學東漸，歐洲人的力量跑進中國來。若我們把東西歷史、年表作一對照，近代西方這許多國家，到了明代纔有。西方文化來到中國，嚴格說不到兩百年，而使中國文化又碰到一個極大的新危機。從前我們碰到的，只是些異民族的武力騷擾。印度佛教，是我們中國自己去請來的。現在的西方，有他們一套整個的文化體系，遠有淵源，無可諱言。這一百多年來的雙方接觸，顯然他們是在我們之上。要拒絕，不能拒絕。要接受，也不容易。今天的大問題就在這裡。

現在我們且說，為什麼我們要接受西方文化不容易。西方文化也是一個大體系。由四根大柱子建立起，一是希臘，一是希伯來，一是羅馬，一是現代科學。西洋人講西洋史，自然從埃及、巴比倫、希臘、羅馬一路下來，但我們不妨有另一種看法。今天的西洋人，只是羅馬帝國崩潰以後一大批蠻族。蠻族入侵，使羅馬帝國崩潰，此下便是他們的中古時期與黑暗時代。他們建立文化的第一根柱子是耶穌教，這是希伯來精神。要到他們文藝復興這時候起，今天的西方人才接受到希臘羅馬的古代文化。他們纔知道這個世界在注重靈魂之外，還該注重肉體。此所謂由靈返肉。即由教堂建造論，中古時期北方峨特式的教堂，都是漆黑的，把人關閉在裡面。文藝復興以後的教堂，解放得非常漂亮，在教堂裡可用眼睛望到外面去，外面光線也得進來。西方文化是先有了耶穌教，再有希臘、羅馬加進去。今天的西方文化，實是從中古時期開始，下面接上希臘、羅馬，再下面，又由他們自己發展出一番現代科學，於是突飛猛進。照這樣講，由耶穌教到希臘、羅馬、到現代科學，那是接得上的。若從希臘、羅馬接到耶穌，便不容易。再由耶穌教接上現代科學，也不容易。依西方歷史講，自然是要從埃及、巴比倫、希臘、羅馬下來。現代的西方人，也愛把希臘羅馬為他們生色。今天的我們，惟恐不能把古代切斷，若還要堯、舜、禹、湯、文、武、周公、孔子，似乎中國人便失去了面子！西方人則認為他們的文化源遠流長，必要追溯到埃及、巴比倫、希臘、羅馬，一路下來，但實際他們則是從中古時期倒接上去的。

我已講文化有一個大體系，西方文化則由四根大柱子建立起，但此四根大柱子並不能十分融合。希臘人講自由，羅馬人講組織、講法律、軍隊、帝國主義。在今天的西方，組織與自由這兩面永遠相衝突，一則成為個人主義，一則成為社會主義。今天的美國人崇尚個性自由，蘇維埃並不能像英國的湯貝那樣把它排出在西方文化之外，而把它推排到東方來。今天的美蘇對立，依然是自由與組織，個人主義與社會主義之對立。宗教與科學這兩方面，也不易融合。地球繞太陽轉，還是太陽繞地球轉？是上帝造人，還是生物進化？科學一天天發明，宗教一天天退後。現在人類快到月球去，天文學知識日益擴大，天堂究在那裡？上帝躲在什麼地方？他們的文化演進由耶穌教而文藝復興，而現代科學。似乎愈往後一步步進，上面的本源卻一步步萎縮。就西歐文化史講，耶穌教是大本大源之所在，若萎縮了，對它生命有很大的危險。倘使西方人沒有了耶穌教，只講自由、組織與現代科學，這是危險的。今天的西方，已經是所謂上帝迷失了。湯貝亦說要西方復興，第一要復興耶穌教。可是我認為西方要復興耶穌教也很困難，耶穌在當時，猶太人正給羅馬統治著，所以耶穌只講了一半，說上帝的事由我管，凱撒的事凱撒管，地面上的事都是羅馬皇帝的事，耶穌管不到。所以在耶穌教裡面，不見有政治、經濟、教育、文化等等問題。它是一個宗教，在此方面，和佛教有相近。耶穌釘死在十字架，就因他不能管凱撒。西歐人到了中古時期，慢慢兒讀到希臘人的書，想把希臘哲學和耶穌教拼起來，建立他們的神學。但來去拼不好。耶穌教義如何和希臘的哲學家柏拉圖、亞理士多德拼得起。神學逐漸衰落，纔有近代哲學興起。從康德、黑格爾，而到馬克斯，顯然在西方思想上引起了大災禍。西方文化固然包羅萬象，極廣大，無所不有，它的力量很充實。可是從另一面講，這四根大柱子，講到最後，還有些處不能相通相和。在這四根大柱子建築起來的大屋子中間，還有裂痕，不僅像我講唐代文化到後來有些渣滓，融化未盡而已。在這情形下，西方文化不能在這四根大柱子上來結一個頂，有一個更高的結合。若說宗教，很難有一個超出耶穌的救世主出世。若論哲學，我上面已講過，西方的哲學家都是自成一家言，在他一家裡面組織得太嚴密，和別一家不易相會通。

在這情形之下，西歐文化，六七百年來，從黑暗時代，加上文藝復興，加上現代科學，一步步的前進，在西方社會上，雖有毛病，而毛病不顯著。我們今天，要把這四個大柱一起搬來，而沒有幾百年時期來逐步搬進，逐步消化，這毛病就大了。他們雖有長期的演進，還是支離破碎，出了毛病，我們無端的如何能把他們的四根大柱子一起搬來？我們該有一更高結合，在他們西歐人觀念之上來一番調和，而融合為一。如講自由、講組織，都好，自由是人生大道，組織也是人生大道。合乎道，可以有自由，也可以有組織。不合乎道，不該自由，也不許有組織。這不是把兩根柱子結合起來了嗎？耶穌教來傳道，傳的是天道，上帝的道，我們講一個天人合一之道，不是把三根大柱也可結合為一了嗎？若把宗教與科學來講，中國人也講天，天可以說是上帝，也可說是自然。自然的後面，該有一個最高真理，科學研究總留著有不可知的地方，不會到澈底可知。那在這不可知的地方，有一最高真理。中國人講天，即是包涵有那一個最高不可知之真理在內。那麼像孔、孟、子思所講格物、致知、盡物性、知天命，科學宗教這兩根大柱由中國人觀念講，豈不也可以合而為一嗎？科學講的是物理，無生物、有生物、一切有理。整個大自然應該有一最高的理，不然不會有此一個大自然。這個理是什麼？宗教家說是上帝，上帝就是一個理，理就是一個上帝，這是抽象的。倘使這樣講的話，我想中國人所講的道理比較圓通，可以把西方人的道理加上一個更高的融合。若照西方人自己講法，上帝和自然這兩個名字，很難講成一塊。我們講一個天字，既是上帝，又是自然。西方人講自由組織，也很難講成一塊，我們講一個道字，那麼只要合乎道，道並行而不相悖。組織之中也要有自由，也該發展個性，可是還該顧到大群，有組織，家國天下便都是組織。社會主義不能抹殺個人，個人主義不能抹殺社會。因此我們今天要接受西方，主要還該自己能站起。我們今天的毛病，則要先打倒自己，再來接受西方，便倍感困難。西方人今天也正有危機，正同中國唐代一樣，唐代在極盛之後生了大危機。西方也一樣，他們發展到五十年以前，危機來了，在第一次世界大戰前後，德國人斯賓格勒寫了一西方沒落的書，我們中國人極度崇拜西方，卻不肯把西方的書大量翻。崇拜西洋的人很多，卻不肯把西方的詳細講給不懂西方的中國人聽，只叫人去留學。倘使從前南北朝時代那些高僧們也說，你要做和尚，你到印度去，中國那會有佛教？如斯賓格勒所講《西方的沒落》一書，我們也該參考。他說文化發展，集中到都市，都市經濟繁榮，到了某境地，就要產生文化崩潰。我不懂西文，又不見該書譯本，只能簡單如此講，似乎他的講法，比較馬克斯合情合理些。他是一個西方文化的悲觀論者，西方人也不易接受。馬克斯比較積極，他的講法，由奴隸社會到封建社會到工商資本主義社會而到共產社會，比較有一前途，甚至當時英國哲學家像羅素，大戲劇家像蕭伯納，都欣賞到這一講法，蕭伯納說：一個人在三十歲以內不相信馬克斯，這個人不行了。三十歲以後還再相信馬克斯，這個人也不行了。這幾句話的意思，想是他亦認為西方文化有了毛病，但馬克斯主義推行起來也有毛病。人在三十前應有理想，便應欣賞馬克斯，三十以後應懂得實際經驗，應不再欣賞馬克斯。然而西方出路，他自己講不出。羅素的講法，他認為將來的世界，要從島國變成大陸國，島國經濟是殖民經濟，是帝國主義的經濟，自己沒有原料，要向別人家去拿，把別人的農業作基礎。他看得對，帝國主義不能再得勢下去，那麼必待自己有農業，再在農業上加上工商業，這樣的國家，世界上只可能有三個。一是美國，一是蘇維埃，其三是中國。可惜我們這五十年來把機會丟了，否則像今天美蘇對立，我們自可舉足輕重，左右逢源，但中國急切要西化，打倒孔家店，又不請耶穌來，那麼來了馬克斯。這樣西化是簡單，可是四根大柱子只要兩根，而中國那麼的破舊大屋，又急切推不倒，拆不盡，那就百病叢生了。現在我們要講文化復興，但又怕復古，復古是我們今天的中國人最怕的。堯、舜、禹、湯、文、武、周公這個古，在現代中國人心裡，不感興趣。但像英國湯貝要復他們中古黑暗時期的古，要復興耶教信仰，但湯貝是外國人，我們也一樣稱重崇拜。從前有一位德國學者，還在湯貝以前，他說：中古時期並不黑暗，依耶穌看法，黑暗應在我們的現代。這也是西方學者說的話。我們若肯把西方人話多翻一些來中國，也讓中國人多有些參考，依我個人愚見，我再不信下面領導世界的還是英國和法國。西方文化已分裂到別處去了——成為美、蘇對立。拿我們的主觀來講，我們的西化，是只要美國化，不要蘇維埃化，但共產主義只是資本主義一個反動，美國人在理論上沒有可以針對共產主義而加以澈底的打擊。美國人只說等著吧，只要蘇維埃科學真進步，經濟一天天向上，也會轉向學美國。只講現實，不講理論，這不是文化前途一大危機嗎？

今天我們全盤西化的論調不提了，只講接受現代科學，這裡有一個老問題，為什麼一百年來西方現代科學不在中國生根？這一問題，依我上面講法，我認為很簡單。因文化有一個大體系，要把一件東西拿來，不這樣簡單，應對這個大體系之各方面加以調整。我們每人會問，為什麼日本人便能接受西方科學？這並不是日本人比中國人強，否則中國人為何能發展一個文化體系，而日本人並不能。其次我們也不能說中國文化根本不能接受西方科學，因日本也是中國文化，唐以後到近代，日本都受中國影響，誰也不能否認。日本人學中國，也不是一口氣學去，自唐以後逐步學，到今天，也並沒有一個完整細密的體系。在一個幾千年來的文化大體系中裝進一新東西，當然困難。因此日本接受科學反較中國簡單而輕易。還有一點更重要，一個新東西跑進社會來，總得這社會安定。日本人由藩府變成明治維新較簡單，中國由清末到民國，這一個大調整，兩千年來政治傳統上一個大變化。清代的政治，怎能同德川時代的藩府政治相比？民初的政治，急求安定已困難。論到教育，中國幾千年來的傳統，那樣的基礎與規模，日本沒有。政治、教育如此，其他可以例推。所以中國近代科學不獲急切發展，那只是歷史上的偶然，並不能說從中國文化的根本上要來拒絕科學。說中國文化與科學根本對立，決沒有這事。從滿清變成民國，從科舉變成現代教育，這是一個極大的大變，來不及安排一個科學在我們社會生根的機會。除卻軍閥割據戰禍頻仍之外，還有經濟問題。就關稅一項說，經濟命脈控制在外國人手裡，我們的經濟，永遠是孫中山先生所說的次殖民地的經濟，經濟一天天枯竭，那會便有科學發展？我們該要調整我們的經濟、政治、教育，就是這一段中的變化。而又走錯了一條路，認為先要打倒中國文化，小題大做，思想情緒都激起了大混亂大動搖。倘使我們保留得一個身體在這裡，吃藥補救總有辦法，現在是要斬斷舊生命另尋新生命，那就難了。直從新文化運動一路跑到今天共匪的文化大革命，他們要硬出難題，硬走絕路。當知科學不能到中國，只是中國文化暫時有病，不是中國文化妨礙科學進來。若說文化有病，那麼西洋文化裡也有病。根本上今天世界任何一種文化都不能到一個絕沒有病的地步。等於我們今天的人，還沒有到達全沒有病的健康一般。我們不能否認清末到民初，中國是在一個病的狀態下掙扎。文化有病，我們該承認。不僅在那時，歷史上一路有病，已在前面講過。在這樣一個情形之下，科學來中國，碰到很多挫折，也是理有固然。從前佛教怎樣跑進中國來，中國文化是人本位的，以人文主義為中心，顯然是一個入世精神的，而佛教顯然是一個提倡出世的。佛教與中國思想，尤其是儒家，處在一個顯相反對的地位，然而佛教能跑進中國來。至於科學，中國古人講正德，利用，厚生，講盡物性，講致知，格物，中國人有很多理論該歡迎科學，不該拒絕科學，而且中國人也自己早有科學。近代一英國人寫一本中國的科學史，證實中國科學發展遠在西方科學之前。如朱子，他對地質學上的發現，便是全世界最早的一個。像這樣的例，不知有多少。尤其中國人的思想態度是接近科學的。中國人的思想，總喜跑一步講一步，言行相顧。如孫中山先生講知難行易，王陽明先生講知行合一，中國古人講知易行難，不管怎麼講，中國人總是將知行兩事放在一起，這便是科學精神，不憑空講玄虛話。科學家在實驗室裡，實驗有發明，再實驗，再發明，並不是要先立一個大系統，遠遠地講出去，這和哲學不同。馬克斯自認為他的理論最科學，其實還是一套哲學。他在倫敦看見近代資本家對工人那一套，我們想，他只要講你要發現一點良心吧！賺了這許多錢，該對工人福利注意一下，這就好了。這是中國思想不走遠去的講法。他要把西方哲學體系推上去，由經濟學講出剩餘價值，再推上去講唯物史觀，講階級鬥爭，講歷史命定論，愈講離題愈遠。若只講第一步，現在英國對於工人福利不是已經有改善嗎？定要從根本上講起，整個歷史是唯物的，必然的。又把社會分成幾個階段，奴隸的，封建的，資本主義的，共產主義的。言之成理，持之有故，然而實在是不科學。科學要你到一步再講一步。中國人講道德，孔孟儒家思想，正是走一步講一步，再走一步再講一步。因此中國的大政治家，也沒有一套完整的政治理論。中國也有經濟學家，也是一步一步就現實問題上來求解決。西方先講自由經濟，理論講了一大堆，然而不行了。又來講統制經濟，也是一大堆理論，也不行了。中國人不要先來一大堆理論，幾句話就行了。這就叫言顧行，行顧言，這卻是科學精神。言要顧著行，行要顧著言，思想行為兩方配合像左右腳相似。科學家就是這個精神，一步一步往前。那麼中國人的整套文化精神不是有合乎科學精神嗎？只是西方近代科學是自然科學，中國人的是人文科學。在教育上，在政治上，在經濟上，在一切上，總是顧著現實，講一步行一步，不放遠，沒有一套大理論。然而更要知，在此以上，卻有一套更高理論來會通，那即是中國人講的道。道在邇，而求之遠，中國人不贊成。

還有一點，佛教跑進中國，正值亂世。佛教是一套思想，抽象的思想。在我們亂世，儒家思想不受信仰，佛教纔跑進來。科學則是一個具體的，不僅是一套思想，迷迷糊糊，一陣風就到你腦筋裡。科學卻要種種具體條件，要有儀器，有實驗室，又要逐步進行。科學要跑進一個合條件的物的環境，那環境先要得安定。不比思想則虛無飄渺可以直跑進你腦筋來，所以要求科學跑進中國，希望中國社會先能安定。在安定的環境下，還要有一個精神領導。西方人的科學發展，他也有耶穌教，有希臘、羅馬精神，社會在安定狀態下，才有科學。而我們近代社會不斷動盪，馬克斯思想飄來了，難道中國文化是在根本上反對科學而歡迎馬克斯的嗎？

以上是解釋科學何以在此一百年中不能傳進中國之情形。

七、如何迎接將來

情形改變了，科學跑進中國可以很順利。在中國沒有一個人在那裡反對科學，坐三輪車還是坐飛機？點油燈還是點電燈？此皆不待問而知。而我在此尚有一個更要緊的問題要提出。我認為並非是科學不容易跑進中國來，我要講的是科學跑進了中國，也並不是就能救中國。我們不要認為科學一來，什麼問題都解決，這個想法危險性也大。我們一切問題都起在腦筋裡幾個觀念上，說舊文化不打倒，科學不能來，這句話害了我們幾十年。今天我要先提出一句話，請諸位仔細考慮一下，即是說：不是科學跑進了中國，便一切問題自解決。若此處不先認清楚，下面又要出麻煩。怎麼說科學跑進中國，中國還不得救呢？這很簡單，美國科學發達，就要送人上月球，然而美國的內部問題就都能解決了嗎？黑白問題以外，今天又有存在主義，稀癖青年。那問題實重要，不僅如從前所謂少年犯罪而已，在其背後還有一套哲學，一個背景。稀癖青年不是過激，就是頹廢。這是一件事的兩面。今天西方青年在社會種種壓迫下看到自己沒有出路，就有存在主義出來領導。從中國人看存在主義，只是淺薄的老莊思想，今天風行歐美，這正是西方文化一病徵。從前英國人把鴉片來害中國，今天西方青年吃一種類似鴉片的藥物，把來遺忘一切，擺脫一切，叫外面一切不存在，內心可以一時得解放。即便成年人智識界學術界群喜印度瑜伽，中國禪宗，也是他們社會病態精神病態另一方面的暴露。科學發達，機器愈來愈精，人的內心卻愈來愈感無出路。最後出路要放到核子武器上去。最近美國人曾放出風聲，說要改變戰略，一旦發生戰爭，美國的核子武器將儘先攻擊敵人的大都市，這簡直太不人道，沒有上帝，夠害怕了。萬一蘇維埃先動手，當然是一樣，所以美國先作此恫嚇。上面所說，只說明了美國科學發展，也解決不了美國本身一切的問題。美蘇科學發展，也解決不了世界人類一切的問題。此刻大陸匪區，也有核子彈、氫彈，能解決大陸的問題嗎？

諸位當知，科學只由人來派用場，使用科學的還是人。資本主義、共產主義一樣可以使用科學，警察、盜匪一樣可以使用科學。現代科學在西方出現，接下來的便是資本主義，帝國主義。我們今天吃了大虧，纔知非有科學不能對付。英國人、法國人如一群老虎，本來在那裡要吃人，科學為虎添翼，那些歐洲老虎滿天飛，卻遍地受災禍。我們為全人類文化前途講，必先辨明科學只可供使用，使用不得當，引起更大糾紛。第一第二次世界大戰之後，可能再來第三次，全世界人類文化都要大破壞。

因此我們要求科學跑進中國，還要好好研討如何利用科學，不再要資本主義，不再要帝國主義，當然也不要共產主義。我們要好好利用科學的話，我們要有一準備。首先重要的，要有一套新經濟學，要有一套能配合上中國人文化傳統的經濟學。孫中山先生提倡民生主義，我們要在這一主義下來一套經濟學，不能仍去抄外國，西方經濟學針對西方社會而起，我們也該配合自己國情。新經濟學以外更重要的應有一套新的教育理論，不能只說科學教育一句話，動輒罵人不科學。

人生不能由科學包辦，不能只在一個物質條件下生存。即如少年犯罪，頹廢思想，過激思想，都要有一套更高的教育精神來作領導，科學只占教育裡的一部分，不能專有理工大學，沒有人文藝術其他方面的。西方教育已然不能善盡責任，在課堂中傳授知識以外，還要在教堂中講上帝，講人生。中國沒有教堂，中國學校的課堂該要兼包有教堂精神。中國一個教師，應該是一半和尚，或是一半神甫和牧師。中國人既不能全盤西化，就該把自己文化傳統來創立一套新的教育精神和教育理想，來好好使用科學。我們若有一套新的經濟理論，新的教育精神，新的教育哲學，然後科學來中國，纔能為我之用。而不是待科學來用我，科學也不會來用我，怕的是自有壞人壞主義來用這個科學，自有錯主義，錯道路，科學也會跟著它跑。簡單舉一個例，我一到臺灣來，見到家家有一個電視機，這也是科學，然而電視裡的內容卻糟糕，老年人小孩子大家看電視，裡面唱的、跳的、講的、做的，不是商業廣告，就是外國電影，教淫教殺，一個小孩，上了一天學，晚上看電視，都被打破了。科學是世界性的，電視機也是可供世界通用的，主要是懂得如何把科學派用場，如何利用電視機，不能只站在科學立場講科學，更不能專為發財強兵來講科學，科學不是至高無上，我們總要自己好好安排一條路，使我們有前途。我們能不能在一個更高的理想和精神之下來提倡科學，使用科學呢？

八、結　語

總說一句，我們該在復興中華文化這個大前提之下來提倡科學，使用科學。我們要科學，卻也要防其弊。我們該有像從前的高僧們，來把西方科學融化成中國文化裡的一部分。這只是我個人的淺見。我總認為只有中國文化對世界人類有利無弊，至少是利多害少。中國文化曾到韓國，到越南，到日本，中國文化所到之處，對他們都沒有害處。西方文化到我們這裡來，沒好久，弄得我們天翻地覆，我們固然佩服它，然而西方文化一到，它要把政治權拿去，教育權拿去，全部一切都拿去，它也值得害怕。我們要提倡文化復興，值得我們佩服的，我們要；使得我們害怕的，我們可不必要。

我認為在我們文化復興之大前提之下來利用科學，科學自能為世界之利，不至為世界之害。到那一天，又將是我們文化經漢代、唐代、宋代、明代幾度發展之後的又一發展。到那時，應可使科學在整個世界上有一個新面目，有一個新作用。讓我再補說一句，我並沒有講中國文化發展只要依著周公、孔子這條路就完了，只我實在無此聰明，要來講一個新的中國文化超過了周公孔子之上。或許中國人中間將來會出一個更了不得的，新周公、新孔子，那則要看將來的中國人。至少新周公、新孔子還是從古周公、古孔子的那條路上來，中國新文化則還是從中國舊文化那條路上來。

我認為中國文化有它一個完整的體系，諸位或許認為中國文化有一大缺點，即是沒有現代科學。但千萬不當認為中國文化根本上反對現代科學，或者說中國人的腦筋根本上不適合現代科學。幸而今天我們中國人也有得到了科學上的諾貝爾獎金的，可見中國人的頭腦並不和現代科學相衝突。此刻中國的科學家成名的不少，我講過，文化就從民族性表現而來，中國人的民族性，並不反對科學，為什麼中國文化卻要反對科學。因此我希望我們能有一番更高的眼光來接受科學，發揚科學，使中國文化獲得再度的新發展！

談中國文化復興運動

諸位先生：這次我來講演很抱歉，張先生已告訴了我兩次，我沒有能好好準備一題目。今天就只想談談所謂復興中國文化運動，對這件事，略談一些我個人的想法。但怕講來沒條理，沒系統，只能隨便談。

我們要做一件事，當然先該知道這件事。所謂復興中國文化，先該知道中國文化究竟是怎樣。這問題很困難，真要講，我們準備不夠。這幾十年來我們國內知識分子、學術界，沒有認真看重這問題，所爭論的似乎都欠深入，不能作我們此下研究的憑藉。我們對此問題，沒有很多知識積累，此刻要用簡單幾句話來講，這事實困難。

講文化，是不是該拿思想做一個重要中心呢？講到思想，這裡還有爭論。如照現在人說法，認為從哲學思想便可看出文化本質，這層是否我們暫不討論。我們現在且從中國思想來看中國文化，大家就會聯想到儒家，聯想到孔孟，可是孔子到現在已兩千五百多年，儒家思想在各時代有演變，我們能不能拿幾句緊要話來總括？這就很難講。從前，講孔子思想也就意見紛歧，有人看重這一面，有人看重那一面。我覺得講文化，該講文化之全體，不能單舉一偏。即講思想，孔孟儒家以外，至少還有道家老莊，在中國人思想中，乃至一個不識字的人，可能他頭腦裡有儒家孔孟思想，同時也還有道家老莊思想。除了儒道兩家，我們不可否認，中國文化受外來佛教影響相當深，亦相當普遍。佛教思想進入中國，到了隋唐時代，中國人自開宗派，有天台、華嚴、禪三宗。他們從原來佛教思想裡漸漸變出一套中國化的佛教，這些中國化的佛教很能配合中國社會和中國傳統文化，這些思想也可說是中國的。今天印度已經沒有佛教，有一些只是小乘宗派的，大乘宗派的佛教都流傳在中國。中國人把來吸收消化，變成為中國的佛教。這些當然也是我們文化體系中的一部分，也是中國思想中的一部分。我們社會所謂的儒釋道三教，或說三教合一，這個說法已經很普遍，尤其是明清兩代，我們不能不注意。除了儒、道、釋三教，先秦諸子裡還有其他部分，也還重要。如墨家，固然到了漢代已經不盛行，然而直到唐代像韓昌黎還提到它。到了清末，中國人接觸了西方耶穌教，卻覺中國墨家所講和耶穌教很相近，於是有人出來提倡墨子，墨家學說一時盛行。我在北京大學教書，那時一般學生多只讀《墨子》卻不看《論語》，我問為什麼？他們認為《論語》陳舊了，《墨子》卻新鮮。我說這話也不全是，今天我們大家競讀《墨子》，《墨子》並不新鮮了，但沒有人讀《論語》，《論語》將會又新鮮。但至少我們不能否認墨家思想也是中國思想裡值得注意的。還有如法家，近代人看見西方人愛講法，一時便也來提倡講法家。但法家思想也不是到了清末、民初才來講。在中國歷史裡，一路下來，有一條法家思想的流在那裡。再如陰陽家，在中國社會上處處流傳影響尤大。如講醫學，當然中國醫學很值得研究，但中國醫學中偏多講陰陽。若使我們對陰陽家思想不清楚，如何來研究中國的醫學理論？或許我們的醫學理論中的陰陽學說是後來附會進去的，但既然附會進了，我們就該有研究。整個社會，一般人生，或許更多信陰陽家的話，並不在儒釋道三家之下，我們就便說他是民間的一種迷信，要之也是一傳統，流行甚廣，成為構成我們文化的一部分。

其他各家我們此刻暫不論。從前司馬談講六家要旨，我想舉出新六家——即儒、道、佛、墨、法、陰陽。我們講思想，只講儒家孔孟，把此外五家忽略了，如此講中國文化總是稍有所偏。我們若講哲學，不妨各就所好，各有偏向。但要了解中國整個文化體系，這是一個客觀的，不該偏輕偏重，把有些東西全忽略了。若我們講文化先要注重講哲學思想，要我們來講此六家，這已經要我們很大的努力。或許幾個人研究儒家，幾個人研究道家，幾個人研究佛學，先來一個分工合作，將來匯通起來，提要鉤玄，來綜合看中國思想究是什麼一回事。

可見從思想來看文化，在我們肩膀上負擔已很重。而且，思想定會有表現，思想必然變成為行為。若我們認為以上六大思想，在中國社會裡很有力，有影響，他們一定曾表現出種種行為，那就是我們的歷史了。在清末民初，大部分人認為中國的先秦相當於西方的希臘。那時百家爭鳴，思想很自由，秦漢統一以後，思想定於一尊，便沒有進步了。這些話我暫不批評，但說思想定於一尊，當然是指的儒家孔孟。那麼孔孟思想在漢代以後，應會表現出種種活動。而當時學者，卻只講先秦思想，不講秦漢以下的歷史，這是有了頭，沒有尾巴，並且這是一條長尾巴，我們不該不注意。我們要反對孔孟儒家，也不當專據一部《論語》，一部《孟子》，還該看此下讀《論語》、《孟子》，信仰孔孟的許多人之所表現。譬如孔孟儒家愛講治國平天下，我們至少要看看漢、唐、宋、明諸朝，他們一些治國平天下的想法和做法。元清兩代，尤其是清代，實際上掌握行政事務的，大部分也多是中國人，還是所謂儒生。我們該要注意到這輩儒生曾如何來治理這個國家，這樣才能判定孔孟儒家思想究竟在中國有價值與無價值，其利、其弊究在那裡。我在北京大學歷史系曾開一課，講中國政治制度史，當時學系同人表示反對，認為「這課不必開，今天的中國，還要來管秦始皇到清宣統的這一套政治嗎？」我說：「若講此下的新政治或可不管這一套，要講歷史則這一套非講不可。漢武帝，唐太宗，怎樣治國，總該有一套，我們不能不講。」即如孫中山先生為什麼要監察院，考試院，要創建五權憲法？還不是根據了中國歷史傳統。難道中國歷史從秦始皇到清宣統，就只是一個專制獨裁的黑暗政治嗎？在專制獨裁的黑暗政治之下，怎會有考試權、監察權？這些自該研究。

抗戰時，有一次我到樂山復性書院去講演，我對書院主持人馬先生說：「我聽說復性書院不講政治，我卻想講一些有關政治的。但我不是要講現代政治，我要講中國歷史上的政治。倘使孔孟思想只流行在戰國，秦以後便沒有受孔孟思想的影響，那麼孔孟思想也就沒有價值。只幾百年就斷了，真如近人所講是一堆塚中枯骨了。倘使秦漢以後還受著孔孟思想的影響，我來講一些秦漢以後的政治，好從此方面來看孔孟思想的實際價值所在。」馬先生說：「你這樣講，要比梁任公先生講得通了。」梁先生當年就是只講先秦是中國思想的黃金時代，秦漢以下便沒思想了。沒有思想，從那裡來了這一套歷史？直到今天，還有人認為我講歷史不夠現代化，怎能說中國傳統政治不是一套專制政治呢？這樣批評我的，絕不止一個人。但我們講歷史要客觀，若自秦始皇到清宣統中國歷史上只是一套帝王專制的黑暗政治，我們也可不必再講中國傳統文化，因中國傳統文化究是太無價值了。

今天主要的，要講從思想演變出歷史，全部歷史從思想演變出來，那些思想便有一個實際價值。究從老莊思想裡演變出些什麼來，從佛家思想裡演變出些什麼來，從儒家思想裡又演變出些什麼來，這有憑有據在歷史上，可指可說。當然思想表現在人生的各方面，但政治是其重要的一方面，這層不可否認。

再拿文學來講，人生就是文學，文學就是人生。從新文化運動起，群認為西方文學始是人生的，中國舊文學，則是脫離人生的，這番話，我卻不贊成。我認為中國文學最與人生密切相關，能最有力來表現真實人生。讓我舉一個例：那時印度詩人泰戈爾來中國，在上海開了一個歡迎會，當時徐志摩寫了一篇文章，題是「泰山日出」，他說泰山日出了，泰戈爾來到中國了。但你全部看過這篇文章，沒有「泰戈爾」三個字，更沒有他來中國的時代和背景。若不是如古代《詩經》般代他加上一小序，便不知他究在說什麼。我想若使請一位懂得清代桐城義法的古文家，來寫一篇「泰戈爾來華講學記」之類的題目，泰戈爾是怎樣一個人，他怎樣地來，當時有些什麼人，怎樣地歡迎他，代表撰寫此歡迎文的是誰，泰戈爾之來，其意義何在，價值何在，只要短短五百字一小篇，也可寫得很扼要，很精采，當然也可寫些詩篇來表達。為什麼定要說中國文學不切人生？西方大文學家，往往有人一輩子跟他旁邊，幫他寫傳記，因在他的文學裡，並無他自己的人生存在。中國則不然，把杜甫詩編年，逐年逐月逐日，早晚他人在那裡，做些什麼，想些什麼，一路下來，最詳備的傳記，莫過於他自己的詩。我們若要寫一篇蘇東坡的傳記，那更複雜了。他的詩詞散文，書札筆記等，統統是第一手的材料。蘇東坡其人，便畢現在蘇東坡自己的作品中。又如陶淵明、陸放翁，住在鄉村，一住五年，十年，二十年，這樣的傳記，除卻讀他詩集外，再也沒法寫，而且也再不能像他自己的詩那麼寫得好。陸放翁在鏡湖，六十，七十，八十，一年年，一日日，春夏秋冬，四季變化，他的日常生活，盡在詩中，等於是一部日記。我們讀他的詩，他晚年幾十年鄉村生活，如在目前，他的人生，便是他的文學，為何定要說中國文學不切人生呢？

當然文學有各種體裁，有很多變化，變到最簡單，為我們所看不起的，便如做對聯。簡單幾個字，把他的一生學業性行，家事國事，都寫上了。如我們這樣一所大禮堂，若有一副對聯，能把此禮堂興建的時間，地點，精神使命種種活動，都包涵進了。禮堂還須題一名，稱為什麼堂，再加上一篇題記，或詠幾首詩，重要的實際人生都放在裡面，因此我們可以說中國人的全部人生，主要還不是在二十四史裡，而是在各家的詩文集裡。如我們要研究范文正公王荊公，根據《宋史》嫌不夠，還要讀范王兩家的詩文集。縱使一首小詞，也不該忽略。因是整個作者之心情性格，生活的率真細膩處，卻透露在這裡。如李後主，乃一亡國之君，在歷史上短短幾句便完了。但他亡國後的一段生活，卻盡在他的詞裡傳下，到今天，我們對李後主當時的內心生活，還如和他對話般了解他。

我常講西方人是完成了他的文學作品，而成其為一個文學家的，中國則是由於他是一文學家而寫出他的文學作品來。西洋文學中一篇小說，一部戲劇，把作者姓名掩了，價值一樣，仍是一文學。研究莎士比亞，不要詳細知道莎士比亞這個人，直到現在，莎翁生平還是無法研究，但無損於莎士比亞作品裡的文學價值。也有人說：惟其在他作品中，不見有其人，所以其文學價值才更高。中國如杜工部，如蘇東坡，卻是作家和作品合一的。從杜詩裡，表現出杜甫的私人生活及其整個歷史背景。開元天寶，天翻地覆，轉徙流亡，悲歡離合，都在詩裡表現出。他不是在寫時代歷史，只是從他這一顆心裡，表現出他的日常生活，乃至天下國家一切事——從他一心到身到家，夫婦子女，親戚朋友，乃至國家天下，合一融通地表現。這裡十足表現了一種中國的儒家精神，我們若不懂中國文學，也將不能認識中國文化。拋棄了中國文學的舊傳統，也就等於拋棄了中國傳統文化中重要一項目。當然此刻要的是新政治，新文化，文學也該推陳出新，但我們要研究中國文化，至少這些傳統終是不可忽。

再說到藝術。從前在北平常同朋友討論到東西文化問題，有人說：「文化沒有不同，只是西方走先了一步，中國走後了一步，西方是現代化了，中國只相當於他們的中古時期，我們再進一步，也就跟上西方現代化了，這裡並不要爭東方與西方。」我曾問：「怎樣叫中古時期的文化？怎樣叫現代文化呢？」這位先生舉個例倒很好，他說：「從前朱子註《論語》，《論語》本文用大字，他的註用雙行小字。現在我寫哲學史，提到《論語》本文低兩行，我自己的意見理論便抬頭頂格排。引古人文用小字，自己寫出的用大字，這是現代精神。」我說：「原來如此。」我們這幾十年來的學術界和思想界確是如此，我們實該自己負責任。我這次來，特別高興，看到故宮博物院，陳列出這許多東西。但我要問，如繪畫，是不是中國畫只是中古時期的，西洋畫始是現代的呢？又如中國的磁器，有宋磁、元磁到清磁，從這些上可以寫一本很詳細的磁的歷史演變，即從這裡也可把整個文化反映出來。那麼是否說塑膠纔是現代化，中國磁只是中古時期呢？講文化不能排除了藝術，從藝術品上，也可推究到東西文化精神之不同，不能拿中國的一切都派在中古時期，西方即是現代化，這中間應該另有些不同。

建築也一樣，這廳建築顯然是東方式。我今天來看中山大樓，一進去就覺得十足的中國情調。我是一個中國人，進中國式的建築，只覺開心，住進外國房子裡好像總有點不對勁。西方洋樓，四面開窗，叫人注意外面去，樓與樓之間則須有相當距離，那是十足的帝國主義向外殖民的精神表現。他們中古時期的堡壘，也有他們當時的文化背景。中國一佛寺，和外國一教堂同樣興築在中古時期，畢竟還是有不同。他們的建築都帶有征服式，中國的常是和合式，天人合一，使人居之安。

我們講思想，講歷史，講文學，講藝術，從多方面來講文化，又應懂得統之有宗，會之有元。這兩語是三國時代王弼說的。講文化從多方面會合起，這裡面有一個宗，一個元。宗是一中心，元是一個頭，我們說文化精神，也如說文化根源，文化的會合點。我們要知道，在中國人中產生了孔子與老子，在中國佛教中產生了天台、華嚴、禪三宗，在中國歷史上產生了中國政府，以及中國的文學與藝術，並不是孔子來創造了中國文化，乃是由中國文化來創造出孔子。因有了中國人纔有孔子，不是有了孔子纔始有中國人。亦不是先有了一套文學來影響中國人，乃是由中國人來表現出這一套文學。我們且不從深處講，再講淺處，要研究一民族，該懂得有民族性。如中國學問藝術傳到日本，日本人很保守，一器物，一禮俗，他們都看得重。近代中國人看見自己中國的，遠不如日本人看從中國去的那樣隆重，那樣興趣濃厚。但日本人說：「我們的文化，雖從中國來，但是日本化了。」這話也對。中國文化到韓國，到越南，到各地，都會變。西方的到中國自然也會變。主要是在變中有個己。即就中國自己的來講，如文學，如藝術，如歷史上一切，由古到今，各各有變，不斷有變。我們該有思想史，社會史，政治史，文學史，藝術史，經濟史等等，該從這些知識會合起來認識我們自己的文化就比較方便些，可是這些工夫我們都沒有好好做。現在來講中國文化，都得看第一手原料，運用一個人的心思來融化，來闡釋，豈不難。研究西方的，省力方便多了。要知道希臘，有各家的書在那裡，不用直接去讀希臘文，也可研究。中國古代文字直沿用到現在，不需另研究孔子時代或書經時代的文字。然而這些材料，卻都沒有經過現代中國人的細心研究。

說到現代真是變化太快了，而現代的中國人變化更快，對自己三千年傳統厭了，懶了，誰也不肯用心去研究，整理。隨口謾罵便是前進，開風氣。置之不理，也不失為現代化。聰明精力，誰肯向這裡去鑽。說什麼是中國文化？鴉片煙、女子裹小腳、麻雀牌、太監、姨太太、算命、相命等，諸如此類。當然我們不能不承認這些是從中國文化裡面表現出來的一些面相。但女人裹小腳，雖足為中國文化詬病，今天不裹了，難道中國便是有了新文化了嗎？現在不抽大煙，不又是新文化嗎？而且幾百年前中國人既不抽大煙，也沒有打麻雀牌，那時的中國文化在那裡？小言之是這些，大言之，則說打倒孔家店。但孔家店易打，中國文化卻難打。在中國文化裡，尚還有老家店，莊家店，釋家店，很多店舖在。偌大一條街市上，打倒一爿半爿，打不了整街市。我說打孔家店省力，也有道理，《論語》雖是中國社會一部人人的讀物，現代化的前進學者，拿著西方的政治，社會、哲學、科學一大堆新花樣來講，只知讀《論語》的，講不過他們。又如從《論語》中拿出一兩條，如「唯女子與小人為難養也」之類，把孔子說成另一個樣子，當時的人不肯叫孔子，要改口叫孔仲尼，孔老二，孔家店的老闆孔子便如此般打倒了。但這只是新的知識分子欺騙無知識分子的勾當，孔家店裡老闆易打，孔家店裡小伙計卻不易打。如要打顏淵，顏淵誰懂得也易打。但像今天大陸忽然上演海瑞罷官，海瑞只是孔家店裡一個小伙計，還輪不到二級三級，但這齣戲演來，大家都認為對，毛澤東也著慌了。因海瑞不是一貪官，他又敢於講話，不貪錢，不怕死，這兩件就夠。他已深入人心，叫你打不倒。我們且莫講東方文化和西方文化，題目太大，便由得你一人講，但遇到一個孔家店裡的小伙計，你要怎樣打倒他，卻會感到不易打。

因此若我們要講中國文化，該從多方面，長時期，集體合作，從新研究，不是講哲學便能講盡了中國文化，也不是講歷史、講文學、講藝術便能盡了中國文化。並且在藝術、在文學、在歷史、在思想哲學各方面，還得各各分別研究。近代西洋，任何一門學問，都經過了一百、二百年，很多人心力才有今天。即如讀一部西洋通史，從民初以來五六十年中西方中學、大學裡所讀的通史已有了幾多變化，編了又編，改了又改，成為今天這個樣子。在我們只憑一兩個人，在一個短時期中寫出，到底不行。我們也要經歷一段長時期，多有人努力，又經自然淘汰，每一方面都有比較靠得住的人起來講話，如是集體合作，再經會合纔能對自己文化有個認識。我想復興中國文化這個重擔，應該挑在知識分子的肩膀上，但要有耐心，用苦力，不然我們會永遠比不上西方人。兩邊碰頭，問莎士比亞，他那邊總會有人源源本本詳詳細細來講。問杜工部，我們這邊真要找一人能講卻很困難。講藝術，你問他這幅畫，他會。他問我這幅畫，我也要找一恰當人，能講。現在我們勝過他們的，是我們能看他們的書，講他們的話，中國人中要找能讀英文，能講英語的，多的是。你找一個美國人，問他中國字，就不行。可是現在他們也來慢慢地學中國話，讀中國書，將來中國方面的學問也要問他們，現在中國優秀青年到美國去讀中國文史藝術學位的人已多了。在美國得了學位，纔能回到中國受人重視。所以我們的大學文科畢業生，也只有留學外國，纔能有出路。若只在自己大學裡面畢業，大家看不起。我昨天去故宮博物院參觀，正在看象牙雕刻，這比看磁器，看書畫，要簡單容易得多，後面有兩個人在講話，一人說：「中國人能做出這麼精細的東西嗎？一定是外國進貢來的。」我想我們此刻要來提倡復興中國文化，遠的不講，講近的，先該能移風俗，轉人心。文化是不容易講的，即講文學，一首詩，一篇散文，有時也會講不明白好處何在，又誰肯來承認你講的價值。但一個象牙雕刻擺在那裡，他不得不佩服，可是他又認為中國雕不出來。那麼怎會在中國的皇宮裡呢？他說：「這是外國進貢來的。」他能這樣講話，可見他也是一個知識分子，並非一無所知。這些例，深深淺淺，遠遠近近，可以舉出很多。有一年在廬山避暑，一位朋友，第一次新見面，他問我：「在美國那個大學讀書的？」他是美國留學生，所以說：「我怎麼不知道你呢？」我說：「我沒有到過美國去。」他說：「不必客氣，我和你很熟。」我說：「我們初次見面呀。」他說：「你不曉得，我在家裡教兒子讀《論語》，就選定了你的大著《論語要略》。」這位朋友自和一輩美國留學生不同，他要叫兒子讀《論語》，而且是他自己選定了我的那本《論語要略》，所以他說：「我同你很熟，你不要客氣。」下面一句話，卻是一句時代心聲。他看重我，所以想我也必曾去過美國。這是三十年以前的話了。一切事有前因，有後果，我們今天結了些什麼果，那是有原因的。我們今天正是一個困難的時候，把中國文化丟在一邊也應該。

上面拉雜說了許多話，現在接講第二部分如何來復興中國文化？我們縱是不認識中國文化，但我們的責任要來復興它。當前的問題，不能說要待我們真了解後，再來復興。要如此，時間還不知要等多久。但我們又要問不知道中國文化，怎樣來復興？我想這事該兩方齊頭並進。復興中國文化，該可有兩條路。一是少數人的責任，須得高級知識分子，一輩學人來研究，這是上一時講的。現在要講另一條路，這在我們一般社會，全中國人來一個廣泛的運動。我認為中國文化裡，有最精粹的一點，是關於「人生修養」的。人生修養，並不是現代人講的人生哲學。西方人講人生哲學，中國人講人生修養。修養中寓有哲學，但，與西方人講的哲學不同。其重要處在於中國哲學有一套修養方法，須由理論與實踐親修配合。講中國人的人生修養，主要在儒家，遠從孔孟，下到宋明理學家，各有一套。其他如道家，佛家，亦皆由理論與修養配合，而成此一套學術。這是中國哲學最重要最特殊所在。論其精神，卻與近代西方科學相近，科學必有實驗，中國哲學也必有實驗，此即所謂修養。此刻我想講幾點我們大家所最易明白的。

第一點，我們要真做一個中國人，纔能來復興中國文化，復興中國文化這一責任，便在中國人身上。沒有了中國人，就沒有中國文化。此如沒有了希臘人，希臘文化轉移到其他民族身上，究已不是希臘精神了。在抗戰時期，我在成都華西大學一個茶話會上，歡迎某先生，談話中涉及到中國人問題，他說：「現在我們不是要做一個中國人的時候了，我們該要做一個世界人。」我說：生斯世，為斯世人，自然我們都該做一世界人，但我們應以中國人身分來做世界人，不是以美國英國人身分來做世界人。若今天先抹煞了他是美國人、英國人、法國人、蘇維埃人、日本人、印度人、中國人等差別，來做一世界人，此事不可能。今天我們參加聯合國，也拿中華民國地位來參加，尚不能沒有其他國別，只有一聯合國。所以第一點說我們首先希望是大家要做一個中國人。把今天一般現象來看，我們中國人在其內心深處，好像並不希望真做一中國人。似乎模模糊糊地在不知不覺之間便不像一中國人。中國人有姓有名，現在的中國人卻都改了名。C・P・黃、喬治張，這樣的稱呼早已很普遍。我在香港去看香港大學的中文系畢業試卷，全部中文系學生都不寫中文名字。如寫C・K・王，他還保留一王字，我知道他是個中國人。也有純粹用英文的，王字也不見了。我想這是那裡來了一大批青年來學我們的中國文學的呢？我到馬來亞大學去，那裡的中國青年，姓名都變了更不用說。馬來人泰國人很想把大街上中國店舖懸掛的中國字招牌都禁止，中國人很不高興，但中國人自己的中文名字卻先自取消了，這不是一塊十足的中國人招牌麼？在日本，那裡的中國字招牌卻還多。以前在大陸，縱使內地交通不便，外國人少到的地方，也有些店舖在中國字招牌上加上一些英文翻譯，好像沒有英文字的招牌便使這店舖地位降低，不值錢。我曾想，那些改用英文名的人，將來成了人物，寫進歷史，那不是明明是一本中國史，也變成了英國史美國史了嗎。我想我們此刻要來復興中國文化，不如先來一個運動，要中國人用中國姓名，不要改寫英文字。這個運動很簡單，我們暫不要講孔子、孟子，這些太高了。我們且先做一個孔家店跑堂的，開門的，掃地的，總可以。我們先來做一個中國人，簡單一點，先來復興用中國姓名，好不好呢？

其次是講中國話。譬如在香港，中小學生都講英語，有時叫一輛汽車，開車的也講英語，這都不管。隨便說句話，中間不重要處用中國話說，遇重要處便定改用英文，好像用中文便表達不出這個意義，這一層影響可大了。我們自己的招牌改稱C．K．王，這可在外國通行，到外國去，入境問俗，把自己名字改一改，還可以。但他硬認為他心裡這個意思，用中國文字便無法表達，講中國話和他不對勁，不合他心意，如此一來，不僅中國是一次等國家，中國民族便是一次等民族。碰到學術上、理論上，高深一點的，非用英文不可。而且用了英文，他心裡會感到舒服、痛快，那影響卻真不淺。我想我們能不能講話要講中國話呢？有些，如 Yes, no. 之類，講英文也不打緊，但講到一句重要話，就非講中文不可。如說三民主義便就說三民主義，五權憲法就說五權憲法，不該翻譯了英文講。像此之類，說仁道義，仁和義也是中國文化的一塊招牌，我們該用中國字講中國話。現代西方學者，講到中國學問，他們就只翻個音，有時還注上一個中國字。如孔子講仁，老子講道，他們都翻音。中國人更客氣，認為他所講全是英美人意思，不是中國人意思，所以簡直就滿口講英語！所以我說，要復興中國文化，先來多講中國話，好不好呢？

進一步，我們希望做中國人要做一個像樣子的中國人。今天我們當然全都是中國人，可是已經不像樣。要做一個像樣的中國人，又要做一個能繼往開來的中國人。若我們做一個學者，當然要了解過去，要適應現在，要開闢將來。就如佛家禪宗不立文字，掃空一切，但也要講過去，或從達摩或從慧能講起。也要講將來，要說將來的人生就是佛教的人生，將來的佛教就是禪宗的佛教。任何一個知識分子，講一句話，不能沒有過去，沒有將來。可是今天我們講一句「復興中國文化」，立刻有人來責備說：「你不要想復古呀。」只要一講到孔子、老子，你便是要復古。從前人儘講堯舜禹湯文武周公，他還可不失為是一通人，還可是當時社會裡一個人，還可承先啟後，做一有事業的人。我們今天，好像一講到中國的過去，就會關閉了將來中國的路。講過去也只該罵，不該捧，只該批評，不該稱讚。這已是成了風氣。我最近也曾寫過一篇文章，說到復興文化，不是要復古，就得到好多朋友說好，說：「你講得對，這句話真有道理。」但我並不歡喜聽這話，復興文化不是要復古，但更不是要蔑古。現在一般人，一聽你說復興中國文化，就恐怕你要復古。但任何一種文化，總有個來源，總帶有一些古的存在。你不能堵塞了它上面，專來講下面。我們似乎先有一種害怕，也可說先有一種猜疑，古總是復不得，中國已往一切總是要不得。你講中國文化，他便要問你：「對民主政治抱什麼態度呢？對現代科學又是什麼看法呢？」這些話叫人無法回答，在他心裡，顯然中國文化是反民主、反科學的。他在時代風氣之下，不知不覺存心如此，無法對他有解釋。有人說，我們總統講復興中國文化，才是最好不過的，他也講民主，也講科學，

民主是世界大潮流，科學是現代大貢獻，要講復興中國文化便不能不講科學和民主。這是五四運動以來所謂德先生、賽先生，這幾十年來人人的腦子裡，只有這兩位先生，占了很高地位，中國文化則所占地位很低。若我們能有民主和科學，其實中國文化復興不復興是沒有關係的，這已成了一種社會心理，已經幾十年到如今，要轉移風氣，談何容易。

老實講，復興中國文化這六個字，從民國元年到今天，還是第一天正式唱出口，而居然在此地的知識分子，乃至無知識分子，沒有一人出來反對，這可說是民國五十多年來第一個可喜現象。我們今天，也只如在國外，儻使我們國家復興，明天回到大陸去，試問我們將帶些什麼回去呢？只帶了科學和民主回去嗎？倘使我們沒有一些中國自己東西帶回去，這和美國、英國人進中國有何不同呢？所以我們真能復國，最重要的應該即是我們今天講的復興中國文化這一句口號了。要復興中國文化，就該改造今天的社會，但也得慢慢地改。要發揚中國的文學和藝術，此事已不易，歷史則待後來人去寫，哲學思想須待新興的哲學家思想家來提倡。你要講一番孔子之道來給大家聽，其事亦易亦不易。但若演一部電影，能配合上中國文化的電影，便大家要看。人同此心，心同此理，此事似乎最易不過。為什麼大家愛聽紹興戲，勝過了聽外國歌劇呢？這些我們應該先提倡，而且也和科學與民主無關，無傷大雅，這樣便慢慢接近了中國化，從這個門可以跑進那個門。孔家店裡的陳舊貨物，也可由此推銷，像大陸上演海瑞罷官，海瑞罵皇帝，便是一例。我想那些道貌岸然講民主、講科學的先生們，也不會站起來反對吧！

但我上面說及中國文化有一點最重要的，就是所謂人生修養。關於這一點我還得再講幾句話。中國文化主要精神是以個人為中心的，這亦不是西方人所說的個人主義。在世界，在每一社會裡，會有一中心，從中國文化精神來講，此中心便是我。此話並不誇大。因這世界和社會的中心也可以是你，也可以是他，每個人都是世界一中心，甚至可是宇宙一中心。中國傳統文化所講重要的在這一點。今且問：此宇宙，此世界，此社會，究竟發動在那裡？宗教家說發動在上帝，科學家說發動在物質。但要再仔細講，也就講不下去了。我們再看，整個人生的一切，究該從那裡發動？若說由軍隊發動？這總不是我們的理想。若說由法律發動？法律只有拘束力，沒有發動力。若說由政治發動，政治要講民主，便該由每一人來發動了。或者說現在的世界操縱在工商業資本主義者的手裡，人生一切追求，其背後卻都由資本家操縱，這話卻有真憑實據。只要我們仔細看一看，想一想，便可知道。正為今天這個世界，一切人生發動力在資本主義者，則無怪反過來要有共產主義的崛興。但共產主義只是資本主義的反面，把反面來反正面，其實正反兩面還是一體。正如你的手，手掌手背，還是那隻手。若我們不要這一手，要另換一手，不講物質，不講經濟，其事卻不易。所以西方人到底不能徹底反過那共產主義的，我們不要對此太樂觀。只要西方資本主義一天存在，共產主義也會存在。共產主義本也產生在西方，依然在西方文化體系裡面。西方學者卻說共產主義是東方思想，拿俄國給送到東方來。但馬克斯總不能說他是東方人，他寫《資本論》並不在東方，他《資本論》中所根據的材料也不是東方的。英國一位文化歷史學者，硬要把蘇維埃送給東方，但馬克斯和倫敦關係太深太顯著，他究竟送不走。今天美國的學者號稱中國通的，又要說毛澤東思想即是孔子思想直傳下來，中國共產政權便是中國歷史上從秦始皇以下的那一套專制黑暗政治。他們總想把共產主義推出自己那一邊，推到別人身上去，卻不回頭想一想，這個毛病究從那裡起。遠從法國大革命，西方社會這毛病已經見了，無產階級的運動從此開始，到第一次世界大戰以後，此項毛病便在俄國人身上發作。第二次大戰以後，法國、義大利等國家共產主義風起雲湧，那時中國纔追上去。美國人拚命拿錢來收買，但錢究竟消滅不了共產主義。這一層卻須現代世界人類有一番共同的覺悟。

我們講一個社會，其背後的推動力究在那裡？宗教、政治、軍事、經濟，都是外面的。外面有一力量來推動我，我總有些不大甘心。因此要講自由，又要講平等，又要講博愛，但經濟錢財，不懂博愛，不會平等，又不許自由，目前的世界究是由經濟錢財在推動。中國傳統文化則認為推動一切的力量在於我，在於我的心，各人是一我，各人可以推動他四圍而成為一中心。那麼究是誰推動著誰呢？這裡面的理論讓我慢慢講下。我們且先講原則，在我有推動社會的一個力量，社會推動，能由我們開始。這一原則，各人需有一自信，然後在社會做人，才覺得有意義，有價值。

沒有這個信仰的人，孔子稱之為鄉愿，「生斯世也，為斯世也善，斯可矣。」孔子說，這類人是「德之賊」，他們是賊害道德的。不能發展個性，失卻成其為一我。但人各有個性，大家發展個性，豈不成衝突？孟子說：「聖人先得我心之同然」，心有同然，我這個心就是你這個心，孔子時代的心，實在還是我們今天的心。我們今天的心，仍和孔子時代之心相同，所以孔子可以了解到我們，其實我們也該能了解到孔子。我這個心可以了解別人的心，中國人稱之為仁心。因為大家同此一心，所以同稱為一人，仁者人也。我和你心相同，同此一仁心，故稱此為人道。人道只是一仁，可是你要得到這一個仁心，卻要修養。孔子說：「巧言令色鮮矣仁。」你碰到另一人，話講得巧一點，面孔裝得討人歡喜，這個心便是不仁之心。你看重了別人的心，拿自己的心看輕了，遮掩著自己的心，來討好別人的心。巧言令色，一面奉承別人，一面卻又想欺騙別人，在人群中相處，不夠直道，不夠朋友，不夠做夫婦，做子女，不夠做人群中一人。我為何要抹殺了我，來討好你？實際則又是在欺騙你，想要利用你。先抹殺了自己想來抹殺別人，結果人和我都被抹殺了，所以稱之為不仁。所幸者這個不仁之心，實際並不是我的心，心有所同然。張眼一看，梅蘭芳上臺了，大家鼓掌，覺得他漂亮。放開耳朵聽，梅蘭芳在唱，大家心裡喜歡，他唱得好。這是一種藝術心情，大家自心發出，沒有外邊力量在推動。吃東西也一般，人家都說吃悅賓樓菜好。即顯推微，人人有一個共同相類似的心，你抓住了這個心，即等於抓住了我和他，抓住了一切人。

因我這個心也即是你這個心，你抓住了我的心，不是我便會由你推動嗎？中國人對於人心研究是高深的，此刻我們不能向深處講，且問人類這個心由那裡來？那自然說是天生的。西方人說上帝創生了人類，中國人說天降生了人類，又賦予人類以此心。因此我們也可說，我心即天心。天就在你我身上，就在你我心裡。天人合一，沒有天就沒有人，沒有人也就不見有天。莊子說：「惟蟲能天。」天生一條蟲，蟲無心，也可說蟲心簡單，所以他還保守著天生他的這一個真，還是本來的一條蟲。天生我們人，卻反而失去了他的天。為何呢？人有很複雜的腦子，有思想，有慾望，有一切改進，但改進不已，忘了本然，失了這個天，想離開了天來獨立做人，還想打倒了天來自由做人。故莊子說：「惟蟲能天。」這是批評我們人由聰明而愚蠢了。一隻螞蟻能不失天生本然，但我們人卻早已失去了他的天生本然了。中國人的理論，要人在天生本然上求進步。忘了這個天生本然來求進步，愈進步，離天愈遠。一棵樹，只從根上能開花，不在花上再開花。《中庸》上說：「盡己之性，而後可以盡人之性，盡人之性，而後可以盡物之性。」科學能盡物之性，但先得要盡己盡人之性。一顆原子彈扔下，一切都完了，盡了物性卻反了人性。人可以發明科學，科學不能發明出什麼來。正如一棵樹可以開花，花卻開不出什麼。現代西方人拚命造原子彈，核子武器，太空船登陸月球，只求科學無限進步，但忘了盡人性，好像一樹，花開爛漫，儘在花上想法，根卻壞了。今天的世界危機，實在很大。

從前在我年青時，人們穿一件袍子，不論窮富，年紀大一些的，穿十來年很普通。中國古代，像晏子，三十年只穿一皮袍。今天不行了，工廠裡爭著出貨，第二批來排斥第一批，過兩年一換衣是尋常事。有人在想種種方法使你非換不可，這不是我必要換，外面有一力量在推動，卻反說是我們幸福了。說穿一句是要賺你錢，賺錢成為人生目的。中國人也曾發明了印刷術，那是世界文化一道奇光。西洋的文藝復興，就是靠的印刷術發明，但今天的印刷術儘發展下去，又不得了，會變成洪水猛獸。在紐約每天看一份時報，這樣一堆紙，怎樣看？而且翻後急得丟。新書不斷地拋出，舊書匿跡了，有些書，不到大學圖書館翻不到。舊書再版，真是困難之極。但你到小菜場，五光十色，雜誌、週刊，擺得滿攤滿架，看得天花亂墜，卻說這是民眾讀物，但有些讀物卻是毒物呀。說電影吧，一部推出一部，但總不會叫你百看不厭，甚至再看第二遍。若一部電影，可以屢看不厭，那電影公司將會被關門。我小孩時看《水滸》，真是看得百看不厭。但現在人說《水滸》是中古時期作品，是中國舊社會的作品，現在是科學時代工商社會了，看小說也得看了一本又一本，把你心看昏看亂。現世界人類的智慧和品德，一切人生的意義和價值就為出版物太多而受了損害。人的腦子負擔不了，又無法選擇，總有一個在推動，在填塞到你腦裡來。電影明星也如此，三年、兩年換一個，你喜歡的隔兩年不見了，又換上新的，再隔兩年又沒有了，又換上新的，我的情趣該懂轉換，但又來不及，你真愛好誰呢？我們的這個心勢將無所寄託。女人穿衣服，一年一花樣，坐汽車，一年一款式，一切的一切，都這樣。商品拚命前擠後擁推出，人生外貌都跟著改，其實人生內容也在跟著改。說是推陳出新，其實陳的還未陳，新的也不真是新，新的舊的一例得急速收起，再來推出，人的感情也一天天薄了，只有不在乎。飛機減價，環球旅行，跑得人頭昏腦脹，這裡住三天，那裡住五天，一下子周遊世界回來，腦子裡有什麼變化呢？還不是如此五光十色便算了。從前出門遠行，有多少困難，古代不要講，一條輪船到這裡，靠了岸，所見所聞，進到腦子的，印象還深些，現在的交通太快速了，給人的印象也太淡薄了。

一切物質文明，主要還不是賺錢？我荷包裡的錢你拿去倒不在乎，但把人的心變了，理智感情都淡薄了，既浮淺又不定，人生變成一派慌亂。所以我曾說從前有鬼現在沒有了。諸位說，從前人迷信才有鬼，現在科學發明所以沒有鬼。我不是這樣說，我生時紀念這個家，這個村子，死後還想來一下。現在叫我紀念些什麼呢？這個世界儘在推陳出新！人則要追上時代，不能落後。今天變，明天又變，思想變，行為也變，到最後，感到一生在世無可留戀。從前朋友少，現在朋友多了。從前寄封信很困難，要託人，三個月五個月帶到你那邊，你拿到這封信，可說一字千金。現在電報電話一個字值什麼，生日做壽，四面八方電報來了幾百幾千，但人的感情只有這些，反而沖淡了。一切都是外面在表現，不是內裡有蘊蓄。耶穌誕的各地賀卡，掛得滿牆滿壁，這張由英國來，那張由美國來，你是交遊滿天下，若論感情則天賦只有這一點，現在是分得愈淡愈薄了。

我這些話，也不是要把現代世界物質文明之急速進步拉下來。我的意思，我們要講教育，講人生，與此現代世界物質文明之急速進步中間，應該指出些問題，來求解決。講到此處，也便是中國傳統文化與現代人生方面之問題。我認為現在推動社會的，主要是一個經濟，經濟問題不解決，人生一切都不能解決。但中國傳統文化觀點卻不同，認為推動人生社會的，應該是人的這個心。讓我們試問那些大企業家，今年這些出品，明年又是這些出品，究是要福利人群呢？還是要發展你的企業呢？那問題，只要一反省，各人反問自己就清楚。現在再問各人有各人的心，那麼我心怎樣能推動你心呢？中國人則說盡其在我，所以講忠恕，講愛敬。忠是拿我十分力對待你，恕是我所不喜歡的不加到你身上。講到愛敬，天下那有一人不喜受人愛？那有一人不喜受人敬？但我想孔子講忠恕講得更好，因我對你忠，對你恕，只盡了在我一方面的心。孟子講愛敬講得較淺了一點，我說較薄了一點，他說愛人者人亦愛之，敬人者人亦敬之。這當然也是個真理，你不愛他，他怎樣要愛你？你不敬他，他怎樣要敬你？然而沒有像孔子講得更高些，我盡我的力量忠於你，下邊一句沒有了。孟子要開導人，把下邊一句也講出來，說：「愛人者，人恆愛之。敬人者，人恆敬之。」也許有人問，別人不敬你不愛你又怎辦？這仍得回到盡其在我，我儘管愛他，敬他便是。若有人問為什麼要這樣？孔子說得諄厚，孟子加以明白發揮，直從人的心坎處加以發揮。所以說：「愛人者人恆愛之，敬人者人恆敬之。」又說：「盡心知性，盡性知天。」性是天生的，你怎樣能知道你自己的性？因此要盡你的心。自心不盡，天生給你的性，自己也不知道。盡了我的心，可以知我之性，盡了我的性，便可以知天，這叫做天人合一。天不獨只生我一人，你就知人家同我一樣，中國人講的最高道理在這裡，在從每人自己心上講起，成己而後可以成物。知天近是宗教，中國人有一種極高深的宗教精神。盡物性是科學，中國人所提前發展的是一套人文科學，最基本的修養工夫在盡其在我，盡己之性。從這一點發展出來，就可成為中國人講的世界大同，天下太平。在世界未大同，天下未太平之前，每人仍可自盡己心，修養到最高境界，便即是聖人。

中國儒家對聖人有兩個看法。一是朱子，他說聖人難做，後代聖人更難做。朱子的話是聰明的，孔子在春秋時代做聖人省力些，若生在朱子時代要做一聖人就比較要困難些。若使孔子生在今天二十世紀的中國社會，要做一聖人怕會更難了。這是朱子的講法。另一個是王陽明的說法，孟子說人皆可以為堯舜，朱子並不反對此說，只說是難。陽明則說得似乎比孟子所說更易了。王學後傳有羅近溪，他正在講臺講人皆可以為堯舜，外面一端茶童子走進來，把一杯茶放講臺上，出去了。聽講人問：「他也可做聖人嗎？」他說：「他已是聖人了。你們看他走進來，目不斜視，一心一意，沒有滑跌，杯裡茶沒有潑出，走到這裡，放下茶，他又如是走了，端茶是他的職，他已盡了他的職，也盡了他的心。若使孔子來代他端茶，也不會比他端得更好些。」這個道理陽明早說過，陽明到了龍場驛，生病了，半夜裡想，我這樣的生活，若使孔子來做我怎辦？他想得大徹大悟，一跳起來，全明白了，「良知」兩字就是這時候提出的。我們看禪宗故事，也頗有這樣的趣味，禪宗也說人人可以立地成佛。但，我們生到此世，雖也不能沒有人端茶，但不能都端茶。我們固要陽明講的聖人，也要朱子講的聖人。朱子講格物窮理，正心誠意，修身齊家，治國平天下，那一大套，這正是我們高級知識分子的責任。但不能要求每一人都成一高級知識分子，縱使我們自己要做一個朱子理想中的聖人，也該鼓勵欣賞人家做一個陽明理想中的聖人。而且我縱有絕大學問，也不一定能在社會上負擔一項重大責任，如治國，平天下這些大責任。這些責任不在我身上，到不得已時，我可做一個端茶童子，還是不失為一個聖人呀。大總統，治國平天下，也仍不過是一個聖人。中國人理想便由這些聖人來推動這個社會，而且人又是必該做聖人的。因此說，不為聖賢，便為禽獸，愈說聖人易做，而不做，那就更見其為禽獸了。我曾在日本和一位很有名的日本漢學家談中國文化，那位先生說：「我們日本人接受中國文化，是很深刻無微不至的。」我問：「從何而見，從什處講起？」他說：「我們罵兒子常說：『你不像一個人。』這句話是中國來的，全世界沒有。」我聽了恍然，我們不是常說：「你這樣還算是人嗎？」中國人心裡的人，不是做上帝兒子的這個人，也不是法律上承認的這個人，更不是某人遺囑上接受他一筆錢財的這個人，天地生了我，我還得有理想有修養來做一個人。講難難到極，講易易到極，這即是中國人的中庸之道。我們這許多人，既非聖人，也非萬惡不赦的壞人，中間有一段很大距離包容著。這一極端是上帝，那一極端是魔鬼。上帝只一個，魔鬼怕也只一個，人在中間。有的九分近魔鬼，一分近上帝，有的九分近上帝，一分近魔鬼，但若這個人從魔鬼身旁轉移一步近上帝這邊來，這是善這是在向上。儻使這個人從上帝身旁轉一步近魔鬼，這是在墮落，甚至是喪心病狂，是惡了。所以中國古人說，一念之間可以為聖為狂。後代中國人則說端茶童子也是聖人，又說衣冠禽獸。這些話不是極端話，卻是中庸話。孫中山先生說知難行易，知難是近在朱子這一邊，行易是近在陽明這一邊。現代的中國人，最不成也沒有被魔鬼拉去。只要能自心一轉跨離一步，這就是復興中國文化的大道。這一步大家能移，這一心大家能轉。我們該拿這一點來勉勵自己，來勉勵我們的子女、學生、親友，乃至社會上大多數無知無識的群眾，這條路應是復興中國文化一條大路。努力知難方面並不身分更高，責任更重。著意行易方面並不身分更低，責任更輕。要更深更細來闡發中國文化，這需要學問，讓一些人到圖書館去多寫幾篇博士論文，乃及傳世巨著吧。我們也來講復興中國文化，這中國文化應該採取第二條路，換言之，我們應做中山先生所說的後知後覺乃至不知不覺來從行易方面立刻起步。我這兩小時所講，提出了不少問題，請諸位批評指教。

中國文化與中國人

一

今天，我的講題定為中國文化與中國人，我也只能從某一方面對此題講些話。本來是由中國人創造了中國文化，但也可說中國文化又創造了中國人。總之，中國文化就在中國人身上。因此我們要研究中國文化，應該從中國歷史上來看中國的人，亦就是說：看中國史上的人生，中國人怎樣地生活？怎樣地做人？

人生應可分兩方面看：一外在的，即人生之表現在外者。一內在的，即人生之蘊藏在內者。表現在外的人生又可分兩大項目：一是人所創造的物，一是人所經營的事。《易經》上所謂「開物

成務」。無此物，創此物，是為「開物」。幹此事，成此事，是為「成務」。《易經》把「開物」「成務」兩項都歸屬於聖人之功績，可見中國古人對此兩項之看重。但此兩項則都是人生之表現在外的。

現在人講文化，主要都從這方面講，如舊石器時代，新石器時代，銅器時代，鐵器時代等分法，是從「開物」觀念上來講的。又如漁獵社會，畜牧社會，耕稼社會，工商社會等分法，是從「成務」觀念上來講的。但這些多是人類怎樣生存在社會乃至在天地間的一些手段，實不能認為即是人生之理想與目的。人生該有理想，有目的，既已生存在此天地間，究應怎樣生，怎樣做人？這始屬於理想目的方面，此之謂文化人生。自然人生只求生存，文化人生則在生存之上有嚮往，有標準，這就講到了人生的內在面。這一面，中國人向稱之為「道」。中國人用這「道」字，就如現在人講文化。不過現在人講文化，多從外面「開物成務」方面講，而中國人的傳統觀念，則定要在文化本身內部討論其意義與價值，亦可謂文化中之有意義與價值者始稱「道」。而此項意義與價值，則往往不表現在外面，而只蘊藏在人生之內部。

如我們講古代文化，定會提到埃及的金字塔。埃及人創造金字塔，亦是所謂「開物」。金字塔之偉大，誠然無可否認。由於此項建築，我們可以連想到古代埃及人的智慧聰明，和當時運用物資的能力。若非這些都有一甚高水準，試問怎會創出那些金字塔？但我們也應該進一步問，那些金字塔對於埃及的社會人生，究竟價值何在？意義何在？

古的不提，且論現代。如我們提及太空人，提及把人類送上月球，不是當前一項驚天動地的壯舉嗎？這也十足可以說明近代人之智慧聰明及其運用物質的能力，到達了那樣高的水準。但我們不免又要問，這樣一項偉大工作，究竟對於現世界，現人生，實際貢獻在那裡？其價值何在？其意義又何在？

像古代埃及的金字塔，乃及近代西方的太空人，都屬於開物成務方面，都只表現在人生的外部。中國古人講「正德」「利用」「厚生」，開物成務是有關「利用」「厚生」的。但在此兩項之上，還有「正德」一目標。而且「利用」「厚生」也不是為著爭奇鬥勝。不論你我在太空軌跡中能繞行多少圈，誰能先送一人上月球，但人生理想，究不為要送人上月球，送人上了月球，依然解決不了當前世界有關人生的種種問題。換言之，此仍非人生理想以及人生的意義價值所在。照中國人講法，智力及財力表現，並不即是道。中國人講「道」，重在修身、齊家、治國、平天下。修、齊、治、平始是人生理想，人生大道，決不在乎送人上月球，當然也更不是要造幾座更大的金字塔。從這一層，可以來闡說中國的傳統文化觀。

二

我此刻，暫把人類分作兩類型來講：一是向外的，我稱之為外傾性的文化。一向內的，我稱之為內傾性文化。中國文化較之西方似是偏重在內傾方面。如講文學，西方人常說，在某一文學作品中創造了某一個性，應說創造了某一人物。但此等人物與個性，只存在於他的小說或戲劇中，並不是在此世界真有這一人與此一個性之存在，而且也並不是他作者之自己。如莎士比亞劇本裡創造了多少特殊個性乃及特殊人物，然此等皆屬子虛烏有。至於莎士比亞究竟是那樣一個人，到現在仍不為人所知。我們可以說，只因有了莎士比亞的戲劇，他纔成為一莎士比亞。也可說，他乃以他的文學作品而完成為一文學家。因此說，莎士比亞文學作品之意義價值都表現在其文學裡，亦可說即是表現在外。這猶如有了金字塔，才表現出埃及的古文化來。也猶如有了太空人，才表現出近代人的新文化來。

但中國則不然。中國文學裡，有如《水滸傳》中有宋江、武松、李逵等人物，《紅樓夢》有林黛玉、賈寶玉、王鳳姐等人物，這些人物全都由作家創造出來，並非世間真有此人。但這些作品實不為中國人所重視，至少不認為是文學中最上乘的作品。在中國所謂文學最上乘作品，不在作品中創造了人物和個性，乃是由作者本人之人物和個性而創造出他的文學作品來。如〈離騷〉由屈原創造，表現在〈離騷〉中的人物和個性，便是屈原自己。陶淵明創造了陶詩，陶詩中所表現的，也是陶淵明自己。杜工部創造了杜詩，杜詩中所表現的，也是杜甫自己。由此說來，並不是為屈原創造了一部文學，遂成其為屈原。正因為他是屈原，所以才創造出這一部文學來。陶淵明、杜甫也如此。在中國是先有了此作者而後有此作品的。作品的價值即緊繫在作者之本人。中國詩人很多，而屈原、陶淵明、杜甫最受後人崇拜，這不僅是崇拜其作品，尤所崇拜的則在作家自身的人格和個性。若如莎士比亞生在中國，則猶如施耐庵、曹雪芹，除其文學所表現在外的以外，其自身更無成就，應亦不為中國人重視，不能和屈原、陶淵明、杜甫相比。這正因中國文學精神是內傾的，要成一文學家，其精神先向內，不向外。中國人常說「文以載道」，這句話的意義，也應該從此去闡發。中國文學之最高理想，須此作者本身就是一個「道」。「文以載道」即是文以傳人，也就是作品與作者之合一，這始是中國第一等理想的文學與文學家。

再講到藝術，中國藝術也同樣富於內傾性。如繪畫，西方人主要在求這幅畫能和他所欲畫的對象近似而逼真，其精神仍乃是向外，外傾的。中國人繪畫則不然，畫山不一定要像這座山，畫樹不一定要像這棵樹。乃是要在他畫中這座山，這棵樹，能像畫家自己的意境和胸襟。或作畫送人，卻要這幅畫能像他所欲送的人之意義和胸襟。所以在作畫之前，儘管對一山今天這樣看，明天那樣看，但總感這山不能完全像我自己的意境，待慢慢看熟了，把我自己對此山所發生的各種意象拼合起來，才是我心裡所希望所欲畫出的這座山。在山裡又添上一棵樹，這也並不是山中真樹由寫生得來，仍是我意境中一棵樹，而把來加在這山中，使此畫更近我意境。所以中國畫所要求的，重在近似於畫家之本人，更甚於其近似於所畫的對象。學西洋畫，精神必然一路向外，但要做一中國畫家，卻要把精神先向內。

把文學與藝術結合，就是中國的戲劇。西方人演劇，必有時間空間的特殊規定，因而有一番特殊的佈景，劇中人亦必有他一套特殊的個性。總言之，表現在這一幕劇中的，則只有在這一時間這一空間這一特殊的條件下，又因有這樣一個或幾個特殊的人，而始有這樣一件特殊的事。此事在此世則可一而不可二。只碰到這一次，不能碰到第二次。他們編劇的意象結構慘澹經營的，都著重在外面。中國戲劇裡，沒有時間空間限制，也沒有特殊佈景，所要表現的，不是在外面某些特殊條件下之某一人或某幾人的特性上。中國戲劇所要表現的，毋寧可說是重在人的共性方面，這又即是中國人之所謂「道」。單獨一人之特殊行徑，可一而不可二者，不就成為道。人有共性，大家能如此，所謂易地則皆然者始是道。道是超時空而自由獨立的。如演蘇三起解，近人把它放進電影裡演，裝上佈景，劇中意味也就變了。中國戲臺是空蕩蕩的，臺下觀眾所集中注意的只是臺上蘇三那一個人。若配上佈景，則情味全別。如見蘇三一人在路上跑，愈逼真，便愈走失了中國戲劇所涵有的真情味。試問一人真在路上跑，那有中國舞臺上那種亦歌亦舞的情景？當知中國戲劇用意只要描寫出蘇三這個人，而蘇三也可不必有她特殊的個性，只要表演出一項共性，為每個觀眾所欣賞，即得。

深一層言之，中國戲劇也不重在描寫人，而只重在描寫其人內在之一番心情，這番心情表現在戲劇裡的，也可說其即是道。因此中國戲劇裡所表現的多是些忠孝節義可歌可泣的情節。這些人物，雖說是小人物，或戲劇人物，實際上則全是教育人物，都從人類心情之共同要求與人生理想之共同標準裡表現出來。這正如中國的詩和散文，也都同樣注重在人生要求之共同點。中國人畫一座山，只是畫家心裡藏的山。戲劇裡演出一人，也只是作劇家理想中的人。西方的文學藝術注重向外，都要逼真，好叫你看了像在什麼地方真有這樣一個人，一座山。而中國文學藝術中那個人，那座山，則由我們的理想要求而有。這其間，一向外，一向內，雙方不同之處顯然可見。所以說中國文化是內傾的，西方文化是外傾的。

三

外傾文化，只是中國《易經》上所謂「開物成務」的文化。在我們東方人看來，這種文化，偏重在物質功利，不脫自然性。中國文化之內傾，主要在從理想上創造人，完成人，要使人生符於理想，有意義、有價值、有道。這樣的人，則必然要具有一人格，中國人謂之德性，中國傳統文化最看重這些有理想有德性的人。從字面講「文化」兩字，也見在中國《易經》裡，有曰「人文化成」。現在我們以人文與自然對稱，今且問人文二字怎講？從中國文字之原義說之，文是一些花樣，像紅的綠的拼起來就成了花樣，這叫文。又如男的女的結為夫婦，這也是一番花樣，就叫做人文。又如老人小孩，前代後代，結合在一起，成為父母子女，這也叫做人文。在這些人文裡面，就會化出許多其他花樣來，像化學上兩元素溶合便化出另外一些東西般。在中國人則認為從人文裡面化出來的應是「道」。故有夫婦之道，父子之道，修身、齊家、治國、平天下之道。道都由「人文化成」，此即中國人傳統觀念中所看重的文化。中國《小戴禮》中又見有「文明」二字，說「情深文明」。上面說過，文只是一些色彩或花樣。花樣色彩配合得鮮明，使人看著易生刺激，這就是其文明。如夫婦情深，在他們生活中所配合出的花樣，叫別人看了覺得很鮮明。父子情深，在他們生活中所配合出的花樣，也叫人看了覺得很鮮明。若使父子夫婦相互間無真摯情感，無深切關係，那就花樣模糊，色彩黯澹，情不深就文不明。這是中國古書裡講到的「文化」、「文明」這兩項字眼的原義，此刻用來翻譯近代西方人所講的「文化」「文明」也一樣可以看出中國人所講偏重其內在，而西方人則偏重於外在，雙方顯然有不同。

人與人間的花樣，本極複雜，有種種不同。如大舜，他父母都這樣地壞，他一弟又是這樣壞，可說是一個最不理想的家庭。然在這最不理想的環境與條件之下，卻化出舜的一番大孝之道來。夫婦也一樣，中國古詩有上山採蘼蕪，下山逢故夫一首，那故夫自是不夠理想，但那位上山採蘼蕪的女子，卻化成為永遠值得人同情欣賞與懷念的人。可見社會儘複雜，人與人配合的花樣儘多，儘無準，但由此化合而成的人文，在理想中，卻可永遠有一「道」。因此中國傳統文化理想必以每一個人之內心情感作核心。有此核心，始有人文化成與情深文明之可能。然而這亦並非如西方人所謂的個人主義。在個人與個人間，相平等，各有各的自由與權利，此乃西方人想法。中國社會裡的個人，乃與其家庭社會國家天下重重結合相配而始成為此人者。人必在群中始有道，必與人相配成倫始見理。離開對方與大群，亦就不見有個人，因此個人必配合進對方與大群，而一切道與理，則表顯在個人各自的身分上。因此中國傳統文化理想中之每一人，可不問其外在環境，與其一切所遭遇之社會條件，而可以無往不自得。換言之，只要他跑進人群，則必有一個道，而這道則就在他自身。己立而後立人，己達而後達人，盡己之性而後盡人之性、盡物之性。自己先求合道，始可望人人各合於道。這一理想，照理應該是人人都能達到，但實際則能達此境界理想者終不多，此即中國所謂之聖人。但照理論，又還是人皆可以為堯舜，人人皆可為聖人的。

中國傳統文化理想，既以個人為核心，又以聖人為核心之核心。孟子說聖人名世，這是說這一時代出了一聖人，這聖人就代表了這時代。等於我們講埃及文化，就拿金字塔作代表。講中國古代文化，並不見有金字塔，卻有許多傳說中的聖人像堯、舜。中國之有堯、舜，也如埃及之有金字塔，各可為其文化之象徵與代表。

在《孟子》書中又曾舉出三個聖人來，說：伊尹聖之任者也，伯夷聖之清者也，柳下惠聖之和者也。人處社會，總不外此三態度，一是積極向前，負責任，領導奮鬥，這就如伊尹。一是什麼都不管，躲在一旁，與人不相聞問，只求一身乾淨，這就如伯夷。還有一種態度，在人群中，既不像伯夷般避在一旁，也不像伊尹般積極儘向前，只是一味隨和，但在隨和中也不失卻他自己，這就如柳下惠。以上所舉，「任」「清」「和」乃是每一人處世處群所離不開的三態度，在此三種態度中能達到一理想境界的則都得稱聖人。只有孔子，他一人可以兼做伊尹、伯夷、柳下惠，所以孟子稱孔子為聖之時。因孔子能合此三德，隨時隨宜而活用，故孔子獨被尊為大聖，為百世師。

現在再說伊尹，他所處時代並不理想，那時正是夏商交替的時代，傳說伊尹曾五就桀，五就湯，他一心要堯舜其君，使天下人民共享治平之樂，而他也終於成功了。伯夷當周武王得了天下，天下正應重得太平之際，但他卻不贊成周武王之所為，餓死首陽山，一塵不染，獨成其清。柳下惠則在魯國當一小官，還曾三度受黜，但也滿不在乎。他雖隨和處群，但也完成了他獨特的人格。

在《論語》裡，孔子也曾舉了三個人，孔子說：「殷有三仁焉，箕子去之，比干諫而死，微子為之奴。」孟子云：「仁者人也。」此所謂三仁也即是處群得其道之人，也可說其是三完人。即三個人格完整之人。當商周之際，商紂亡國了，但在朝卻有三個完人，也可說他們都是理想的人，也可說他們都是聖人。此三人性格不同，遭遇也不同。我以為比干較近伊尹，大約他是一個負責向前的，不管怎樣也要諫，乃至諫而死。箕子則有些像伯夷，真到沒辦法，自己脫身跑了，跑得很遠，直跑到韓國去。微子則有些像柳下惠，他還是留在那裡，忍受屈恥，近於像當一奴隸。後來周武王得天下，封他在宋國，他也就在宋國安住了。

此刻我們以《論語》、《孟子》合闡，可說人之處世，大體有此三條路。此三條路則都是大道，而走此三條路的也各可為聖人，為仁者。我剛才提到的三位大文學家，屈原就有些近伊尹，忠君愛國，肯擔責任，結果沉江而死，卻與比干相似。陶淵明就如伯夷，又如箕子去之。歸去來兮，田園將蕪胡不歸，他就潔身而去了。杜甫就如微子，也如柳下惠，給他一小官，他也做。逢什樣人可靠，他都靠。流離奔亡，什樣環境都處。他不像陶淵明那般清高，也不像屈原那般忠憤積極，然而他同樣也是一完人。數唐代人物，決不會不數到杜甫。

但如上所舉，這些人，尤其是「清」的「和」的，往往可以說他們多不是一個歷史舞臺上人物，他們在歷史舞臺上似乎並不表現出什麼來。只有「任」一路的人，必求有表現，但亦有成功、有失敗，有些也不成為歷史人物了。但無論如何，這些都是文化傳統中的大人物，他們承先啟後，從文化大傳統來講，各有他們不可磨滅的意義和價值。

四

我往年曾在耶魯講歷史，主張歷史必以人來作中心，有一位教授專治史學的，和我討論，他說我的說法固不錯，歷史誠然應拿人來作中心，但人也得有事業表現，才夠資格上歷史，倘使沒有事業表現，則仍不是歷史上的人。他這番話，其實仍是主張歷史中心在事不在人。我和他意見不同，卻也表示出雙方文化觀念之不同。在西方人看來，一個哲學家，必因其在哲學上有表現。一位宗教家，必因其在宗教上有表現。一位藝術家，則必在藝術上有表現。一位科學家，則必在科學上有表現。在事業表現上有他一份，纔在歷史記載上也有他一份。若在生前無事業表現，這人如何能參加進歷史？然而在中國人觀念中，往往有並無事業表現而其人實是十分重要的。即如孔子門下：冉有、子路的軍事財政，宰我、子貢的言語外交，子游、子夏的文學著作，都在外面有表現，但孔門子弟中更高的是顏淵、閔子騫、冉伯牛、仲弓，稱為德行，列孔門四科之首，而實際卻反像無表現。

今且問，無表現的人物其意義在那裡？價值又在那裡呢？此一問題深值探討。儒家思想正側重在這一邊。試讀中國歷史，無表現的人物所占篇幅也極多。即如司馬遷《史記》七十列傳第一篇便是伯夷叔齊，此兩人並無事業表現。太史公獨挑此兩人列為列傳之第一篇，正因他認為這類人在歷史上有大意義大價值與大貢獻。又如讀陳壽《三國志》，曹操、諸葛亮、孫權、周瑜、魯肅、司馬懿人物甚多，後人卻說三國人物必以管寧為首。管寧獨無事業表現，他從中國遠避去遼東，曹操特地請他回來，他回來了，也沒幹什麼事，何以獨被認為三國時代的第一人物呢？中國歷史上所載人物，像伯夷管寧般無所表現的歷代都有，而且都極為後人所重視，正因認為他們在歷史上各有他們莫大的意義與價值之貢獻。我不是說人不應有表現，人是應該有所表現的。但人的意義和價值，卻不盡在外面表現上，倘使他沒有表現，也會仍不失其意義與價值之所在；那些無表現的人，若必說他們有表現，則也只表現在他們內在的心情與德性上。中國古人說三不朽，立德為上，立功立言次之，功與言必須表現在外，立德則儘可無表現，儘可只表現在其內在之心情與德性上。

歷史事變，如水流波浪，此起彼伏，但僅浮現在水流之上層。而文化大傳統，自有一定趨向，這是大流之本身。文化大流之本身就是人，人是大流本身而沉在下層，人事如波浪浮在上面，風一吹，波浪作了，風一停，波浪息了，而大流本身則依然是此大流。正因中國文化傳統看重此本身，所以到今天，中國歷史傳統也還沒有斷。商亡有周，周亡有秦漢，秦漢亡了有唐宋，有元明清以至現在。歷史命脈顯然只靠人。政治可以腐敗，財富可以困竭，軍隊武力可以崩潰，不可挽救，最後靠什麼來維持此國家與民族？就因為有人。從中國歷史上看，不論治亂興亡，不斷地有一批批人永遠在維持著這道，這便是中國歷史精神。西方人只看重人在外面的表現，沒有注重到它內在意義與價值。如看埃及、看巴比倫、希臘、看羅馬，乃至看近代歐洲，他們所表現在外的，儘輝煌，儘壯闊，但似乎都未免看重了外面而忽略了人本身的內在意義與價值，因此不免太偏重講物質，講事業，但物質備人運用，事業由人幹濟，而人則自有人的內容和定義。

即就語言文字論，西方人在此方面亦重外面分別，而沒有把握其內在之共同點。因此他們少數人Man多數人Men，男人Men，女人Women，卻沒有一共同的人字。又把人分成國別，如中國人Chinese，日本人Japanese，英國人English，美國人American，如此脫口而出，卻忽略了他們同樣是個人。用中國語言文字說來，如男人、女人、大人、小人、黃人、白人、黑人、紅人、中國人、日本人、英國人、美國人、亞洲人、歐洲人，總之一視同仁，都是人。這是中國文化中最偉大的第一點，可惜是被忽略了。

話雖如此，中國人卻又在人裡面分類分等級。由西方人講來，人在法律之下是平等的，但在中國傳統文化觀念之下，雖同樣是人，卻有其不平等，因此有好人、有壞人、有善人、有惡人、有大人、有小人、有賢人、有聖人。中國人罵人不是人，說你這樣算不得是個人。今且試問，人又怎樣不算人？從生物學上講，五官四肢齊全便是人。從西方法律上講，人同等有其權利地位，誰也取消不了誰。從西方宗教上講，人又都是上帝的兒子。但中國人對這個人字卻另有一套特別定義。人家儘加分別，中國人不加以分別。人家儘不加以分別，中國人獨加以分別。此處實寓有甚深意義，值得我們注意和研究。

五

現在我將講到中國文化中最偉大的所在，再從歷史講起。如上面講到商朝末年，以及三國時代，或者像我們今天，這都是十分衰亂之世，但無論如何，人則總可以成一人。不問任何環境任何條件，人則都可各自完成為一人，即完成其為一個有意義有價值合理想合標準的人。換言之，人人各可為一君子，不論在任何環境條件之下都可以為君子。有人砍了我頭，我死了，但我可仍不失為一君子。或有人囚我為奴，但我也仍得為一君子。我或見幾而作，脫身遠颺，逃避到外國去，自然逃避到外國，也仍得成為一君子。今天的中國人一心都想去美國，若我們能懂得中國文化傳統，像箕子去韓國，管寧去遼東，朱舜水去日本，多有幾個中國人去美國豈不好？所惜的，只是目前的中國人一到美國，便不想再做中國人。或者他沒有去美國，也早已存心不想做中國人。好像做一中國人，無價值意義可言。這種想法，也無非從外面環境條件作衡量。我並不想提倡狹義的國家民族觀念，如說生在中國土，死為中國鬼，我定該做一中國人。上面講過，中國人講到人字，本來另有意義，在中國傳統文化之下，任何人在任何環境任何條件下，都可堂堂地做個人，本無中國外國之分別。而且做人可以每天有進步。若一個人能生活得每天有進步，豈不是一個最快樂的人生嗎？而且縱說每天有進步，進步無止境，又是當下即是，即此刻便可是一完人，只在當下可以完成我最高的理想，最完美的人格，而不必等待到以後，自然也不必等待死後升到上帝的天國，纔算是究竟。就在這世間，這家庭，這社會裡，我當下便可成一完人。而又可苟日新，日日新，又日新，日新其德，作新民，在其內心自覺上有日進無已之快樂。一步一步地向前，同時即是一步一步地完成，這樣的人生豈不是最標準最理想最有意義最有價值嗎？孔子說：「賢哉回也，吾見其進，未見其止。」顏淵正是一天天在那裡往前進，沒有見他停下來，顏子同門冉有，他是那時一位大財政家，多藝多能，很了不起。然他內在人格方面卻沒有能像顏淵般一步步地向前。若僅就表現在外的看，似乎顏淵不如冉有，但從蘊藏在內處的看，則冉有遠遜於顏子。這一意見，在中國一向早成定論，更無可疑的。

因此今天我們要來提倡中國文化，莫如各自努力先學做人，做一中國人，一理想的中國人。若真要如此，必然得研究中國歷史，看中國歷史上的古人是如何樣生活。這一番研究，仍該把我們各人自己的當前做人作中心。旋乾轉坤，也只在我內心當下這一念。君子無入而不自得，可以苟日新，日日新，又日新，有進無止。而且匹夫匹婦之愚，也同樣可以如此修行而獲得其完成。中國這一套人生哲學，可以不需任何宗教信仰而當下有其無上的鼓勵和滿足。只可惜，我在這裡只能揭示此大綱，不及深闡其義蘊。但這是中國文化傳統精義所在，其實是人人易知，不煩詳說的。

今試問，如此一套的哲學，若我們真要履行實踐，在我們今天這社會上，和我們所要努力的事業上，有什麼妨礙呢？我想這顯然沒有絲毫的妨礙。不論我們要做的是大事或小事，乃至處任何社會，在任何環境與條件之下，上面一套哲學，總之不會給與我們以妨礙，而只給我們以成功。我們縱使信仰了任何宗教，亦不會與此有衝突。它是一個最積極的人生哲理，而又簡單明白，人人可以了解，可以踐行。我們今天總喜歡講西洋觀念，像說進步，試問如我上說中國儒家那一套日新其德的理論，不也是進步嗎？又如說創造，那麼在我們傳統文化裡，也曾創造出如我上舉伊尹、伯夷、柳下惠、屈原、陶潛、杜甫等數不清的人物了。在今天，我也可以日新其德，自求進步，終於創造出一個理想的將來。說自由，這又是最自由的，在此世上作任何事，試問有比我自己要做一個理想我的這一事那樣自由嗎？說平等，這又是最平等的，人人在此一套理論下，誰也可以自由，誰也可以各自做一個人，而做到最理想的境地。若說博愛，這道理可說是最博愛的。人人有分，不好嗎？此所謂苟日新，日日新，又日新，作新民，從各自的修身作起點，而終極境界則達於天下平，使人人各得其所，還不算是博愛之至嗎？

可惜是我們這一套哲學，西洋人不講，所以我們也不自信，不肯講。但西方人的貢獻，究竟在向外方面多了些。開物成務是向外的，他們的宗教法律文藝哲學等等成就，主要精神都向外。正因其向外，一旦在外面遭逢阻礙挫折便會感到無法，而中國傳統文化則重向內，中國社會可以不要宗教法律而維持其和平與安定。中國人生哲理可以不論治亂興衰，而仍然各有以自全。在歷史上，不斷有走上衰運的時期，像是天下黑暗，光明不見了，但是還一樣有人，一樣有完人。就憑這一點，中國文化能維持到今天，中國民族及其國家亦能維持到今天。我們在今天要來認識中國文化，要來提倡中國文化，則莫如各人都從這方面下功夫。困難嗎？實在是絲毫也不困難。

我到臺灣，始知有一吳鳳，到美國，始知有一丁龍，吳鳳也如伊尹，而丁龍則如柳下惠。吳鳳、丁龍都是中國人，是在中國傳統文化中陶鑄出來的人。縱使他們在歷史上似乎沒有地位，沒有表現，但使我們今天又出一個太史公來寫新史記，像吳鳳、丁龍定會有一段篇幅留與他們的。諸位當知，中國社會，中國文化，乃至中國民族與中國歷史就在像吳鳳、丁龍那樣做人的精神上建立而維持。我們只深信得這一層，可以救自己，可以救別人，可以救國家與民族，中國的文化傳統可以長輝永耀在天地間。

中國歷史人物

講文化定要講歷史，歷史是文化積累最具體的事實。歷史講人事，人事該以人為主，事為副。沒有人，怎會有事？我們中國一向看清楚這一點，西方人看法便和我們不同，似乎把事為主，人為副，倒過來了。因此，西方歷史多是紀事本末體，中國雖有此體，但非主要。中國史以列傳體為主要，二十四史稱為正史，最難讀，一翻開，只見一個一個人，不易看見一件一件事。如讀《史記》，漢代開國，只見漢高祖、項王、張良、韓信、蕭何許多人，把事分在各人下面。《尚書》是古代的紀事本末體，此下要到宋代袁樞才有《通鑑紀事本末》，只便初學，進一步再讀編年史如《通鑑》，更進一步始讀正史列傳。今天我們一切學術教育都學西洋，因此學校講歷史，都重事，不重人。如講楚漢戰爭，漢高祖怎樣打項羽？固然要講到人，但只以事為主。有一年我在美國親同他們一位史學家辯論過這一問題，他說：「歷史固應以人為主，但此人若無事表現，如何跑上歷史？」我說：「此事難說，因其牽涉到東西雙方整個文化體系上面去。我且舉一個明顯的例，在中國有很多人沒有事表現而也寫進歷史，而且這類人決不在少數。」我們今天不論大學，乃至研究院，講史學，雖是分門別類，注意都在事上。如講政治制度，制度沒有一個絕對的是與好，制度總是要變，並無千古不變的制度，亦無十全十美的制度。如講社會經濟，一切有關經濟的理論思想，及其事實，也都隨時而變。在壞制度下，有好人總好些，在好制度下，有壞人總不好些。思想要有事實表現，事背後要有人，如果沒有了人，制度思想理論都是空的。而所謂人之好壞，此一標準，則比較不易變。此刻把歷史分類講，政治史、社會史、經濟史、外交史、軍事史等，一切完備，卻不注重歷史裡面的人，至少是隔一層，成為是次要不是主要的。如這個制度怎樣來？還是由人而來。某些人起來了，才有此制度。一番思想那裡來？當然由各個思想家而來。所以我今天特別要講歷史上的人，最大希望，要我們都能變成歷史人物。要來維持歷史，復興歷史，創造歷史，都得要有人。

講到歷史人物，當然還要講歷史。世運與人物總是相隨，時代不同，人物也跟著不同。中國人一向看歷史總要變，故說世運。歷史時時在變，世運總是不能停留在一個狀態下。我們把歷史上一切時代大體分別，不外有兩種，不僅中外如此，古今如此，以後也如此。某種時代，我們稱之為治世，太平安定，慢慢地變成了盛世。某種時代由盛而衰，由衰而亂，變成為衰世與亂世。歷史千變萬化，不外這一個治亂盛衰。當我小孩子時，學校老師告訴我，中國歷史一治一亂，西方歷史，治了不再亂，我當時雖很年幼，聽了那位先生的話，覺得這是一個大問題。如何使中國歷史也能治了不再亂。但我後來讀了歷史，漸認為在西方，治了也會亂，盛了也還衰。我到今天短短七十多年生命，親眼看到西方社會之由盛而衰，由治而亂。歐洲自第一、第二次世界大戰以來，一切大變，特別刺激我的，如英國，當時讀世界地理，所用地圖是英國製的，只要這地方由它統治，都畫上紅色。譬如香港一個島，也畫上一條紅線，一張世界地圖，到處都有紅顏色。英國被稱為是一個太陽不會掉下去的國家，全世界有英國國旗，太陽永遠照在他們的國旗上。可是今天呢？

我年齡慢慢大了，又聽人講，可惜我們生在這時代，是一個衰世亂世。即如對日抗戰到今天，到處奔跑流亡，今天可說是只在國家偏安局面內生活，若我們生在太平盛世不好嗎？但我們讀史，好像治世盛世歷史人物該是又多又好，否則怎樣會治會盛？衰世亂世，該是人物又少並壞，否則怎樣會衰會亂？而實際並不然，但也只能看中國史。西洋史專重事而忽略了人，打仗勝敗不同，國家強弱不同，只見了事，不見事背後之人。今天我們社會一般知識分子，慢慢接受西方影響，只論治亂強弱，卻把人也忽略了。若使我們把二十五史來作一統計，我能先告訴它的結論。中國史上第一等大人物，多在亂世衰世。所謂大人物，他不僅在當世，還要在身後，對歷史有影響，有作用，這才是大人物，影響作用愈大，此一人物也就愈大。而所謂人物，起於衰世亂世的反而更多，更大，起於盛世治世的反而更少，更差一點。這不奇怪嗎？實亦不奇怪。若使衰世亂世沒有人物，或人物不夠偉大，此下怎會又變成治世盛世？中國歷史之所以能一盛一衰，一治一亂；正因為在衰世、亂世有人物，下邊才開新歷史。由亂返治，由衰轉盛。若我們不注意人物，重事不重人，那麼天下衰了亂了，更沒有人了，此下便會沒辦法。希臘、羅馬之沒落便在此。此刻的英國、法國何時再復興，也是問題。今天輪到美國與蘇俄，成為世界上兩強。然而從歷史過程論，治下仍然定會有亂，盛後定然會仍有衰。即如美國，但論人物，如華盛頓、林肯這些人，似乎到今天便不易得。

在中國最可說是亂世的，莫過於春秋時代，孔子即生在此時。堯、舜、禹、湯、文、武、周公，都是在治世，孔子卻是在衰世亂世。但孔子學生說，夫子賢於堯舜。此論人、不論事，乃論身後，不論生前。孔子對歷史的影響與作用，遠勝過堯、舜、禹、湯、文、武、周公，此刻是證明了。

春秋以後有戰國，更衰更亂，但我們講中國歷史人物，戰國要占第一位。我不能把戰國人物從頭講，但如孟、荀、老、莊這許多人，只講思想一方面，其影響後代中國實是大極了。漢代中國一統，當然是治世盛世，可稱為中國歷史上的黃金時代，但漢代人物顯然不如春秋戰國。漢代之盛，還是受了春秋戰國時代的人物影響。

再把漢朝整個來講，東漢不如西漢，然而人物卻比西漢多，而且有大人物。姑舉學術上人物來講：東漢最偉大的經學家鄭玄，西漢便無其比。漢武帝表彰六經，罷黜百家，西漢一代，經學盛起，也不能說他們沒有貢獻。然在兩漢經學家中，人物最偉大，對將來最有影響，最有作用的卻是鄭玄。鄭玄死在東漢末年，黃巾之亂，董卓到洛陽，東漢快亡了，鄭玄一生正在東漢的衰世亂世中，然而卻成為一最偉大的經學家。若使我們承認儒家經學對中國文化中國歷史有大影響，大作用，那麼論其影響作用之最大的就是鄭玄了。

說到唐朝，也是一個治世盛世。但論唐代人物，就不如後面的宋朝。宋朝縱不說是亂世，卻始終是一衰世。我說唐不如宋，不是講他們的開國時代。唐高祖唐太宗下面這一批人，這一個集團，我們暫置不講。在唐玄宗開元之治以前的人物，實不如天寶之亂以後的人物來得多，來得大，表現得更像樣。論宋代，比較太平當然是北宋，然而最偉大的人物卻出在南宋。單從學術上講，如朱子，他在學術史上的地位還在鄭玄之上。明朝又是盛世，可是人物更衰落。清代也算是一個盛世，最盛在乾嘉，而乾嘉時代人物卻較遜。論其經學，僅如此刻在圖書館裡一個寫博士論文的，那比得清初一些大人物。那是明代快亡，大亂已至，人物卻出。

我們試再講衰世：春秋戰國以後有三國分崩，可說是一個亂世，可是三國就出了很多人物。又如元代，蒙古人跑進中國來，而元代也出了很多各方面的人物。元代只有短短八十年代，明太祖起來，他下面人物培養起來的如劉基宋濂一大批人，跟明太祖打天下，卻都是在元代。唐代也一般，跟唐太宗起來打天下的，都是隋代人物，遠由南北朝時代培養而來。唐代興國一切規模制度，都由北周至隋訂下。再往上推，由漢高祖到漢武帝，西漢初年人物，一切都從戰國時代人的腦筋裡醞釀成熟，到漢初才表現出來。因此我們可得一結論，但這只是照中國歷史講，西方歷史似乎並不然。這一結論，便是中國文化最特別的地方，即其在衰世亂世，人物更多更偉大，勝過了治世盛世的。

大體上說，歷史有上層，有下層。我們當知，歷史不是一平面，像一條水，有其浮面，有其底層。浮面易見，底層不易見。如說政治上軌道，同時必是社會也上了軌道。社會不上軌道，單要政治上軌道卻不易。上面政治人物都從下面社會起來，我們可以說，底層比浮面更重要。我們講歷史人物，也可分作一部分是上層的，另一部分是下層的。跑到政治上層去的人物，是有表現的人物，如劉邦、項羽，都是有表現的人物。還有一批沉淪在下層，他們是無表現的人物，但他們在那個時代，以及此下歷史上，一樣有影響、有作用。可能那些無表現的人物，他的影響作用卻更勝過了有表現的。如讀《左傳》，那是春秋時代二百四十年一部極詳盡的歷史。但孔子在《左傳》裡不占地位，《左傳》裡講到孔子，可說是微不足道，那能和其他人物相比？孔子在《論語》中所稱讚的春秋人物，前面有管仲，後面有子產，都是有表現的。我們讀《左傳》，上半部就注意到管仲，下半部就注意到子產。大國有人物，如管仲之在齊。小國也有人物，如子產之在鄭。若論人物價值，子產並不定差於管仲。大國人物有表現，小國人物一樣有表現。孔子卻是一無表現的人物，縱說有表現，也是微不足道。但《左傳》裡還找得到孔子，卻找不到顏淵。但顏淵雖不見於《左傳》，對將來中國歷史仍有他的大影響，大作用。孔子顏淵的影響作用，還勝過了管仲子產。因此我們可以換句話說，管仲子產是一個時代人物。歷史上不斷有時代之變，秦變漢，隋變唐，但時代變了，歷史仍不變，至少一部中國歷史是如此。所以我們講歷史，不要太著重其上層浮面的，我們還該更著重其底層下面的。我們讀《左傳》，不要只知道有管仲子產，更要當心，那時還有孔子顏淵。只是孔子顏淵沒有在那時的浮面上層參加過大事情，所以不入歷史記載。若把整部中國歷史來看，孔子地位，遠在堯舜之上。而顏淵雖一無表現，對後來中國有影響，有作用，也並不比管仲子產弱了。所以所謂有表現與無表現，也只就狹義來講。如果沒有表現，怎樣在歷史上直傳到今天？他表現的便是他這個人，而非表現在他做的事。此所謂事，也是狹義的，只是歷史上浮面上層的事。

再講三國，烏七八糟，可說是亂世，而且亂極了。但在中國歷史上，除了戰國，中國人最喜歡讀的是三國。今天任何一個中國人，都知道些三國史。也許是因為有羅貫中作了《三國演義》，但羅貫中為何來作《三國演義》？《三國演義》為何能如此流傳？正因為三國時代人物多，而且真算得人物。即如曹操，那是歷史上的反面人物，他也有影響，有作用，只是些反影響，反作用。像近代袁世凱，也是反面人物，把他與孫中山先生一比便知。在當時，大家有表現，但孫中山先生是一個歷史人物，袁世凱只是一個時代人物，而且是一個反面人物。此刻再來講三國時代的正面人物，諸葛亮就了不得，有了一個諸葛亮，全部三國歷史就光明了，一切都變成有色采，有意義。但中國後來人品評三國人物，卻推管寧為第一人。管寧在那時一無表現，天下亂，他跑了，流亡到遼東。曹操也是了不起，聽說有個管寧，無論如何要他回來，管寧不得已回來了，但絕不在曹操政權下有表現。說是病了，不能出來做事，曹操派人到他家裡去察看，回來把管寧的日常生活作一報告，這一報告卻記載在歷史上。曹操說：「既這樣，我們也不必勉強他。」管寧年輕時，與一朋友華歆共學，門外有車馬聲，華歆說：「什麼人經過呀」，出門去看，回來，管寧與之割席而坐，說：「爾非我友也。」後來華歆做了魏國大官，由此可知，一個了不起的人物，不一定要有表現。有表現的，或許還不如無表現。我們下面且慢慢講。

所謂表現，有表現而成功的，也有表現而失敗的。普通我們說，中國人喜歡表揚失敗英雄，其實失敗了還有什麼值得表揚？我們當認識失敗的無可表揚，也不該表揚。國家民族要成功，歷史也要成功，可是歷史上確有失敗的人，你也不能說他不是一人物不是一英雄。如西方歷史上，古代有亞力山大，近代有拿破崙，都不曾成功。更如近代德國希特勒，更可怕。倘使要學他，還走他那條路，那麼還是要失敗。所以失敗英雄不該表彰。在法國首都巴黎，一切市容建設，以拿破崙作中心，環繞凱旋門八條大道，四面分佈，形成了巴黎市區。另一部分，以拿破崙墳墓作中心；巴黎市容所表現的，就是一個拿破崙。好像法國人認為拿破崙還是他們的第一號人物。今天的戴高樂，就想學拿破崙，失敗顯然放在面前。今天大家希望德國人不要再學希特勒，連西德人也怕希特勒精神之復活。美國首都華盛頓一切市容建築，模仿巴黎，由國會法院一條大道直往華盛頓銅像，這是整個市區的中心，白宮只是旁邊一個小建築。華盛頓是一個成功人物，但華盛頓市容，究是以國會為主，這是西方人重事業表現更重過於人物完成之一證。但美國究比法國前途有希望。只以兩國首都建設為例，即可說明。英國倫敦又是另一樣，西敏寺代表著神權時代，白金漢宮代表著王權時代，國會代表著民權時代，三國建築並存，這是英國精神，而其重事不重人則可知。雖亦有很多名人埋葬在西敏寺裡，究已是第二位。最受大家注意的，自然是西敏寺，是皇宮，與國會，是一些物質建設。

再論在中國史上的所謂失敗人物，其實是並未失敗。即如南宋岳飛，他若成功，南宋就可復興，然而岳飛失敗了。但岳飛只在當時是失敗，他在後世有成功。又如文天祥，倘使沒有一個文天祥，那將是一部中國歷史的大失敗。蒙古人跑進中國來，出來一個文天祥，他雖無助於南宋之不亡，然而文天祥可以維持中國民族精神，直到今天，因此他還是未失敗。換句話說，就他的時代論，他是失敗了，從整個歷史論，他是成功了。所以我們說歷史人物中，還該有時代人物和歷史人物之分別。

今再說成功失敗關鍵何在？我可說，失敗是他的外在條件，而不在他內在的條件上。岳飛事業之失敗，不是失敗在岳飛本身之內在條件，不是他自己這個人失敗了。宋高宗、秦檜，一切外在條件，使岳飛失敗。而岳飛個人之內在條件，則使岳飛成功了。成功的乃是岳飛這個人。文天祥的外在條件根本不能講，比起岳飛來更差了，他當然要失敗。蒙古軍隊來，當時的南宋，是無法抵抗的了。然而文天祥要抵抗，文天祥自己這個人是成功了。他的內在條件並沒有欠缺，留下他這一個人在歷史上，對將來中國貢獻大，有大影響，大作用。單留下一件事，事是留不下來的。因歷史一定要變。孔子若做了魯國宰相，當了權，他的成績可能比管仲更大，或許孔子可與周公相比。然而縱是周公政績偉大，也只表現在事上。一切都得變，西周仍變了東周。倘使做了一件事，可以永遠存留，永存不變，那麼也沒有了歷史。從前人的事業都做好在那裡，我們將無可再表現，更沒有什麼事可做。但人就是要做事，沒有事可做，又要這些人何用？人到沒有用，歷史自然也斷了。所以我們並不希望每一件事可以永遠留傳，我們只希望不斷有新人，來做新事，有新的成功。歷史存在依人不依事，而人則是永可以存在的。西方人在歷史上永遠存在的，比起中國來是太少了。耶穌釘死十字架，他是一個失敗的人，然而耶穌實是永遠存在，所謂的十字架精神也永遠存在。到今天，信耶穌教也好，不信耶穌教也好，都不能不承認耶穌之偉大和他的成功。最成功的還是他自己這個人。他說他死了要復活，他這一個人永遠流傳到今天，還是存在，不是他復活了嗎？我們也可說：岳飛的風波亭精神，岳飛是復活了，到今天，岳飛還在這世上，至少我們中國人了解岳飛，岳飛還在我們中國人心裡。

中國人的人生理想，有一個最高要求，就是只許成功，不許失敗。但成功有許多是要外在條件的。而我們有一個辦法，使一切外在條件不足以屈服我，只要我有內在條件便得。若說不要內在條件，這也無所謂成功與失敗了。上帝生人也有條件，若說不要一切條件而能成功，也就不成其為人。做人不能無條件，我們希望的，只講內在條件，不講外在條件，而也能有成功。上帝只生我們一個可能，每個人都可能做孔子與耶穌。孔子說：「十室之邑，必有忠信如丘者焉，不如丘之好學也。」好學是他的內在條件，忠信之性，是上帝給他的，是他的外在條件。但只有這一個基本條件是外在的，而同時又是內在的。難道如曹操以至如袁世凱，就天生他是一個不忠不信的人嗎？中國人不承認這句話，生下來都一樣，這是一可能，再加上一切內在條件，其他外在的，可以不妨事。今天我們都嫌外在條件不夠，我們生在衰世亂世，外在條件當然不夠。然即是生在盛世治世，外在條件還是會不夠。我們今天說要改造環境，就得充足我們的內在條件，你先得成一個人物，才能來改造環境，來充足一些外在條件。若你沒有成一個人物，內在條件不夠，一切外在也沒有法改，縱使有了外在條件也不行。似乎西方人是太著重外在條件的，然而我們看西方歷史，還是和中國歷史一般。耶穌時候的猶太人，在羅馬帝國統治下，我們讀耶穌的《新約》，他沒有講到羅馬統治，似乎外在條件不在他腦筋裡，不在他考慮之列。然而外在條件畢竟在書中也講到，譬如稅吏，是羅馬派來的，耶穌便無奈何他們。所以耶穌說：「凱撒的事讓凱撒去管。」這是當時猶太人的一項外在條件。到今天，世界有耶穌，沒有了凱撒。你若說，定要打倒了凱撒，才能完成一耶穌，也沒有這回事。我們還可以另換一句話來講，還是美國人爭取得了自由與獨立，才有一個華盛頓的呢，還是由華盛頓來為美國爭取到自由和獨立的呢？照中國人想法，則更有進者應該是拿去了華盛頓的事業，還有華盛頓這樣一個人，他還可能是一個了不起的人。但這也不是中國人看輕了事業，即如我們　國父孫中山先生，倘使他沒有能創造成中華民國，即就他個人來說，如他的思想和言論，還是一個孫中山先生，或許他會更偉大。因把一切事業功名放在他身上，好像他這個人就圈在他事業功名的裡面，為他的事業功名所束縛，他所表現的好像就在這範圍內。周公不如孔子，不在別處，只在周公其人，為周公的事業所限，限在這事業裡面。要是懂的人，自知周公怎樣會有他這一番事業，在他事業背後還有他這個人。如此來真了解周公的是孔子，孔子也希望能像周公般在這世上做一番事業，然而外在條件不夠。在政治上，在歷史上層，孔子等於無所表現。然而後來人看孔子，反少了一束縛，一範圍，而孔子之為人，轉因此而十足表現出來，比周公更清楚。今天我們來講周公，自然要講周公這一番事業，但講過他的事業就完了，在其事業背後之這個人，反而忽過了。來講孔子，孔子無事業可講，就只得講他這個人。然而人的影響勝過了事的影響，所以孔子在後來歷史上的作用，反而在周公之上了。因此我來講歷史人物，特地希望我們要看重人，拿人來做榜樣，做我們一個新的刺激。可以感發我們，使我們大家各自來做個人。有了人物，那怕會沒有歷史？

今試轉入正題來講中國歷史上的歷史人物。一部二十四史，把許多人試為分類，先說有治世盛世人物，有衰世亂世人物，有有表現的人物，有無表現的人物，有成功人物，有失敗人物，但讀者不要認為我只講某一邊，不講另一邊。

上面分法，都從外面看，此下當從人物之內面看。我認為中國歷史上人物，只有兩種：一是聖賢，一是豪傑。直到今天，中國人一路講聖賢，但究竟如何才算得一聖人與賢人，其間自有不少爭論，此刻且不講。再講第二種，中國人所謂之豪傑。我們看歷史人物，無論其在政治上層或社會下層，有表現與無表現，成功與失敗，或在太平盛世，或在衰亂世，得成為歷史人物的，只有兩種，即聖賢與豪傑。豪傑又與英雄不同，如拿破崙與希特勒，可以說他是一英雄，但並不很合乎中國所想的豪傑人。朱子講過「豪傑而不聖人者有之，未有聖人而不豪傑者也」，同時陸象山極稱此言以為甚是。此刻我想把朱子此語再略修改，因我們說聖賢，並不像說聖人。單說聖人，似較嚴格，兼說聖賢，則較為寬泛。我想說，聖賢必然同時是一豪傑，豪傑同時亦即是一聖賢。其實聖賢豪傑也和我們平常人一般，就其和平正大能明道淑世言，則謂之聖賢，就其尚氣立節能特立獨行言，則謂之豪傑。我們此刻來講中國歷史人物，請讀者不要太重看了聖賢二字，我們且先重看豪傑二字。我們縱不能做個聖賢，也該能做個豪傑。尤其在這衰世亂世，做人總要有點豪傑精神，不然便會站不住腳，挺不起腰。做豪傑，便是做聖賢的一條必由之路，不從豪傑路上行，絕不能到達聖賢地位。聖賢就是一個豪傑，只讓人不覺其為一豪傑而已。我在下面將慢慢講出豪傑如何是聖賢，聖賢如何是豪傑的道理。

今試問：聖賢與豪傑，既然有此二個稱呼，則其分別究在那裡？我想這個分別，簡單的講，只在其表現上。聖賢一定要能「明道」「淑世」。這個世界在他手裡，他就能把這個世界弄好，這叫淑世。要淑世，當然先要能明道，使此道明揚於世。如我們生在漢武帝時代，漢武帝表彰六經，罷黜百家，你要來明道淑世，做一個董仲舒，當然省力。你如在唐太宗時代，來做一個魏徵、房玄齡、杜如晦，也較省力，因外在條件配得上。這些人，縱不能說他們便是聖人，但至少也該說他們是賢人。可是在某種環境下，外在條件配合不上，種種不如意，那麼你至少要有一本領，能

「特立獨行」，不論外面條件，我還是我，這樣他便是一豪傑。孔子孟子，何嘗不從特立獨行的路上過，不然也不成其為孔子與孟子。要能特立獨行，從外面看，便是「尚氣立節」。人總得要有一股氣。孟子所謂：「吾善養吾浩然之氣。」一個豪傑，正為他有一股氣。這氣字，不能拿現代的科學生理學或物理學來講。中國人普通講話，常說這人有志氣，志下連帶一氣字，其實氣只是其志。要立志便不容易，有人說，我未嘗無此志，只恨外面條件不夠，如此之人，則是雖有志而沒有氣，所以志也不立，就沒有了。又如說勇氣，勇也要有股氣。沒有氣，怎能勇？「三軍可奪帥也，匹夫不可奪志也」。中國人講智仁勇三德，智與仁之外，還要有勇。孔子說：「吾十有五而志於學……」一直到他老，孔子王為有一股氣，所以這個志立了不倒退，到老不衰。只在聖人身上，比較不著痕跡。一個豪傑之士，則顯然看出他的一股氣來，隨時隨地隨事都見他尚氣，但比較顯露，或比較有偏，所以他是一豪傑。有志有勇，所以能立節。節是有一個分寸，不論世界衰亂，我做人必有分寸，那便是一豪傑。因此豪傑必講氣節，能特立獨行，到得圓滿周到處便是聖賢。聖賢便能明道淑世。但道德也定要從氣節來，氣節也必要站在道德上。若說人身生理，有血氣，有骨氣，從血氣中有勇，從骨氣中見志。人不能做一冷血動物軟骨漢，人之死生，也只爭一口氣。天下不能有無血無氣無骨的道德，也不能有無血無氣無骨的聖賢。我們也可說，中國歷史是一部充滿道德性的歷史，中國的歷史精神，也可說是一種道德精神，中國的歷史人物，都是道德性的，也都是豪傑性的。

只要他是個聖賢，可不問他的功業。只要他是一個豪傑，也可不論他的成敗。中國最大聖人孔子，他的品評人物，也是雙方面的。堯舜禹湯文武周公是一面，另一面則孔子講到吳泰伯。「泰伯其可謂至德也已矣，三以天下讓，民無得而稱焉。」孔子稱許吳泰伯是道德中最高的一級了，甚至社會人群無法稱讚他。孔子共說了兩個民無得而稱的人，一是吳泰伯，另一個是堯。「惟天為大，惟堯則之，蕩蕩乎，民無能名焉。」堯的偉大，無事可舉，說不出來，舜則有好多事可舉。但堯舜同為大聖。孔子當然很看重文王周公，而孔子也看重吳泰伯。吳泰伯是文王的老伯父，太王有翦商之志，他想滅商朝，可是他的大兒子吳泰伯不贊成。吳泰伯兄弟三人，最小的就是王季歷，王季歷的兒子就是文王。太王很喜歡這個小孫，說他將來大了有用，到了太王有病，吳泰伯就同他的二弟仲雍商量，說：「我們跑了吧，我們跑了，父親可把王位讓給三弟，接下就是那小孫出來，可以完成我們父親的翦商之志。」因此他們兩人就跑了。孔子對吳泰伯，十分稱讚，父子各行其是，說孝卻不像孝，說讓也不見讓。道大無名，無法稱讚他，孔子就把吳泰伯來上比堯。

第二個被稱讚的是伯夷、叔齊。孔子說：「伯夷、叔齊，古之仁人也。」孔子不輕易用仁字來稱讚人，但卻稱讚了管仲，又稱讚了伯夷叔齊。他們是孤竹君之二子，父親要把王位傳給叔齊，父死了，伯夷說：「父親要你繼位，你繼位吧！我跑了。」叔齊說：「你是哥，我是弟，你不做，我也不做。」也跑了，君位讓給了中間的一個。這兩人跑了，遇到周武王伐紂，帶著軍隊過路，路邊跳出伯夷叔齊，扣馬而諫，說：「你不該去伐紂，你是臣，他是君，此其一。你父親剛死，該守孝，不該去打仗，此其二。」周武王手下人要把兩人拿下，幸而姜尚說話，說：「這兩人是義士，放了他們吧！」放了以後，周朝得了天下，可是這兩人說：「我們反對。」但大勢已定。他們說：「我們不吃周朝人米糧過日。」終於到山上採薇而食，餓死於首陽山。孔子大為佩服，說：「他們是古之仁人。」孔子也並沒有反對周文王和周武王，更是極尊崇周公，自己還要復興周道，曰：「吾其為東周乎。」可是孔子又講那一邊，直從吳泰伯到伯夷。當知要做吳泰伯、伯夷，也得有志有勇，有氣有節，特立獨行，毫不苟且，此等人一樣在歷史上有影響，有作用。漢代太史公司馬遷崇拜孔子，把孔子作《春秋》的道理來寫《史記》。《史記》裡有三十世家，七十列傳，世家第一篇，不是魯衛齊晉，而卻是吳。吳國要到春秋末年孔子時代才見到歷史上，太史公又特稱之為吳泰伯世家。列傳第一篇則是伯夷。中國人的歷史人物觀，孔子以下，經太史公這一表揚，一面是堯舜禹湯文武周公，同時另一面還有吳泰伯伯夷。其實孔子自己，正是兼此兩面，所以成為中國之大聖人。

上面說過，中國人重人更重於事，西方人重事更重於人。如西方人說，這人是政治家，或哲學家，或宗教家，或藝術家，總在人的上面加上事，拿事來規定著這人。中國人則向來不這樣說。

如說聖人，這聖人究是一政治家呢？軍事家呢？外交家呢？經濟家呢？卻沒有一個規定。又如說賢人，君子，善人，都是講的赤裸裸地一個人，不帶一些條件色彩在上邊。但中國人卻又把人分等級，善人、君子、賢人、聖人，其間是有階級的。西方人用事來分等，便沒有人的等級觀念。究竟是西方人看人平等呢？還是中國人看人平等？中國人認為，人皆可以為堯舜，即是一夠標準的聖人。然而為何人做不到聖人，這責任在自己。但西方人做人，要外在條件，要機會，要環境。這是雙方顯然有一個不同。人怎樣才叫做聖人呢？似乎孔子很謙虛，他的學生問他「先生聖矣乎？」他說「聖則我豈敢，我只有兩個本領，學不厭，教不倦。」他的學生說：「這樣你就是聖人了。」到了孟子，又提出中國古代之三聖人；但他所提，不是堯舜禹湯文武周公，這三聖人，是伊尹、伯夷、柳下惠。他說「聖人者，百世之師也」。一世三十年，百世就是三千年。孔子到現在也不過二千五百多年，聖人至少三千年可以做我們榜樣。孟子舉出三人，卻是性格不同，表現不同。孟子把「任」、「清」、「和」三字來形容。他說：「伊尹聖之任者也。」他有志肯負責任，積極向前。他生的時代也是一個亂世，夏之末，商之初，伊尹為要使這個社會變成一個像樣的堯舜之世。所以《孟子》書裡講他「五就桀，五就湯」。夏桀那能用伊尹，一次去了不得意，再去，再不得意三去四去五去。他從桀處回來又到湯處去。商湯也不能知道他，他只是耕於有莘之野的一老農。五次到湯那裡，終於當一個廚師。湯極滿意他的烹調，慢慢同他接談，覺得他了不得，以後便幫助商湯平天下。湯死了，下一代太甲繼位，不行，伊尹說：「你這樣怎可做皇帝？」把他關閉起，說：「我來代你管。」太甲後來懺悔了，伊尹說：「你回來吧。」又把皇位交回他。

伯夷，孟子說：「聖之清者也。」一切污濁沾染不上他。武王伐紂，他反對。到後全中國統一，他寧餓死首陽山。柳下惠是一個耿介之人，但卻很和平。伊尹有大表現，而有大成功。伯夷特立獨行，表現了一個不表現。柳下惠，孟子說：「他是聖之和者也。」他同人家最和氣。他是魯國人，在魯國做了官，罷免了又起用，又罷免，如是者三，這和伊尹不同。儻伊尹罷免了，還要自己向上爬，也和伯夷不同，伯夷是請不到的，一些條件不合，他絕不來。柳下惠那時已是春秋時代，列國交通，有人勸他：「你在魯國不能出頭，何不到別的國家去？」後來像孔子也曾周遊列國。但柳下惠回答道：「直道事人，焉往而不三黜？枉道而事人，何必去父母之邦？」我只要直道，同樣不合時，還是會罷免，若我能改變，枉道事人，我在魯國也可以得意。可見柳下惠外和內直。所以孟子稱讚他，說：「柳下惠不以三公易其介。」他不以三公之位來交換他的鯁直耿介，他也是能特立獨行的，只知有直道，不能走枉道。但柳下惠在外表上所表現的，卻完全是一個和。

孟子說：「這三人都是聖人。」伊尹建功立業，開商代七百年天下，不用講。孟子又有一條文章並不講伊尹，只講伯夷柳下惠。他說：「聖人百世之師也，伯夷，柳下惠是也。故聞伯夷之風者，頑夫廉，懦夫有立志。聞柳下惠之風者，薄夫敦，鄙夫寬。」一個頑鈍人，沒有鋒鋩，不知痛癢，聽到伯夷之風，也能有邊有角，有界線，到盡頭處就不過去，懦夫，輭弱人，也能自己站起。三個人在一塊，兩個人反對你，你就沒勇氣。倘在一個大會場，全場兩三百人反對你，你就不能有堅強的立場。伯夷在當時，是全世界都反對他，後來韓昌黎說，伯夷卻是千百世人都反對他。因從伯夷死了，到韓昌黎時，誰不說周文王周武王是聖人，然而伯夷要反對。誰不說商紂是一個壞皇帝，然而他不贊成周武王伐商。孔子也沒有反對周武王，韓昌黎也沒有反對周武王，然而孔子韓愈也不得不敬仰伯夷其人這一種特立獨行的精神。我此處用特立獨行四字，就是引據韓昌黎的〈伯夷頌〉。一個頑鈍無恥的懦夫，不能自立，一聽到伯夷之風，自己也會立住腳，也會站起來。一千年也好，兩千年也好，這種故事在三千年後講，雖然其人已沒，其風還可以感動人，使人能興起，所以說他是百世之師。有些氣量狹窄的鄙夫，一點小事也容不下。有些人感情淺，是薄夫，一回頭把人便忘。魯國三次罷免了柳下惠，柳下惠不在乎，還不願去父母之邦，所以聞他之風則薄夫可以厚，鄙夫可以寬。孟子所謂頑、懦、薄、鄙，這四種人，時時有，處處有，孟子也不講伯夷柳下惠之知識學問地位事業等，他只是講那赤裸裸的兩個人。

孟子所舉的三聖人，三種不同性格。一是任，近似「狂者進取」，一是清，近似「狷者有所不為」，此兩種性格正相反。孟子又舉一種，不狂不狷，而是一個和。可是柳下惠之和，也不是中道，此三種性格，卻如一三角形，各踞一角尖。我們若把全世界人來分類，大概也可說只有這三型，任的，清的，和的。孟子又說：「其至，爾力也；其中，非爾力也。」他們之偉大，偉大在做人徹底，都跑在一頂端尖角上，個性極分明。人的個性，千異萬變，但不外我們所說的三大類。或是伯夷型，或是柳下惠型，或是伊尹型。此三種姿態，三種格局，做到徹底，孟子都稱之曰聖。有些人則不成型，有些處這樣，有些處那樣，一處也不到家，不徹底。你若是一鄙夫，薄夫，懦夫，頑夫，那也不是天生你如此，是你為外面條件所限，不能發現你個性。《孟子》和《中庸》都說盡性，要盡我們自己的性，做到百分之百，這在我自己力量是做得到的。不用力便不算。若用不用力？力量在那裡，只在我們自己內部，這是內在條件。但我們還得要進一步，不但要做一頂端尖角的人，更要做一圓滿周到之人。要處處中乎道，合乎理。等於射一枝箭，射到這靶上，可是沒有射到這紅心。射到靶上是你的力量，射到紅心不但要力量，還要你的技巧。伯夷、柳下惠、

伊尹，這是我們做人的三大規範，是有力量人。只有孔子，在力量之上還有巧。孔子無可無不可，有時像伯夷，有時像柳下惠，有時像伊尹。他一箭射出去，總是中到紅心。有力量卻不見其力量，有規範卻不見其規範。等於伊尹射向上面，伯夷射向右下方，柳下惠射向左下方，伊尹在上面一方位是聖

人，伯夷在右下一方位是聖人，柳下惠在左下一方位是聖人，但卻不圓不滿，不是一個大聖人。

孔子有時也做伊尹，有時也做伯夷，有時也可以做柳下惠，故孟子說孔子之謂集大成。今天我們只說孔子集了堯舜禹湯文武周公的大成，孟子是說孔子集了伊尹、伯夷、柳下惠之大成。若論聖人，不僅堯舜禹湯文武周公是聖人。若一定要如堯舜禹湯文武周公始是聖人，我們自己的責任都可交卸下。我又不做皇帝，又不做宰相，外面條件不夠，那能做聖人。幸而孟子另舉出三聖人，都是由其內在條件而成為聖人的，使人誰也逃不了自己的責任。人類中有此三種性格，有此三種標準。而孔子則兼此三者而融化為一完全之人格。他積極向前，有時像伊尹。他一塵不染，有時像伯夷。他內介外和，有時像柳下惠。所以孟子稱孔子為集大成之至聖。孟子自己說，乃我所願，則學孔子。若說聖人，伊尹、伯夷、柳下惠都是，可是終於限在一格，孟子不想學。經過孟子這一番說話以後，中國後世只尊孔子為聖人，又稱之為至聖。而伊尹、伯夷、柳下惠，後世都只稱之為賢，孟子也只是一大賢，亦有稱之為亞聖的。於是中國遂留下來一個聖人系統，自堯舜禹湯文武周公孔子以至於孟子，這是唐代韓昌黎〈原道〉篇所提出的。但我們從孟子這番話看伊尹、伯夷、柳下惠，實在也就是聖人，而同時即是一豪傑。你看伊尹把太甲關起，說：「你不行，我來代你。」這種氣魄，不十足是一豪傑典型嗎？後人說：「有伊尹之志則可，無伊尹之志則不可。」須是有一顆赤忱的公天下之心，夾著一些私意便不成。伯夷也算得一個豪傑；餓死首陽山。那是何等堅強的節操。柳下惠如打太極拳，工夫深了，運氣內行，實際滿身是勁，也是個豪傑之士。孟子說：「不以三公易其介。」這還不是個豪傑嗎？

我們再來看孔子，他曾隨魯君與齊會夾谷，在這段故事上，他正如秦趙澠池之會的藺相如，不過孔子是大聖人，此等事，我們講孔子的，來不及講到，也就不講了。夾谷之會以後，齊國來歸侵魯之地，但又一面送了大隊女樂到魯國，魯國君相迷戀著去聽歌，看舞，一連三天不上朝，孔子告訴他學生說：「我們跑吧！」孔子生這一口氣，現在我們不懂，似乎他不像一聖人，一點涵養都沒有。其實這就是孔子所以為聖之所在。一跑跑到衛國，衛靈公聽孔子到來，他說：「孔子在魯怎樣待他？衛國也照樣。」衛多賢人，有些是孔子的老朋友，孔子就耽下了。衛靈公知道孔子無所不能，有一天問孔子打仗的陣法，孔子一聽，說：「我沒學過呀。」明天又對他學生說：「我們跑吧。」孔子的氣真大，一跑跑到陳蔡之間，途上絕糧，沒有飯吃，大家餓著肚子，孔子的學生子路生氣了，說：「你先生老講君子，君子亦有窮乎，君子也會走投無路嗎？」那時孔子卻不生氣了，好好向子路說：「君子也會窮，也會前面無路的。不過小人前面沒路便亂跑，君子沒有路，還是跑君子的一條路。」孔子在外十餘年，魯國人想念孔子，要請他回來，又怕孔子不肯，於是請他一個學生冉有先回。冉有是孔子學生中一個理財專家，回到魯國，在權臣季孫氏家裡做管家，然後再把孔子和一批學生接回。冉有給季孫氏家種種經濟弄得很好，孔子卻又生氣。

冉有常到孔子講堂來，有一天來遲了，孔子問他：「怎麼這般遲？」冉有說：「因有些公事沒完。」孔子說：「什麼公事？你所辦只是季孫家私事，你把季孫一家財富勝過了以往周天子王室之首相。」孔子便對一輩學生說：「他不算是我學生，你們可鳴鼓攻之。你們大家可以反對他，可以打著鼓公開攻擊他。」其實孔子垂老返魯，還是這個學生的力量。在這種地方，我們要看孔子這口氣。一般人老了氣便衰，孔子那口氣愈老愈旺。人沒有了氣，那會有道德仁義。若只從這些處看，孔子豈不也是一豪傑嗎？

再講孟子，孟子見梁惠王，梁惠王在當時是一位了不起的大皇帝，他對孟子十分敬禮，開口便說「老先生，不遠千里而來，亦將有以利吾國乎？」孟子卻一口衝頂過去，說：「王何必曰利？亦有仁義而已矣。」孟子也是一個能生氣的人，也是個豪傑。他學生問他，「公孫衍張儀，豈不算得是大丈夫了吧？」孟子說：「這輩人是專做人家小老婆的，哪配叫大丈夫。」諸位試讀《孟子》七篇，至少也可以長自己一口氣。他的全部人格，在他的話裡，一口氣出了。今天我們要講追隨潮流，孔子孟子所講仁義道德，我們置而不講。聖賢我們不服氣，也該懂得欣賞豪傑。豪傑沒有新舊，敢說敢做，不撓不屈，這才是一個豪傑。沒有了豪傑，那社會會變成奄奄無生氣。兩腳提不起，儘說有新的，如何般來追隨。

中國下層社會拜老頭子，似乎是從墨子開始。墨家的老頭子，當時稱為鉅子。上一代鉅子死了，換第二代接上。墨子死後，傳了兩三代，那時的老頭子是孟勝。楚國有一貴族陽城君，慕墨家之名，請孟勝去為他守城，他親身在楚國朝廷做官。楚國大亂，陽城君被殺，朝廷派人來叫孟勝交出陽城。孟勝說：「我奉陽城君命守這城，沒有陽城君命就不交。」他學生們勸他，他說：「我不死，不能算為一墨者，將來也再沒有人看得起我們墨家了。」他學生說：「你是墨家老頭子，不該死。」他派兩個學生去齊國，告訴他們說：「我這鉅子的位，便傳給齊國的田襄子。」這兩人去了，楚國派兵來攻城，孟勝死了，他學生一百八十人相隨而死。兩人到齊國，告訴田襄子，傳了鉅子位，便要回去。田襄子說：「你們不能回去，應留在這裡。」兩人不肯，田襄子說：「現在的鉅子是我。你們該聽我話。」兩人說：「別的都可聽，這話不能聽。」就回去自殺了。這也不是墨家才如此，孔子門下也一樣。子路在衛國，衛國亂了，子路進城去討亂，被人把他帽子帶打斷，子路說：「君子當正冠而死。」站在那裡，好好把帽子帶結正，亂兵刀矢齊下，就這樣死了。諸位當知，要講道德，臨死也得講。即在生死存亡之際，仍有這道德存在。但道德也非奇怪事，我們誰沒有道德。孔子說：「十室之邑，必有忠信如丘者焉，不如丘之好學也。」不是每一個子弟都不孝，每一部下都不忠。時窮節乃見，這種表現，卻都在最艱難的狀態下。所謂：「殺身成仁，捨生取義。」這兩句話，孔子的學生能做到，墨子反對孔子，但墨子學生也這樣。我們該從這一標準看去，才知道所謂的中國歷史人物。這一種精神，便是我們的歷史精神，也即是我們的民族精神和文化精神。沒有這番精神，空讀《論語》「子曰，學而時習之，不亦悅乎」。學而時習，也不是易事。孔子跑出魯國，一般學生餓著肚子跟著他，跑到宋國郊外一大樹之下，孔子說：「我們在此學舞，學歌吧。」宋國桓魋聽了，趕快派軍隊去，要抓住殺他們，孔子聞得此消息，說：「我們走吧。」

戰國時代的豪傑之士，真是講不完，且不講。講到後來秦漢之際，有一齊國人田橫。歷史上所謂山東豪傑群起亡秦，田橫也是其中一個。漢高祖派韓信把齊國打垮，田橫逃在一海島上。漢高祖即了皇帝位，聽說田橫在海島上，派人向田橫說：「你來，大則王，小則侯。不來，當然要不客氣。」田橫答應了，帶了兩人同去。一路到河南，距離洛陽三十里，這時漢高祖在洛陽，這已是最後一站。田橫告訴他手下兩人說：「從前我與漢王同為國君，現在他是天下之主，我到他那裡去拜地稱臣，就不必了。」他說：「漢王要見我，不外要看我那模樣。從此地到洛陽不過三十里，快馬一忽便到。你們把我頭拿了去，他看見還如我活時一般。」他自殺了，兩人帶著他頭到洛陽見漢祖。漢祖大驚說：「這哪是我意呀！」於是以王者之禮葬田橫。田橫下葬了，跟著田橫來的兩人也自殺了。漢高祖更為驚歎說：「田橫真是一了不起人，他手下有這樣二士。我聽說在海島上還有五百人，趕快去請他們回來。」海島上這五百人知道田橫死了，也就集體自殺了。這一故事，真夠壯烈呀！

孟子說：「聖人百世師。」使百世之下，還能聞風興起。我小時喜讀韓昌黎文，韓昌黎年輕時有幾篇文章，一是〈伯夷頌〉，一是〈祭田橫墓文〉。他進京趨考，過洛陽，在田橫死處，寫了一篇文章祭他。從漢初到唐代韓昌黎時，至少已過一千年，伯夷更遠了，至少已到兩千年。當時中國後代第一大文豪，在少年時還如此般敬仰此兩人，這真所謂聖人為百世師，連一豪傑也如此。若我們只讀韓昌黎〈原道〉，縱使信了他所說之道，若沒有伯夷田橫精神，那道也不能自行呀！即如韓昌黎，若非他少年時懂得敬慕伯夷田橫，到他晚年氣衰，那敢還寫出〈原道〉大文。

再說漢代，漢代歷史人物也是指不勝屈，且舉一個蘇武。他出使匈奴，匈奴人看重他，勸他留下，蘇武不答應。匈奴人把他幽置地窖中，沒有飲食，蘇武嚙雪與旃毛並咽，幾天沒有死，匈奴人更敬重他，送他去北海，即今西伯利亞的貝加爾湖去牧羊。所牧是公的羝羊──說：「等羝生小羊，就放你。」蘇武在那裡掘野鼠和吃草為生；這樣他就一留十九年，手中仗著漢節，始終不屈。在匈奴，有他一好友李陵，李陵是中國歷史上一個軍事奇才，以五百步兵對抗人家八萬騎兵。匈奴下令：「這人須活捉，不許殺了。」結果李陵被擒，降了。降匈奴的也不是李陵第一個，在前有衛律，也得匈奴重用。衛律李陵都來勸蘇武降，蘇武不為動。蘇武在匈奴，既未完成使命，回來後，當一小官，也無表現。我們今天的小學歷史教科書，似乎更都喜歡講張騫班超，因他們有表現。但蘇武在以前受人重視，尚在張騫班超之上。我們相傳的戲劇，多只唱蘇武，不唱張騫班超。張騫班超當然也了不得，但是我們向來傳統更重視蘇武。因成功須受外在條件，際遇人人不同。際遇無可學，若如蘇武守節不屈，卻是人人可學的。堯舜禹湯文武周公之際遇不可學，沒有際遇的如孔子，卻該人人可學。所以司馬遷《史記》說：「高山仰止，景行行止，雖不能至，心嚮往之。」若把此幾句來讚堯舜文武豈不是笑話。《漢書》蘇武傳把李陵來合寫，兩人高下自見。李陵是數一數二的軍事奇才，然而在人格上，那比得上蘇武。蘇武其實已為漢朝立了大功，使匈奴人從心中崇拜漢朝，比起打一勝仗更功大。《漢書》上又嫌把蘇李合傳，太明顯，因作〈李廣蘇建列傳〉，從李廣寫到李陵，從蘇建寫到蘇武。隱藏著作史者之用心，卻使讀史者感動更深。這些是中國相傳史法。

我們再講下去，不一定要講不成功的人，也不一定要講無表現的人，總之要講幾個具備豪傑性氣的人。具備豪傑性氣即是具備了作聖作賢之條件。蘇武不能不說他是一個賢人，若要說他是一個聖人，他也得和伊尹、伯夷、柳下惠為等儔。他已在一點一角上是聖人，十九年守節不屈，做得徹底，做到了家。雖不能同孔子大聖相比，寧能說他不得比伊尹、伯夷、柳下惠？此刻且不必爭，也不必叫他是聖人，他總是一賢人，總是一豪傑。下到東漢，我不想再舉剛才說過鄭玄那樣的人，我且舉一個軍人馬援。只要我們到廣西越南西南一帶邊疆上去，還始終流傳著馬援故事。馬援是光武中興時代一位將軍，光武的中興集團，大多都是他的太學同學。馬援卻是西北一個畜牧的人，牧牛羊為生。馬援有幾句話一向流傳。他說：「大丈夫窮當益堅，老當益壯。」而馬援也真能做到此八字。他從事畜牧，正是他窮時，但他有了馬牛羊幾千頭，種田積穀幾萬斛，在邊疆上成了一個大財主。他又說：「我要這許多財產什麼用呀，我該能賙濟貧窮，否則不過是一個守錢虜而已。」看守一筆錢財，自己等如那一筆錢財之奴隸，此「守財奴」或「守錢虜」三字，也是馬援說的。後來漢光武見到了他，大為器重，可是馬援封侯還是在後來。他平越南封了侯，年齡也老了，漢朝又要派軍去討五溪蠻，馬援要去，漢廷說他老了，怎麼能再去邊疆？論當時的交通，那邊的氣候，一切一切，派一個少壯軍人去，當然更適宜。但馬援說：「我並沒有老。」他又說：「男兒要當死於邊野，以馬革裹屍還葬耳，何能死於床上，在兒女子手中耶？」「馬革裹屍還」這五字，直傳到今天，也是他說的。馬援是個大豪傑，聞其風，一樣百世可以興起。不要錢，不享老福，情願馬革裹屍還葬，還不算是一豪傑嗎？惟其他能具有這套豪傑之氣，才能表現出一個最高人格來。

但我們講中國歷史上人物，不能說如伊尹伯夷柳下惠乃至田橫蘇武馬援，便是頂尖出色人物了，上面還有孔子孟子許多人在那裡。這些人都從一大源頭上來，從中國古人的最高理論，中國的最高文化理想上來。下面我想講到南北朝，我且舉一人，那是一出家和尚。中國沒有大和尚，佛教怎會在中國發揚。相傳佛家有三寶：一是「佛」，沒有釋迦牟尼，就沒有佛教。一是「法」，那就是釋迦牟尼所講的一套道理。然而要信仰這套道理，肯照他做，便得還有一寶，就是「僧」。沒有僧人，佛也好，法也好，一堆空東西，什麼也沒有。今天我們要復興中國文化，孔子是一佛，《論語》是一套法，但沒有孔家和尚的話，三寶缺其一，這兩寶也有若無，只有把此兩寶權放在那裡，將來總會有大和尚出來。我不信佛教，但我很崇拜中國一些大和尚，高僧們。我只拿一個普通的人格標準來看和尚高僧，來看他們的表現。但中國高僧們，很少寫進二十四史。中國歷史人物實在太多，二十四史寫不盡，中國另外有《高僧傳》。《高僧傳》，一續、二續、三續、一路記下，我今天只講一個竺道生。和尚出家沒有姓，因佛教從印度來，印度那時翻作天竺，所以他姓一個竺字，叫竺道生。也有和尚只姓一個釋迦牟尼的釋字，到今天我們和尚都姓釋。那時中國人尊崇和尚，不把他名上下二字一并叫。故竺道生又稱生公。只有到了五四運動以後，孔子不叫孔子，也不叫孔仲尼，叫孔仲尼已經太客氣，必該叫孔老二，倘使你仍稱孔子，便是落伍。儒家思想，也該改稱孔家店。那是我們近代的事。生公當時，《小品泥洹經》初翻譯到中國，《泥洹經》有大本小本，小本的叫小品，只有八卷，大品的是全部，有三十四卷。小本中有一句說：「一闡提不得成佛。」一闡提是毀謗佛法的人。竺道生卻說：「一闡提也得成佛。」當時北方和尚大家起來反對說：「經上明明講一闡提不得成佛，你怎能講一闡提亦得成佛。」召開大會，把他驅逐。竺道生當然只得接受大家決議。但他說：「若使我話講錯，我死後應進拔舌地獄。倘我話沒有錯，我死後還得坐獅子座，宣揚正法。」佛寺中大佛像，有坐獅子、坐象、坐蓮花的，竺道生在此中間特別欣賞獅子。諸位當知，出家當和尚，也得具備豪傑性氣，否則和尚也不成為一寶。幸而當時中國分南北，他渡過長江，跑到南朝來。結果《大品涅槃經》翻出來了，下面講到一闡提亦得成佛，竺道生的說法終於得到證明。

唐、宋兩代，一路有人物，惜於時間，且略去不講。我舉一個元代人作例，宋朝亡了，元朝起來，中國有一人鄭思肖所南，他沒有什麼可傳。據說他常作畫，只畫蘭花，卻根不著土。別人問他，他說：「沒有土呀。」他住宅門上題四個大字，「本穴世界」，拼上湊下，實是一個大宋世界，他著一本書，稱《大無工十空經》，實也還是大宋兩字。他還有一部《心史》，用鐵函封了，沉在蘇州一寺中井底，在明崇禎時出現了。他也是一豪傑之士，應該歸入孟子三聖人中伯夷的一路。

明代人物也很多，即如王陽明先生，諸位讀《陽明年譜》，就知他也是一個豪傑。再講一人。海瑞他是瓊州海南島人，一生正直，自號剛峰。大陸匪區，大家心裡想反毛有話也沒得講，把海瑞故事來重編劇本。海瑞當時，市棺訣妻上疏，上海老伶周信芳，唱出海瑞罵皇帝。北平共產信徒吳晗，寫了一本《海瑞罷官》，就是影射著來罵毛匪。你若不說海瑞是聖賢，他該是一豪傑，他還能在死後數百年派來做反共工作。

清初，我想舉一人李二曲，他是陝西一種田漢。他講陽明哲學名大了，清代皇帝定要籠絡他，派地方官送他到北京應博學鴻詞科，他說生病不肯去，朝廷下命生病便好好抬著去，路上防備甚嚴，無寸鐵可以自殺，他只有餓死一法，不吃東西，地方官也受感動，說他實有病不能來，把他送回去。他說：「我實為名所誤」，從此一生絕交，地下掘一土室，不見任何人，只顧亭林到陝西，可下土室見他，一談一半天，不知談了些什麼。清末時，大家起來革命，讀者莫要認為這都是法國美國革命來領導我們，其實明末遺老，如李二曲等故事也發生了極大作用。今天我們要復興文化，大家又來談西洋文藝復興，其實也該在中國歷史上多舉幾個先例可資效法的來號召。

再講到最近代人。我到臺灣來就發現了兩人。一是鄭成功，一是吳鳳。有此兩人，我們來到臺灣也不寂寞。我去美國，又知道一人。在他們南北戰爭時，有一位將軍退休了，家住紐約。這位將軍脾氣不大好，一生獨居，所用傭僕，一不開心，就罵就打，工人來一個跑一個。有一中國山東人，名叫丁龍，來到將軍家，這位將軍照樣打罵，丁龍生氣也跑了。隔不幾時，那將軍家裡起火，房子燒了一部分，丁龍又來了。那將軍詫異說：「你怎麼又來了？」他說：「將軍打罵我才走，現在聽說你被火燒了房子，正要人幫忙，我們中國人相傳講孔子忠恕之道，我想我應該來。」這位將軍更驚異，說：「孔子是中國幾千年前大聖人，我不知道你還能讀中國古書，懂你們中國聖人之道。」他說：「我不識字，不讀書，是我父親講給我聽的。」那位將軍就說：「你雖不讀書，你父親卻是一學者。」他說：「不是，我父親也不識字，不讀書，是我祖父講給他聽的，連我祖父也不識字，不讀書，是我曾祖父講給他聽的。」上面他也不清楚，總之是一種田出身。那將軍甚感驚異，留了他，從此主僕變成了朋友，不罵不打，那位將軍卻受了感化，兩人這樣一輩子。等到丁龍要病死了，向那主人說：「我在你家一輩子，吃是你的，住是你的，還給我薪水，我也沒有家，沒有親戚朋友，這些錢都留下，現在我要死了，把這些錢送還你，本來也是你的錢。」這位將軍更驚異了，想「怎樣中國社會會出這樣的人？」於是他就把丁龍這一小筆留下的薪金，又捐上自己一大筆，一起送哥倫比亞大學，要在那裡特別設立一講座，專研究中國文化，這講座就叫丁龍講座。在全美國第一個大學設立講座專講中國文化的，就是哥倫比亞。現在美國到處研究中國文化，我想主要還該研究如何在中國社會能出像丁龍這樣的人。其實這故事並不簡單，非深入中國文化內裡去，不易有解答。我若說丁龍是一個聖人，是孟子三聖人中柳下惠一路。吳鳳也是一聖人，是孟子三聖人中伊尹一路。此也未嘗不可說，至少他們都是一賢人。換句話說，都是一豪傑之士。明代人說，滿街都是聖人，端茶童子也是聖人，中國社會上聖人多得是。聖人外流跑到海外去，一個跑到臺灣，就是吳鳳，一個跑到美國，就是丁龍。在祖國，山東武訓，不也是個聖賢嗎？至少也是個豪傑之士。他討飯，碰到人跪下，請你幫助，要去辦學校。

這種故事太多了，不勝講。諸位若把這標準來看中國二十四史，除了政治家、軍事家、財政家、藝術家、學問家、宗教家等等，歷史上還有很多人物，只是赤裸裸地一個人，沒有什麼附帶的，也不要外在條件，只靠自己堂堂地做一人。現在我們大家要外在條件，覺得我們百不如人，若從歷史上講，時代不夠外在條件，人物不夠外在條件的也多得很。但孔子也是沒有外在條件，碰到魯哀公、衛靈公，碰來碰去總是不得意，然而孔子成為一大聖人。把我們今天的社會，和孔孟時代相比，或許還好一點。比南宋亡國蒙古人跑進來，明朝亡國滿洲人跑進來，那更要好得多。比吳鳳從福建來臺灣，比丁龍從山東去美國，我們也要好得多。我們且莫太講究外在條件，應該注意到我們內在的條件，這樣始叫我們每個人都可做一個歷史的主人翁。每一人也有每一人的一段歷史，縱說是一段小歷史如吳鳳、如丁龍，把這些小歷史合攏來，便成為一部中華民族的大歷史。我們的歷史理想，其實即是我們的人生理想。若把我們的歷史理想人生理想都放在外面去，則權不在我，也不由我作主，試問那還有何理想而言。

可是我們今天的社會風氣，卻愈轉愈離譜。我在香港新亞書院時，有一學生從大陸逃來，他飽受共黨欺害，上我課，聽到「君子無所入而不自得」一句話，他覺得這真是人生最大要求所在，他問我這個道理，我說：「你且慢慢聽，慢慢學。」他見我散步，也要學散步，他說：「我讀書程度淺，來不及，散步總該能。看你怎麼散，我也怎樣散，我散步庶亦可以自得其樂。」那學生極誠懇，極有志，可是別的同學有些會笑他，罵他，後來他覺得中國社會到處跑不進，轉進教會，外國人卻懂得欣賞他。現在他做了牧師傳教，見了我，要來向我傳教，他說：「先生，我得你好處不少，我該同你講講耶穌吧！」唉！今天的中國社會，偏偏中國道理不能講，要講就給人家笑罵，要逼得你特立獨行，只有學伯夷，那怎了得。所以今天我們至少要大家負起一些責任，隱惡而揚善，來轉移風氣。至少要使年輕人有條路走，不要弄得像今天樣，除了去外國，好像前面無路。「文武之道，未墜於地，在人。」我們到鄉村老百姓圈子裡，在無知識人身上，或許還有一點中國文化影子。我們受這時代潮流的衝激太大了，我們都要變成一現代人，而我今天卻特別提出這題目來講歷史人物，當然我不過隨便舉幾個例，希望我們將來學校，小學中學乃至大學的教科書，多講一些人物，講一些中國歷史傳統所看重的，即如何做人。要講一個無條件的，赤裸裸的，單憑自己便能做到的「君子無入而不自得」的這一套。

中國文化與國運

孫中山先生曾說：「革命必先革心。」在物質建設之前，又先有一個心理建設。他又說：「知難行易。」知非技術方法之謂。知難即難在心理建設上。他又說：「信仰產生力量。」信仰亦是一種心理建設。他的三民主義，第一即是民族主義。沒有民族，談不上民權與民生。我們試根據孫先生遺訓，來重提以下的信心。

㈠中國問題該由中國人來解決。

㈡亦只有中國人纔能解決中國問題。

㈢中國國運前途，把握在中國人自己手上。

若由非中國人來解決中國問題，將會愈解決，愈糾紛；愈困難，愈不易解決。否則，若由非中國人可把中國問題解決了，那中國也完了。若中國人不能把握中國自己的國運，則中國人也該完了。

但中國人並不是一天完成的，中國人之形成，已有其四五千年以來之歷史，若我們把歷史切斷，今天將只賸有四億五千萬在中國土地上生活的人，而將不見有一個中國人。因此所謂中國人者，乃指具有歷史性的中國人而言。單生活在中國的土地上，不一定就可算是中國人。若說歷史性的中國人。此即所謂中國民族。

世界沒有無歷史的民族，民族必具有歷史，必包括古今。具有歷史，包括古今，即具有文化。世界亦沒有無文化的歷史。歷史、文化、民族三者所指，乃屬一體。只知道現在，不知道歷史，則只成為一群人，不成為一民族。一群人可以無文化陶冶，一個民族，決不能無文化陶冶。文化陶冶則非一日間事，必由長期歷史所演出。因此我所謂中國人者，乃指其受有中國文化陶冶之中國人而言。此所謂受有中國文化陶冶者，乃指其在中國歷史、中國民族中生長而言。不識一字，不讀一書，他也可在歷史中生長，在民族中完成，此乃一種不自覺的文化陶冶。識字讀書人，否定中國歷史，否定中國文化，即是無異於否定了中國民族。他雖可不自覺的亦受有中國文化之陶冶，但在其意識上，則他不像是一個中國人，或可說他不願是一個中國人。在他意識上，他只願由他來從新創造些新的中國人，新的中國歷史，新的中國文化，新的中國民族，也決非一日間所能創出。如是則在他之當身而言，他將不成其為一中國人。他只在中國土地上生長，他與中國之以往，在其意識上漠不相關，而且含有敵意。

英國人來到香港，日本人來到臺灣，但我們不能說我們是從某處來到中國。英國人自謂能有辦法解決香港之一切問題，日本人自謂能有辦法解決臺灣之一切問題。因他們是具有歷史性的英國人與日本人。他們自信英國文化，英國民族高出於香港之中國人；日本文化，日本民族高出於臺灣之中國人。他們憑仗這一信念，才能把握香港，把握臺灣，來解決香港臺灣的一切問題。但我們要問，他們成績如何，是否已能完成了他們之理想。我們又要問，我們來自何處而到中國？我們憑仗些什麼來高出於與我們同文化同民族的中國人？則我們有何力量能脫離中國歷史，脫離中國文化，來解決中國的一切問題呢？

若說我們憑仗的，也是英國文化、英國歷史，或說是日本文化與日本歷史，則我們並非來自倫敦與東京，我們尚是假英國人、假日本人。真英國人、真日本人尚解決不了中國問題，難道假英國人、假日本人，反而能解決了中國問題嗎？我們脫離了自己的歷史，自己的文化，我們只是飄萍浮梗，我們只是游魂散魄。我們憑仗些什麼來高出於我們的民族，高出於我們的祖先？

讓我們確立信心！

只有憑仗中國民族，纔能解決中國問題。

只有憑仗中國歷史，纔能解決中國問題。

只有憑仗中國文化，纔能解決中國問題。

須是明白得上列三義，纔能說只有中國人能解決中國問題。這一類的中國人，必須是具有歷史性的中國人，必須是受有中國文化陶冶之中國人，必須是中國民族裡的一個中國人，而非只是生長在中國土地上的任何人。明白言之：要取得中國人的資格，要具備解決中國問題，把握中國命運的條件的中國人，必須與已往的中國人通氣。世界上有中國人不自今日始，中國人已有四五千年以上的歷史文化，今天的中國人，所以成其為中國人者，以其與四千年以上的中國人通氣。我們縱然崇拜西洋文化，仰慕西洋歷史，想把我們這一群人改造成西洋民族，西洋人；但我們須得知道，西洋人也遠有淵源，我們急切間不得與歷史上已往的西洋人通氣，那我們終將無法接受西洋文化，走上西洋歷史，而搖身一變成為一速化的西洋民族與西洋人。

中國人自有中國人的辦法，因此形成了一套中國史、中國文化、與一個中國民族。我們必須信仰從來的中國人有辦法，纔可相信我們這一代的中國人也可有辦法。若從來的中國人根本不可靠，我們不信他們有辦法，我們如何能信這一代的中國人，即我們之自身，卻忽然能有辦法呢？否定了歷史，否定了文化，否定了民族之已往，必將否定到我們之自身。否定了我們之自身，便將痛切感到非徹頭徹尾學習人家，自己將根本不能有辦法。中國共產黨，即從這裡生根，即從這裡出頭。

中國共產黨學習蘇聯來統治中國，來求解決中國問題，我們知道反對。英國人統治香港，日本人統治臺灣，來求解決香港臺灣的一切問題，我們也知道反對。現在我們說，我們要擺脫中國已往歷史，擺脫中國已往文化，改革這一代的中國人，因為他們還是受中國已往歷史已往文化之陶冶與熏染。試問我們如此樣的意見，又與中國共產黨，與香港的英國人，臺灣的日本人，相去幾何？我們要統治中國，要求解決一切中國問題，讓我們向中國人學習，讓我們向中國民眾學習，此即是向中國歷史學習，向中國文化學習，向中國民族學習。只有如此，纔是一條正路，纔是一個正辦法。

不幸而這一個理論，一百年來，未為中國人所覺悟，所了解。近百年來之中國史，顯見有兩條大流：一是深藏在下面的伏流，一是浮現在上面的逆流。伏流表現著中國民族意識之潛在要求，逆流表現著中國文化傳統之故意摧殘。這兩條流力，相激相盪，形成了近百年來中國史之悲劇。

洪楊太平天國，它所擁有的隱藏在中國民眾內心深處的潛在伏流，是推翻滿洲皇室，復興中國傳統。但洪楊所浮現在上面的，領導這一伏流的力量的，卻與這一流向正相違逆。他們說：耶穌是天兄，洪秀全是天弟，此後的國家是天國，孔廟該燒，儒籍該焚。

辛亥革命之成功，依然有此兩大流。中國革命，並非即是美國革命，也非即是法國革命，而純粹是一種中國革命。這一革命事先之號召，也有盧梭，有華盛頓，有西方民權思想作刺激，作鼓勵，但同時也有晚明諸大儒，像顧亭林、王船山、黃黎洲諸人之民族意識與民族精神作憑藉。只憑藉盧梭、華盛頓，而更無晚明諸大儒，這一革命，將無法產生，亦將決難成功。但革命以後，似乎只想把這一革命接上盧梭與華盛頓，只想把中國趕上法國和美國，忘卻中國之以往歷史，忘卻中國之以往文化，浮層之顯流與下層之伏流游離，而顯流也遂失其力量。

中國趕不上法國，趕不上美國，這一代的中國人，急切不能與西洋人接氣，我們認為是以往的中國人，歷史上的中國人在作祟，在作梗，於是有新文化運動，主張打倒一切，赤地創新。但不知歷史本無不變，本無不新。歷史之本質即是變，即是新。老不變，永無新，將不會有歷史。求變趨新，不該反歷史。若求把以往歷史一刀切斷，那是死滅，非新，亦非變。變與新仍須一根底，此根底即是歷史，即是文化傳統，即是民族之本身。只有從歷史中求變，從文化傳統中求新，從民族本身求新生命，仍只有在與古人通氣之中求今人之再造。新文化運動之顯流，還是與伏流相違逆。

繼之而起者，有中國共產黨與共產主義。共產黨所擁有的力量，還是中國民眾的力量，但共產黨的領導，則違逆了中國民眾之內在要求。共產黨依然是一個變相的太平天國。馬克斯、列寧是耶和華；史達林是耶穌，是天兄；毛澤東是洪秀全，是天弟。力量在下層之伏流，錯誤在上層之領導。下層力量沿接著中國歷史，傳襲自中國文化，蘊藏中國民族之本身之內在要求，上層則主張否定已往歷史，否定已往文化，以非中國人的意識，非中國人的姿態，非中國人的身分，來消散中國民族。

我們或許可以說，死人不能解決活問題，舊歷史不能對付新時代，這話並不錯。但活人仍必與死人通氣，新歷史仍必從舊歷史發脈。否定了死人，活人斷了氣，那將只有這一代的一群人，不再有民族；否定了歷史，則時代挖了根，那將只有這一世的環境，不再有文化；否定了傳統文化與民族歷史，那將只賸有一個個的人。一個個的人，急切間造不出歷史，創不出文化，摶不成民族，形不成國家，產不出力量，完不成事業，只有倒向別人家的已往歷史，已往文化傳統，與依仗別人家的民族精神中來借屍還魂。不，這是引魂起屍。屍體復活了，但他必否定他已往的一切，不承認他已往的自己。屍是他的，魂是別人的！

歷史文化與民族意識、民族精神，是我們這一代的元氣，是我們這一代的生命，是我們這一代的靈魂。我們必得有元氣，有生命，有靈魂，始得解決我們當前的一切問題，元氣斷了，生命絕了，靈魂散了，一切也完了。我們要根據歷史文化與民族精神來打開當前一條出路，來尋求我們此後的新生，那決不是頑固，決不是守舊，那是生命延續之惟一原理。

而且照我們已往歷史看，也實在無法證明我們的傳統文化要不得。世界上無歷史無文化的人群多的是；有歷史，有文化，而他們那種文化無法形成大民族的還是有。只有我們中國人，遠在春秋戰國時期，已經形成了一個世界人類歷史上曠古未有之大民族，一到秦漢統一時期，又由這一個大民族來形成了一個世界人類歷史上曠古未有之大國家。西方歷史上有希臘人，卻並無一個希臘國。而且希臘人的數量，若比起中國人來，還是少得可憐。稍後有羅馬國。但在羅馬國統治之下的人民，又始終未能形成為同一的羅馬人。統治羅馬國的羅馬人，其數量還是少得可憐。西方人直到近代纔始知道需要有民族國家之創建，但此理想，始終仍未完成。瑞士是這樣一個小國，但在他們國裡，還是包含有許多的民族。西班牙與葡萄牙，法蘭西與比利時，民族血統儘管相近，還是各自為政。英倫三島，英格蘭、愛爾蘭、蘇格蘭始終未獲融凝為一。義大利、德意志之統一，只是一百年內事。日耳曼人始終未能完成一日耳曼國，斯拉夫人始終未能完成一斯拉夫國，於是有大日耳曼主義，大斯拉夫主義，屢次激起了近代西方歷史上的大流血與大戰爭。民族決定於文化，並非決定於血統。世界上並無純血統的民族，在民族摶成的進程中，儘可有相異血統之交流。中國民族在秦漢大一統以前，也並非純一血統，在秦漢大一統以後，依然有不少相異的血統繼續羼入。何以西方文化始終局限於許多小民族之各自分峙，各自對立，不易融凝成一大民族，而中國文化卻特易於大民族之摶成？此乃世界人類歷史上最值得注意的一個文化本質問題，而非民族與民族間的血統異同的問題。中國人很早便知道同一民族應該創建同一國家，而在同一國家之統治下，應該融凝成同一民族，何以西方歷史上同一民族往往分裝進許多國家，而同一國家又往往分裝進許多民族？這又是一世界歷史上最值得注意的一個文化本質問題，而非國家與國家間的政權分合問題。西方人能創製科學利器，近代史上一隻輪船一條鐵路之發明，西方人自己誇道不置，我們也極度的讚佩他們。但在我們，很早以來，卻已能創造出一大民族來。此是中國歷史中國文化之偉大處，比較創製一隻輪船一條鐵路對人類本身貢獻更大。因為民族可以利用科學，科學卻不能摶成民族。民族融凝，科學發明自然是利多於害。民族分裂，則科學發明有時將害過於利。人類文化本體，必然以擴大民族為主，不能以發明科學為主。換言之，人類歷史進程，始終以人類本身為主體，不能以科學發明為主體。人類文化必然以摶成大民族，創建大國家，使人類得以和平相處，為其終極目標。在此大民族大國家和平相處的大環境之下，科學發明纔始得為人類之福利。科學只是一種工具，其意義在增進人類和平相處之福利，不在加添人類割裂相爭之強力。若把這一觀念顛倒了，便很容易走上唯物史觀與階級鬥爭的路。這將不僅破裂了民族之摶成，又將破裂了國家之凝固。

近代西方所憑仗以反對唯物史觀與階級鬥爭者，則為個人自由與宗教信仰。單憑宗教信仰反對不了共產主義，必加上個人自由。單憑個人自由也同樣反對不了共產主義，必加上宗教信仰。此二者在中國都生不上根，中國人所憑仗以反對唯物史觀與階級鬥爭者，則為民族文化與歷史精神。中國在其歷史文化所禪演而成之大民族之融凝摶結中間，有一傳統精神。而此種精神，則並非宗教。中國有一大群之結合，即民族而非階級。階級鬥爭乃西方社會個人自由之反動；唯物史觀乃西方社會宗教信仰之反動。在西方傳統文化之兩大柱石，即宗教信仰與個人自由。當知此兩大柱石，均不宜於融凝成大民族。自此兩大柱石發生動搖，而後唯物史觀與階級鬥爭乘時崛起。但人類文化，仍將以民族摶成為主，不當以上帝信仰與個人自由為主。上帝信仰是出世的，個人自由是分裂的。西方社會把個人自由來為上帝信仰補偏救弊，亦仍賴上帝信仰來為個人自由補偏救弊。但此二者並不能有更高之結合。只有民族融凝的文化精神，可以更提高更擴大而化成天下一家與世界大同。只要世界走上同一文化，則世界人類可以融成一體，全世界只有一個人群，即一個民族。然此只有中國文化之潛在精神可以覬望及此。西方文化太看重個人，融凝不成大民族。要把中國文化轉化成世界文化，此亦非今日事。乃百年幾百年後事，故孫中山先生有竹槓中藏頭彩之譬喻。只有中國文化，乃為竹槓中藏有頭彩。因惟有中國文化，乃可稱為一種民族文化，即以民族融凝為中心之文化。此種文化，最易於擴大提高而成世界文化者。其他宗教中心的文化，個人主義中心的文化，或物質主義為中心的文化，都不易於擴大提高而轉化為世界文化。因此在此等文化中，均非藏有頭彩。將來世界人類新文化之頭彩，在中國人手裡，藏在中國傳統文化以民族融凝為中心的文化之竹槓裡。

此等人類文化將來之大趨向，決非單憑當前現實一短暫時期中之貧富強弱之皮相所能衡量與推斷。個人自由乎？階級鬥爭乎？此在西方傳統文化中可以成一對立。中國文化，則以融凝人群成一大民族為其主要精神。此兩對立，皆可消弭，失其存在。上帝終極乎？物質至上乎？此在西方傳統文化中，仍是一對立；但在中國文化以大群融凝為其最高祈嚮之主要精神者，則此兩對立仍可消弭不復存在。中國傳統文化，實在不僅可為當前之中國打開困境，而且可為將來世界新文化導其先路，主要則在中國人自己的信心，要先從心理上建立一基址。知難知難！這是我們中國人當前的責任，縱難亦無所逃避。

怎樣做一個中國人

《中國的空軍》雜誌的編輯人，特地造訪，要我寫一篇怎樣做一個中國人的文章，我因他出題正大，於心有感，一口答應了。卻不料下筆又再四躊躕，覺得要說的話太多，苦在說不盡。同時又感無話可說，說來全是廢話，不如不說好。下面所說，還望讀者先能了解其心情，再來體諒其作意，若能當作沒有說則更好。

諸位或許會問，我們都已是人了，何以還說要做人。但做人是人的本分。天地生人，只生男女，不生夫婦，夫婦由人自做。所以中國古人說，君子之道，造端乎夫婦，及其至也，察乎天地。中國古人又說：人之異於禽獸者幾希。人類有文化所以異於自然界其他生物者，都是人自己做來。

或又會問：人要做，何以定要做中國人。猶憶對日抗戰時，在成都，曾和一位頗負時譽的「中國思想家」某氏，公開辯論過此問題。我主張要教我們中國人好好做一個中國人，他說：此時代已過了，我們該教人做一世界人，不該再教人做一中國人。我問他：不先做一個中國人，如何去做世界人。他當時無話回答我，但我也知他心裡不服，只是有話不說罷了。

直到目前，世界上已有一百以上個國家，但尚不見有一個無國籍的世界人。你生在中國，長在中國，自然已是個中國人。論道義，也該做一個中國人。但論各人內心，做一中國人，似乎不自滿足的太多了。總覺得，做一中國人，不如做一美國人或其他外國人，比較值得滿意或光榮。這樣的人，我敢說決不在少數。或則存在心裡不肯說，或則存在心裡而不自知。

我家曾來一女傭，她愛看電視機上的美國電影，遇到中國節目，便離去不看了。她只是小學畢業，不懂英語，憑藉幾行中文字幕，對電影中情節，我想她未必清楚。或者是只看些伸拳打架，拔鎗殺人，擁抱接吻等鏡頭，覺得夠刺激、緊張。或則她也已感到月亮是外國的圓。不幸她不能升學，不能有出國留學機會，否則就她目前態度，當下心情言，將來她也必是一個崇洋蔑己，很時髦的人物了。但在此刻，若和她講上面這番話，根本上如牛頭不對馬嘴，談不上。此正可見時下風氣，深入人心，她不過是其中微小已極不值提起的一例。

所以我們要說怎樣做一個中國人，在此時，還是一個不應該成為問題的大問題。此一問題，像可不說話，而又不該不說話，說又說不盡，而又會感到無話可說，那真是當前一大難題。難在各人心裡有一套，卻不肯真實說出來，作真實的討論。

要說怎樣做一個中國人，並不要你早餐定喫豆漿燒餅，不喫麵包牛奶。也不是要你只穿中服，不穿西裝。講到做人，本不重在那些物質條件上。但如我上舉那女傭，你若帶她進夜總會，上跳舞廳，她定會高興。中國一切舊花樣，她準不會生趣味。此乃牽涉到社會風氣、時代心理，又可由此引伸到政治教育各項大問題上去。違逆人心總是難，而開導人心又不易。因此我舉此小女傭為例，請大家莫忽視。

我曾去過美國，一位美國朋友託他一朋友在夏威夷機場接候。他那位朋友，是一虔誠的基督徒，在夏威夷當一教會私立學校的校長。他為我夫婦定妥了旅館，又約某晚赴一盛大音樂會，他在那裡作東道主。我夫婦在旅館中幾天早餐，常遇到一位白髮滿頭的老太太，氣貌慈祥，說來此看她六七年未見的子和媳。那晚宴席上，老太太也來了，始知今天的東道主，正是她老人家之兒媳，她今晚也是同席一來賓。我夫婦席散告辭，回到旅館，適有來客在客室中坐候，我們留在客室中談話。客室一頭是上樓電梯。少頃，門外車聲，那晚的東道主扶著老太太進客室來，親了一下她的面頰，道聲晚安，那老太太獨自進電梯上樓，她媳婦則留在車上未隨其夫同進旅館來。翌晨早餐，那位老太太萬分興奮，說她兒媳還約她去家中喫一次午餐，她此下亦即離此返紐約了。

上之所述，不關物質事，只是講做人。若我們要學外國人做人，實也不簡單。上述三人，學老太太最易，只要不對兒子抱存什麼希望便得。媳婦也易學，只要是一新女性，誰也奈何她不得。學兒子最難，至少一點是社會不許其如此。人人羨慕外國人，但又不許人真做像一外國人。其中理由很難說，好在其事人人易知，也可不煩再說了。

我在美國，又熟識一美國青年，他亦是一虔誠基督徒，大學畢業後進神學院，那時已是一位傳教士。他言下屢以婚事縈慮。我說，以前中國社會竭力宣揚美國晚婚風氣好，教中國人學步，現在你們又急得要早婚。他說：那也沒法，我到此年齡，再交不上女朋友，此下愈困難。我也認識他父母，我說：你父母只你一子，又是對你很好，你獨身生活感孤寂，何不時時回家省親，好獲得家庭之樂。他說：美國家庭情形，你有所不知。若我攜著妻子回家，我父母把我當作賓客看待，因我已是獨立成人了。此刻沒有結婚，縱有職業，回家還是一兒子，父母不能以賓客待我，我心終有不安，不如少回家較好。

上一事在美國早是一種普遍風俗，到處皆然，下一事則屬一種心理習慣。中國古人說：非我族類，其心必異。若非經他訴說，我們那裡得知。

從前中國青年出洋留學，短短三五年，埋頭學校中，回來儘說外國好。我那次去美國，自對日抗戰到共匪奪國，滯留在外的多出十年以上，我聽他們講美國便不同。最主要是在外國做一中國人，其事究多不自然，而且也不稱心。年老的更怕兒子娶進洋媳婦，女兒嫁了洋女婿，把家庭氣氛全變了。中年人，兒女一進學校，回家便不肯講中國話，累得心裡焦急，也沒法。只有年輕一批無所謂，但住久了，也得成家，也得生兒女，到後還不免要有中年老年人心理。

因此我再進一層講，中國人在外國，存心要做一個外國人的縱使不能說沒有，還是極少數，而且少之尤少。但在國內又不然。看人去外國，一如登天般。能久留不歸，總是有辦法，令人生羨。其病根則在我們這一代的中國人，實也做得不像樣，不健全，不光榮，所以總想變。我因此想，若我們這一代的中國人，能徹頭徹尾變，能大家變做一個像樣的中國人，皆大歡喜，不好嗎？

既要大家徹頭徹尾變做一像樣的中國人，便該提倡中國道理，宣揚中國文化，使人有所適從。但又有人在此上懷疑，說：當前已是原子時代，那能讓你關著門來做一中國人。這又回到三十年前我和那位負時譽的思想家所辯論的老問題上去。因此造成了這一時代的中國人常在思想苦悶中，左不是，右不是，無出路，無作為，大家隨波逐流，過得一天是一天，做人道理擱一旁，不要談，這不是我們社會今天一番真情實況嗎？

如若我們要來談怎樣做一個中國人，那便應該提倡中國已往的做人道理，闡揚中國已往的傳統文化，好教人有一套做人榜樣。但如此說下，又牽涉到文化問題歷史問題上去，又牽涉到思想問題哲學問題道德問題上去，並且又會牽涉到當前政治問題、教育問題、社會問題、經濟問題種種問題上去。做人問題在眼前，該當下立刻做。但此種種問題，儘討論十年二十年，五十年一百年，也會討論不得一終了。其實在今以前一百年來，也已討論到此等問題，只是徒增糾紛，不見解決。其癥結正在人的問題上。只因我們這一百年來人不像樣，所以種種問題會愈攪愈壞，若使人像樣了，那些問題也就易得解決了。問題由人來解決，不是要待問題解決了纔做人。中國古人說：由人弘道，非道弘人。又說：道不虛行，苟不至德，至道不凝焉。這正是一切全由人。做人則只是做人，且莫轉移目標，故意把此問題放開去。

現在單就怎樣做一個中國人之主題言，當前中國社會，究竟不得謂無人。人的好壞，人人易知，也不得謂當前中國社會無好人。若我們決心要學做一中國人，便當在中國社會中國人身上去學。當前即可，不必遠求。孔子說：三人行，必有吾師焉。三人之中去了一人是我，其餘只有兩人。縱使在行道匆促中，不怕不識貨，只怕貨比貨，只要客觀一比較，此兩人之高下優劣，自屬顯然易見。我只擇其善者而從之，其不善者而改之，則自見師有餘而學不足，自能下學而上達。所以中國古人又說：使我不識一個字，也將堂堂地做一人。當知做人無條件，只要有志做人，連教育條件也可不必要。不識字，不阻礙我做好人。多識字，也不能阻擋我做壞人。

中國歷史上第一大人物是舜，自古稱他為大舜。但舜未尊顯時，居深山之中，與木石居，與鹿豕遊，其所以異於深山之野人者幾希。及其聞一善言，見一善行，沛然若決江河，莫之能禦。但當知，舜之所聞所見之善言善行，其實最先亦只是在深山野人中間之一些善言善行而已。眾人學賢人，賢人學聖人，聖人何所學，聖人則只學於眾人。舜之居深山，孔子之三人行，皆是中國古代大聖人教人如何做人之絕大道理。故曰：待文王而後興者，凡民也。若夫豪傑之士，雖無文王猶興。今天的中國社會，縱使你說沒有一文王，但只要是豪傑之士，也會卓然興起，做一像樣的人。否則我們又要問，文王又是如何興起的呢？中國文化最著精神處，便在教做人。只要我們莫多作怪論謬論，認為中國人根本要不得，在此時代絕不該再做一中國人，此等怪論謬論消退失勢，單單由我們回頭來討論怎樣做一個中國人，則中國古人對此問題討論已久，全部文化傳統，最緊要最精采處便在此。禮失而求之野，中國文化，還多在今天中國人身上。好榜樣的中國人，還是存在於今天的中國社會上。只要我們肯立志要做一中國人，更請諸位能學大舜之隱惡揚善。則當前中國社會，仍不失為一個善的社會，我和你自然該可做一中國善人，循而至於做一中國聖人也不難。所以此一題目，還在各人立志，到底可以不說話。無志而空說，全是廢話，不如不說好。

文化與生活

「生活」即指我們每個人的生活，不用細講，而「文化」必由人類生活開始，沒有人生，就沒有文化。文化即是人類生活之大整體，匯集起人類生活之全體即是「文化」。但我們也可說人類乃在文化中生活，人生脫離不了文化而獨立。文化是個大圈圈，每個人的生活則是此大圈圈中很小一圈，或說是一點。我們也可說：文化與生活乃是一體之兩面，一而二，二而一，可分亦可合。若論孰先孰後，如說究竟是雞先生了蛋，或是蛋先生了雞。若認雞生蛋在先，則此下即成為蛋生雞。所以既說先有人生才有文化，亦可說人生必在文化中。

此下，我將先講下一層，即人生在文化中；然後再講上一層，即「文化自人生而始起」。如何說「人生在文化中」，如我面前桌上放一杯茶，諸位當知飲茶生活比我們個人生活早得多，在中國已有一千年以上的歷史，其間亦歷有變化。此刻飲茶已成為中國文化中一小項目，並不是我此刻要飲茶，即可有一杯茶。又若在中國文化中無此飲茶一節，我如何會忽然想飲茶。再說此玻璃茶杯，歷史較短，當是西方傳來。然則此一杯茶，乃是中國舊文化放入了西方新文化之內，乃是新杯裝舊茶，即此可謂是一種東西文化之交流與配合。又如此桌上放一擴音器，此是西方文化中現代科學之產品，當不過幾十年歷史。現在我們在任何一講演場合中，桌上放一擴音器，一杯茶，成為我們生活中很普通的一部分，但此乃是東西古今文化交流會合而始有。由此推想，每人生活中衣、食、住、行各項，乃至於其他一切，都是出生在文化中，沒有一千年來之歷史文化就不會有這杯茶，沒有幾十年來之歷史文化也就不會有此擴音器。可見人類乃是生活於文化中，無大小，無輕重，形形色色，都各有其文化背景。我試淺作譬喻，人類之生活於文化中，約略就如其生活於空氣中一般，衣、食、住、行、種種物質條件是具體的，文化則如空氣，看不見，摸不著，是抽象的。諸位認為生活只是一項現實，但也有其另一面，有傳統，有變化，有其不斷之流通與更新，決非限於眼前現實，即能說明。

又如為何在此有中山堂，有光復廳？我們為何在此中山堂光復廳舉辦此一講演？這都有其歷史背景與其應有之作用與意義。剛才我來時經過街道，望見有間舖子名為「艾森豪」，為何中國店舖有此名稱？當知此中亦有文化，並不偶然。

今天在座諸位，大部分是中年人，或者年齡更大，都不是此地出生，為何來此？是否由我們自己想來，是否即是諸位之自由意志。在座中亦有臺灣同胞，回想二十年前事，可知臺灣同胞來此聽講，此一歷史經過，亦不簡單。

我們今天濟濟一堂，很明白，很清楚，這即是我們生活中的一部分。但我們是「生活」在當前一文化大潮流大變動之下，我想諸位也可一想便知。不論此一文化變動是好是壞，要得與要不得，我們的生活，總之是由此變動而來，而亦在此變動之中。

我們再問，我們的生活是否只像喝茶般，喝過了喉嚨就完？是否我們這兩個鐘頭的講演，散會後就一切沒有了。諸位今天在此聽講，或許可能在各人腦子裡發生一些小小的新刺激，增助一些新印象和新影響。人的生活儘有變化，可能來聽這兩點鐘講演，也能有作用。並且其影響和作用，也不一定只在今天。甚至可能在十年、二十年，乃至一百年或一百年以上還可有其影響和作用。

諸位或說這是時代在變，時代之變每天都有。

今且問時代如何會變？推上去，可說是歷史在變。再推上去，則是文化在變。那就接觸到文化問題。明白言之，生活上有許多事並不是我們自己要變，而是時代歷史變，文化變，我們的生活即不得不變。這幾十年來，中國民族文化可說是在極度騷盪中，可說是在天翻地覆，才變得使我們都跑來臺灣。我們只簡單思考一下，可知在我們每個人的生活之外，尚有個大力量，或說大趨勢，驅使我們對此力量和趨勢，不僅要知其由何來，亦該知其將由何去。如天冷穿厚衣，天熱穿薄衣，下雨就帶傘，這都不是我們自己忽然作主要如此。在我們生活之外還有一個大生活，要我們如此。我們則只是「生活」在此大生活之內，文化就是這個大生活。在我們生命之外，還有一個大生命，文化就是這個大生命。個人的生活和生命，則只是其中一圈小生活和一段小生命。

個人的生活和生命，雖亦有其力量與其道路方向，可是我們必當在此小生活之外，小生命之上，認識有個大生活和大生命。我們應在此大生活中得啟示，在此大生命中得意義，不應懵然不知外面的時代，大潮流的變動。我們當知大生命的趨嚮在範圍著我們，支配著我們。我們每個人的小生命，真如大海裡一浮漚，高山上一微塵。倘使我們對此大生命懵然不知，虛過一生，嚴重說來，那是醉生夢死。平淡說之亦是隨波逐流。不關心文化大生命的，那種個人生活是空洞的，是被動的，浮淺的，根本將是一不存在。

我今天所講，主要在舉出人是生活在文化大生活中，我們是此文化大生活中一小圈。

諸位當知，今天我講這些話，在我生命中，也並不是突然的。我之所講，或許在我生活中已先蘊蓄了幾天幾月，甚至有蘊蓄在十年、二十年或更久以前。故我今天這短短兩小時的講演，乃與我的長期生命合而為一。故在我生命中，此兩小時講演，也感有意義。我不是隨便找個題目來

應付，也不會講過便休，在我心中便沒有了。我們正各自生活在此文化交流之大激動大趨勢之下，而由其安排著。若依照中國古人說法，此一安排就出於「天」。

孟子說：「莫之為而為者謂之天」，可知我們各人生活，並不單憑我們各人好惡，或說是自由意志而決定。我們又當知，此「莫之為而為者」，亦可有兩種分別。一是醉生夢死，隨波逐流，或說是一種要不得的聽天由命。自認為自己在生活著，而實非自己在生活著。另一種卻是遵道而行，上與天合。要把我們各個人的小生命納入到外面大生命中而與之為一。

孔子說：「五十而知天命」，這一「天命」，是從外面派給我們的。像是沒有人在命令我們，派給我們，然而確有在派給我們命令我們的，那即是「天」。

我們要懂天命，這是中國古人之老講法。換新的話來講，即是人當知其「生活於文化中」。我們現在所講，其內容意義，若已與古人相隔甚遠，但實際還是這一個。生活不能老是一樣，猶如空氣也不能不隨時流通。在生活中要不斷有新觀念，新刺激，新啟發，新覺悟，新變動。在生活心情上要有新創闢，不能只如穿過一件衣服換件新的，只在物質生活上翻新，那是要不得。

如各位若能由此引生出各位生活上一番新的心胸，變更了一番新的情調，那就好。不比喝茶穿衣，只在物質上變換，便無甚大意義可言。當知我們各人的心胸情調，也都由大生命中來。若照此講法，並可知我們各人的生活，也是不能各別分開，不能各別獨立的，在大文化大生命中有其共通面存在。不如喝杯茶，穿件衣，這是物質生活，可以各別分開。真實的生活，並不只限於個人的與物質的。只懂得有個人生活不能算是個人主義，只是把生活內容縮小以個人生活作目標，如人為何進學校，為何就職業，一切的一切，都以個人獲得為目標，而其所欲獲得者，則以物質為條件。那樣的個人目標的物質生活，在人的生活中，只屬於最低一級。

諸位或許說大家都這樣，那是時代潮流，在此時代潮流下大家都這樣，也覺得心安理得，那就大誤而特誤。中國歷史已經有了五千年，人類歷史，從原人時代起，則已有了五十萬年還不止，此是人類共通的生活歷史。我們如何只講現時代，只講個人。只講個人，只講現代，都有不對。但我們也得說：沒有時代，沒有個人，如何有此大生命，這就要轉到我上面所講第一個問題上去，即是「文化由人的生活而開始」。沒有時代，沒有個人，不能有文化。此層且待下面再闡發。

此刻仍再講「人必生活在文化中」這一層。若我們不關心文化，只講生活，此種生活乃是一種無生命、短暫而狹小，而又無意義可言的生活，深一層說，生命與生活不同。天地間一般生物——禽獸動物乃至於草木植物，皆不能說其沒有生命，但其生命意義太淺薄、太微小，只是把生活占了重要地位。貓鼠也講求生活。若我們只講眼前個體自足的生活，只顧今天，不考慮到明天，只顧自己，不考慮到別人，此與禽獸、草木、貓鼠生活何異。此種生活，會合起來，就成一大自然。但人的生活，不盡於自然，而又有文化。文化有傳統，有變動，不能今天這樣，明天也這樣。但也不能今天這樣明天便不這樣。生命中有新生，有舊傳。有共通部分，也有單獨部分。這不單是生活，而在生活中寓有生命，並寓有大生命。人之需要衣、食、住、行、或作或息，與禽獸差不多，那是自然生活，可以個別分開。但人類在自然生活中發展出一個文化大生命，便與自然生活有不同。

人類生活在文化中，與禽獸生活在自然中不同。人既生活於大的文化生命中，則更貴我們自己有自覺，要自己覺得，自己知道，由自己來負起這文化大生命的責任，來做文化生活中之一分子，一單位。我們放開眼界看世界各民族，中國有中國人的生活，西洋有西洋人的生活，其他各民族，各有他們一套。這是在自然生活之不同。我們並不是說人的生活可以不要衣、食、住、行，不要物質條件，與個人生活。文化生活仍在自然生活中。我們只是要在物質、個人、自然生活之上還有一個文化生活。在個人生命之上還有一個集體的大生命。古今中外的大聖賢、大偉人，即如　國父孫中山先生也一樣需要物質條件，與其個人生活，這都與我們一般。但其生活觀念絕不是以個人為目標，以物質為條件。他的生活情調，生活心胸，如他所講三民主義，即從中國文化大生命中來。在他的自然生活的小圈子之外，有個更大的文化生命的大圈子。這一個分辨，恰是中國文化最重視的，也可謂是中國文化的傳統精神，也可謂是中國文化之特質。禽獸生活必賴物質條件，人的生活也要物質條件。禽獸生活是個體各別的，人的生活也一樣是個體各別。但有一點不同，此所不同之點亦可謂是很少的，但我們今天所當特別注重者正是這很少的一點。人之所以為人，基於其在自然中展出了文化。我們不能專以個人目標來論物質條件，也可說這是一種天命，要我們在一共通的大文化中生活。這裡有人禽之辨，義利之弊，也正是中國古人所特別注重的。

我可說今天世界所謂的時代潮流，都不是由中國流出，而是由西方流出。今天的中國文化，不被世界其他人類關心，也不為世界其他人類了解。西方文化力量太大，在各地發生影響。今天的世界潮流中，乃無中國文化。中國文化在今天的世界上無力量，無影響，地位太低，資格太小。如我們今天這個講堂，講桌上可以沒有茶，但不能沒有擴音器。推開來說，如前面所講街道上那店鋪取名「艾森豪」，其他店鋪取外國名稱的著實不少。總之只要來自西方都對，都好。目前我們的一切，正是深受西洋影響。中國人喜歡西洋，崇拜西洋，甚至如一個店鋪也得取西洋名稱。好像是中國的便不值錢，不受人重視。

但今天的西洋人生活在我看來，正走向一條路，就是以個人為目標，而重物質條件的生活，這就是稱為時代潮流的。但我要問，西洋文化從始就只是這樣嗎？倘使直從希臘、羅馬以及中古世紀直到今天，他們的文化就只是這樣，我想也就會沒有了今天的西洋文化。中西文化固有不同，但不能謂西洋文化只是個人目標與物質生活，亦不得謂今天的西方社會，已全是個人目標的物質生活。但亦不得謂今天所謂的時代潮流不是在一方向走。這正是當前時代一大危機，可以造成此下人類之大災禍。我認為今天的西方，實已走上了歧路。他們只在承襲他們祖先遺產而盡其消耗與剝削之能事。他們的祖宗遺產，使他們得有今天的力量與影響，但祖先遺產雖多，不能望其吃用不盡。

今天的西洋人，可說在世界上居於領導的地位。世界其他各地，則並無此豐厚之遺產，而競相慕效西洋，無怪要造成今天世界動盪不安的情勢，使大家感到今天不知明天之苦痛。

諸位可知，美國人在越南戰事上將會怎樣？蘇俄對捷克又將如何？這些不但我們不知道，連他們自己也不知道。他們已盡為個人的、物質的問題所困。現在我們也盡在講求個人物質生活，趨向時代潮流，狂瀾無可抵禦，真是一件值得憂心的事。我們固是在大文化中生活，西方也有他們西方文化的生活，但今天的西洋人，似乎不關切過去，不僅不關心，而且也不了解。只是在科學方面是進步了，其他如文字、哲學、藝術、宗教，乃至政治教育等，一切不如前。今天之美國，除卻物質進步外，恐不能如華盛頓時代、林肯時代之美國。我們不能只拿物質條件來講文化之各方面。科學發明固重要，科學也只是生活中一部分。例如我此桌上之擴音器，其所具價值不能比我講話內容的價值更高了。其所有作用與意義，只要使我講話的聲音大家都聽到。它是一種次要的副作用，主要的正作用則在我之講演。聽的人多少，講的話多少，也都不重要。重要只是講的人與聽的人在心靈上能產生交流。如此想來，可見我們不能太過重視了科學。即論科學在西方，也是他們祖宗的遺產。現在西方人不該專以自傲。而且若使「哲學」、「文學」、「藝術」、「宗教」、「政治」、「教育」，各方面不長進，科學也將不能一枝獨秀。我們不能只看今天，還須看到明天。今天有今天的時代潮流，明天也還有明天的時代潮流。我們不能只承襲祖宗遺產來過消耗生活。我們只認為他們的祖宗遺產了不得，該能統治世界，但直到今天，他們實還是不能統治世界。物質生活、個人目標，雖日見提高，但與世界人類的共同文化大生命無補。我們以前只爭論究應學蘇維埃、抑學美國。若學蘇維埃，這二十年來整個中國大陸的災痛可說已太大了。若學美國，儘講個人目標與物質文明，在我們這裡也是有毛病。其實我們也還是在消耗祖宗遺產，所以還得有今日。

若我們要學西洋文化中之精義。即說科學，西方現代科學也不從個人目標物質追求中產生。但到今天，西方科學亦已大部分被資本主義利用去賺錢，為帝國主義利用作爪牙。我可說，今天世界已碰到了文化的嚴重問題，今天不僅我們中國人要講文化復興，西洋人也應該講他們的文化復興，但是他們有一個錯誤觀念，認為人類不斷在進步，他們有一番驕傲心，看不起他們的前代。其實美國歷任大總統，後來的，都比不上華盛頓與林肯。就各個人講，那見得都進步了。我認為今天世界所急切需要的，還不是新的物質，而是新的人與新的文化。

文化如何產生？現在反過來講第一個問題。「文化要從人的生活而開始」，而人的生活則必然是個人的。由個人生活匯合、交流、達於諧和，而產生文化。再進一步言之，每個文化，則都從其中少數個人開始。例如科學，沒有少數大科學家，科學也就不會產生，不會進步。又如宗教信徒，即如他們教會中之所謂聖人的來作領導。諸位看：究竟是中古世紀耶穌教中的聖人多呢？還是現代的多？馬克斯提倡階級大眾，他的主義雖不高明，究竟也由他個人創始，非由大眾合成。個人的物質生活愈看重，則個人對文化上可能有的貢獻將愈減少。文化要永遠前進，則要不少傑出個人來開創，來領導，不能讓他們都埋沒在物資生活之追求中。要講少數人開創領導文化，在中國此一理想最重視。似乎前代西方也比不上我們。例如希臘、羅馬，早都完了，今天如法國、如英國，也快完了。只有中國傳統文化更側重反對此重視「個人目標」與「物質生活」的兩項時代潮流。所以復興中華文化不僅可以救中國，並亦可以救時代。

最要問題，則在能發展個性。教育便該在發展個性。教育便該在發展個性上立主意，起作用。推廣言之，一個民族也有一個民族之個性。今天如要來創造世界新文化，西方人的心胸首應放大些，要懂得尊重其他民族的文化。不論是中國、印度、以色列人、阿拉伯人，乃至非洲民族，難道他們的文化乃無一處及得到西方嗎？而且文化也不能單憑某一點評論其優劣。文化各有個性，正如個人之各有個性，皆當受尊重。如此匯合、交流，然後始可形成將來世界的新文化。

最近美國人為何熱心研究中國文物？主要是要對付大陸，慢慢地始覺得中國東西也有意思。但要把中國文化和他們文化傳統平等看待，其事尚遠。我們若要自由，就必須看重個性。個性並不是物質的也與生活以個人為目標不同。人類平等，亦應在個性上著眼。個人有個性，民族也有個性。最先應從民族解放開始，使各國文化系統獲得平等重視，始是將來世界之真自由與真平等。

中國文化有其博大深厚之個性存在。今天我們中國人乃不知尊重，一輩青年自謂前進，不知美國的是非利病所在，而一意前往美國。求其底裡，仍為個人目標、物質追求，及仰慕時代潮流之三項觀念在作祟。其後面很少有更高的觀念，更大的心胸，更平正、更開闊的生活情調。當然，留學亦是件好事，但是時代病則應糾正，而加意在發揚各民族各自文化傳統之新的內容、新的體系上。西方有西方的體系，東方也有東方的體系，將來兩邊可以互相配合。我們要放大心胸，才可創造新文化。簡單一句話，先要發展個性，創造新生活。我們要創造生活的觀念，生活的心胸與情調。我們可和西方人在同一桌上喝咖啡，但應有一些雙方不同的情調，這才更有味。我們在此講演場合，也可用西方人發明的電燈、擴音器等，可是我們要有我們要講的話，要有我們的新的生活觀念、新的生活心胸和情調。若在咖啡席上，只有西方情調，在講演會上，只有西方觀念，人人的心胸只是一西方心胸，一切全似了西方，全似了美國，則在世界上乃將沒有了中國人。

今天我們提倡文化復興，並不是要在世界上關著門講中國，等於我不能在中國關著門講我。

美國也不能靠著科學只講美國，蘇俄也不能靠著他們的階級鬥爭只講蘇俄。中國人如何能關著門，違反世界潮流來講中國。提倡復興中國文化，並不要這樣做。我們講「中華文化的特質」，也可說即是中華民族的特質。每個人都有其與眾不同的個性與特質，父母、兄弟各不相同，一個人的真價值正在此。若除掉他的一些個性和特質，便如沒有了他這個人。中國人不講中國文化，中國文化特質就不能存在。我們要全盤西化，但我們究竟是黃面孔，即使少數人到了外國住上一、二十年，想學他們幾千年來積累留下的文化，也未必真就能學到。但自己的卻喪失了。主張全盤西化的，也只在物質生活上著眼。各人便在各人立場向此物質生活方面追求。

諸位不要看輕「文化」二字。而且今天已到了民族解放的時代，同時亦即是文化解放的時代。各民族間之文化，固有其共通面，但亦有其個別面。世界人類文化之前途，決不就是一種清一色的如天下老鴉之一般黑。中國人可講中國的，印度人可講印度的，以色列人，阿拉伯人，非洲民族，都如此。不只是歐洲及美國可講他們自己的一套。將來在一個共同大理想之下會合交流，取精用宏，乃始有世界人類新文化之展出。在今日的時代潮流，乃來追趨個人目標和物質生活，這是一條走不通的死路。我們不該人窮志短，只因一時物質生活不如人，便把自己傳統文化擱在一邊，甚至想連根斬絕，只由每一個人在物質生活來迫向此現代潮流，那真要不得。

我們不要認為有了今天就可代表著明天，更不要認為有了今天便可不必要昨天。我們要新的文化，便舊的都不能要，那麼明天更是新，今天就根本要不得。所謂時代潮流，一衝過去便完了，我們該換個觀念，應放大我們的心胸，提高我們的情調，始有新人生之展望，與新文化之前途。大家應過現代人生活，那是不成問題的。但斷不是要我們只追隨此一時代潮流，專把個人作目標，專在物質條件上謀生活，甚至也不能專認現代科學便可包辦了人類文化。每一個民族，都該回過頭來找尋自己的文化傳統，使每一民族個性都得到自由發展，在每個文化系統下之每個人也如此。難道我們這一代的人，生下來就都該是一科學家嗎？我們不應只說時代潮流，把每人自己的個性完全抹殺。有些父母見兒女看文學書或哲學書，卻擔心說：「將來你如何生活呀！」如見兒女讀科學書，便開心說：「你好好努力，將來還可以出國留洋。」這也是我們的時代潮流。

我們該換一觀念，換一心胸，換一情調，更注意到自己傳統大文化中的大生命。我們也不要認為復興中國文化乃是來與西洋文化做敵對。近代的西洋人，想把西方文化來統治全世界，但他們是錯了。世界還未受他們統治，但他們自己卻已四分五裂。美國也無法對付法國，甚至英國。蘇俄也無法對付南斯拉夫、羅馬尼亞、乃至今天的捷克斯拉夫。諸位只認為那些只是一個政治問題，經濟問題或是外交問題嗎？應知這是一個時代問題，是一個時代中之文化問題。在今天，非洲已獨立了許多國家，亞洲也獨立了許多國家，難道中國在此世界中便會沒有他獨立的地位。所怕是沒有了可以獨立的文化，和可以獨立的個人。在此所謂個人，乃指各個人之天賦個性言，不是指各個人之身體，屬於自然物質方面者而言。我們為何要一意學外國？我們有我們自己的文化與生活，我們每個人都該了解自己、自己文化，並了解自己個性。都該參加進這復興文化的行列，在這行列中，當一小兵也好。

我們當知，我們每一個人的生命，就可以代表著全體的大生命。而增添其意義與價值，主要則在發展個性上，並應在文化大生命中來發展我們各自的個性。

今天所講的主要是講今天的生活是由昨天的文化而來。明天的文化，是從今天的生活而起。「個人目標」，「物質條件」，「時代潮流」這三項，我認為要得而要不得。這也許是我個人意見。我們生在這時代，應順應此時代，生活應有相當的物質條件。生活是個人的，這些都不錯。但不能把這三個範圍儘放大，而應在另一大範圍中來調整這些觀點。在大的文化生命中來調整各人的生活理想，使我們即從各人生活中來生明天的文化。

變與濫

《周易》易字，第一便是變易義。一部《易經》，只講箇變易。故曰：易窮則變，變則通，通則久。《易傳》裡每以事業與變通並言。能變通，此事業始可久。不可久則亦無事業可言。但變非人人能之。《易》之革卦：九五說大人虎變，上六說君子豹變，小人革面。此是說只有極少數大人君子始能變。群眾小人非不想變，但不知變，不能變，則只能革面。革面亦是變，只是變的外皮，並不能在骨子內裡變。大人君子變了，群眾小人亦革面相從，而後其變始定。

民國以來五十六年，真是一大變之局。最顯見者，莫如女性。高髻變而為短髮，纖足變而為天腳，自頂至踵皆變了，但此等，只是革面之變。一個新式女性，並非即是一個新女性。其次是讀書人變得大。科舉變而為學校。民國初年稱為洋學堂，進了洋學堂，最後階段是出洋留學。當時，有人譏之為洋八股，洋翰林。一個新式的智識分子。也並非即是一個新的智識分子。若使今天中國社會的女性，都是新女性，智識分子，都是新的智識分子。那麼今天的中國社會，也早變成一個嶄新的新社會了。然而我們身居此社會中，卻深感其不然。可知變不是一件簡單輕易的事。

冬天如何變成為春天，小孩如何變成為大人，並非在一朝一夕，忽然地變了。乃是朝朝夕夕、夕夕朝朝，默默地、寂寂地在變，忽然一天春天到了，小孩已成大人了。故《易傳》裡又說，化而裁之之謂變。春夏秋冬是一氣之化，生老病死是一生之化，化是在不知不覺而又不止不息中進行。化到某一階段我們纔知是變了。故所重在化，能化始有變。若使冬天冰堅雪厚，忽地一夜變得春來了，滿眼楊柳桃花。氣候變得太劇烈，我們的身心反而會感得受不了。若使一個嬰孩，忽地一夜變成一青年，那則非神即怪，人的教育亦就無法可施。康有為上書前清德宗皇帝，說守舊不可，必當變法，緩變不可，必當速變，小變不可，必當全變。德宗與康有為之變法是失敗了。但民國以來，此必變速變全變之意見卻成一種時代思潮，於是而變出了毛澤東與紅衛兵。

《周易》易字之第二義是不變。事有當變，有不當變，亦有當不變。此非大人君子不能辨。孔子告子路說君子固窮，小人窮斯濫矣。又曰：道之不行，已知之矣。道窮不行而仍須固守不變，此更非大人君子不知不能，小人則窮了急要變。於是變而濫。濫是流濫放濫氾濫之義，如水流離其故槽，四散橫溢，遇低窪處即去，儘自向下流，下流那可居。於是更要變，卻變而益窮。在小人尚自以為求變，而不知其變是濫。一川之水，變而為一條乾涸的廢槽，那些水滴，則就不知去向了。

民國五十六年來之中國社會，則不能使人無變而成濫之感。一般婦女界，不僅剪髮放足進洋學堂，全成了新式女性。她們不甘心留在舊式家庭裡做賢妻良母，那是一種舊人生舊道德，現在是該變了，但前面沒有一條路，不知該如何般變。當然，也有不少女性中的大人君子，她們知變能變。但大多數則只變在外貌上。子女交與學校，家務交與僕傭，出空了身子，邀朋喚友，無日無夜，作為方城竹戰之戲。那亦算是新婦女新家庭了，這不能說不變，只是變而濫。

進了新式的洋學堂而出國留學。當時本說是學成歸來，救國家，救民族，此亦古人所謂通經致用之義。舊學之路既窮，變而求新學。此事不僅不可厚非，而且正是當務之急。但現在漸漸變成學成不歸，不歸也罷，又漸漸地變成歸化為外籍。由中國人變而為外國人。國內人儘喊人才外流，在國外則說中國社會不長進，學成歸來也無用。其間誰是誰非實也難論。要之是變成了新風氣。為父母的，明知放子女出洋，不啻是失了此子女，但不能不放。政府也明知放人才出國，可以失了此人才，但亦不得不放。嚴格言之，此種變亦可說是變而濫了，則前面仍然會是窮，而且益濫會益窮。

不守故道，不走老路，想要換一條新道路，其事若易。但是倡導一新道，創闢一新路，其事則並不易。必有待於大人君子之知變能變者。大人君子之變，則必不是為其身生活私人打算而求變，乃為道而有變。道則人所共由，故待君子豹變而小人亦革面相從，而相與以共成此一變。當前的問題，不在爭該變與不該變，卻須平心認識我們究是變到了那一條道路上去了。纔是！

《易》之革卦之〈象傳〉又說澤中有火革。這一局面很微妙。兌卦澤在上，離卦火在下，而合成為革卦。火在下，火燃則水乾。水在上，水決則火滅。革卦之〈彖辭〉又說，二女同居，其志不相得曰革。據卦象是中少兩女，少女在上，中女在下，此兩女間，意趣情感均不易相得，於是遂成此局面，故須革。近代中國，是一新舊衝突之時代。時代反映到人心，甚至於各個人自己前後相衝突。如前清譚嗣同著《仁學》，主張破壞中國一切舊倫理、舊禮教，謂父子夫婦，亦各以名勢相制。子為天之子，父亦為天之子，父非人所得而襲取。但譚氏到後來協助光緒變法，終以身殉。康有為以必變速變全變之，進告光緒，最後乃勾結張勳謀復辟。此下學人，如王國維之蹈頤和園昆明湖，梁漱溟之以民盟袒共。此一時代前後學人之悲劇，亦即是此一時代大悲劇之縮影。我們則仍在此時代悲劇中，我們需變，主要乃在如何變得此悲劇停止續演。

革之初爻，鞏用黃牛之革。象曰：鞏用黃牛，不可以有為也。這是說當革之初期，最怕是急欲變，急欲有為。黃牛皮堅韌，可以用來約束使物不流散而團結鞏固。不是用來防變，乃是用來防濫。群眾一知前面道路窮了，於是急得爭著變，但又不能真知如何樣變。棄卻舊的，爭向新的，氾濫四出，不可收拾。那時便是正少一條黃牛皮帶子來約束來指導人慢慢地向一條正路上去變。

猶憶十數年前去日本，日人某君長我十歲以上，屢與我談東方文化中日國運等問題，相得甚歡。一夕有宴會，賓客未集，某君拉我坐一角落，與我長談彼邦社會前途可慮。謂重獲自由，人心浮動，而趨嚮未睹，那時距離耶穌誕尚有一月之期。彼告我近來日本社會盛行遞送耶誕賀卡，尤其是學校青少年最喜此風，漸染及於全社會，日本本非一個耶教國家，而此風如此流濫，彼謂只舉此一例可概其餘。彼因告我，意欲效法我們蔣總統昔日所提倡之新生活運動，欲在彼邦結約少數同志聯合發起，彼欲詢我以此一運動之經過及其實際情況，並欲聽我對彼這一番意見之批評。我告彼耶誕新風氣，中日兩邦正如魯衛之為兄弟。正欲繼續長談，而客來漸眾，不能兩人長坐一角落儘談下去。因約另擇一暇時再談，而竟未得此機會，我即匆匆離去。隔了幾年，我又途經日本意欲特訪此老，適彼有西歐遠行，先一日進醫院，作全部身體檢查，另一友人告我，在此兩日內，恐彼不能見客，而出院便須成行，遂只通一電話致候。又越三數年，聞彼已逝世，惟彼之一夕談，則長留我腦際，迄今未忘。最近日本社會變動，較之十數年前初晤某君時，更已大異。我亦不知日本社會之近況。要之某君之意，則正符《周易》革卦初九鞏用黃牛之革之涵義。彼亦非欲禁日本社會之變，乃欲防其變而濫，深識遠慮，良足追念。

我寫此文，又正是耶誕節日快來。我們的耶誕新風氣，應比往日某君所見日本社會的情形更甚了。此種風氣固是變，但亦有些近乎濫。若真能變，則定不會至於濫。濫了，也得有減損。多搓幾場麻雀，總與改革新家庭的理想有損無益。多有幾人留學不返歸化外籍，也總與革新教育的理想有損無益。逐年增加耶誕熱鬧，也總與改革新社會新風氣之理想有損無益。今世果有大人君子，如何來一個虎變豹變叫人革面相從。我們只能馨香禱祝以待。我此文則僅能指出《易經》革卦初九一爻鞏用黃牛之革之涵義，來警戒我們且勿輕於有為，莫以無益損有益。雖是卑之無高論，但我們要好好迎接此一變的大時代之真箇來臨，此卻不失為一番有意義之警戒。否則先是窮而斯濫，久則會成濫而益窮的呀！

下編

中國人之宇宙信仰及其人生修養

中國文化建基於人生修養，而其有關人生修養者，則根源於其對於人類所生存的此一宇宙，以及此宇宙與人生間之關係之一番認識與信仰。

中國人對於宇宙與人生之認識與信仰，既不成為一宗教，亦非全本之科學，更非如西方哲學上之唯心論與唯物論，成為一番純思辨之推理。在中國則只是一套常識，歷古相傳，彼此共認，在枝節上縱非無異同，但大體則終歸一致。我此下所講，將不多引典籍作為一種學術上之討論，而只是簡略地，概括地，作為一箇共通之說明：

中國人看事情，每喜看作一個圓，不喜看成一條線。我們看此宇宙，亦當可分成幾個圈來看，然此亦只是勉強所分，實際則宇宙只是一整體。

首先我們來看此宇宙之最外一圈，也可說是最高一圈，亦可謂此宇宙乃從最外一圈逐漸縮向裡，亦可說此宇宙乃從最高一圈逐漸落向下。中國人稱此一圈為天，在宗教上即說是上帝，在科學上說，則是一大自然。惟在西方，科學與宗教相衝突，如宗教家說上帝創造此世界與人類，此世界則以地球為中心。太陽依此地球而運轉，但經近代科學發現，此宇宙既不以地球為中心，人類則由其他生物進化而來，若照科學家言，則宗教上上帝創世之說，終不免需要有改變。但中國人說天，則同時兼涵有主宰與自然之兩義，亦可如宗教家言，稱此天為上帝，亦可如科學家言，稱此天為自然。因此在中國人觀念中，似乎宗教與科學間，不致發生有衝突。因此，雖經近代科學種種發現，而中國人向來對天之一觀念，則仍可存在，不需大改動。

中國人說天，又可分為兩部分，一部分是可知的，另一部分是不可知的。宋代理學大師朱子說，天即理也，此理是自然中之主宰，此天即理之說雖屬新義，卻可與中國古人說法無大違悖。因理有可知有不可知。主宰此世界此宇宙者莫不有理，而理則必歸於一理。我們雖可知此宇宙間之許多理，但我們若問此世界此宇宙究由何來，此一切理中之最高或最先一理究是如何，此則即在近代科學也難解答。即使再歷數百千年之後，科學日益發明，此一問題將仍難解答。在科學後面，將會永遠有一個不可知。縱使科學無限止的發展，此一不可知仍會跟隨在後。惟我們儘可知得在此一整個天體與整個宇宙之上或裡，必然有一個最高真理在領導，在主宰。西方近代科學家們，曾有一時期，認為只憑人類科學發明，可以徑由人類科學來領導此世界，主宰此宇宙。但此一觀點，終於隨著科學之逐漸進步而漸歸於消散。主宰此宇宙者，還是在此宇宙大自然中有其為人類所不可知之真理之存在。因此在西方，科學宗教儘相衝突，卻依然並存兩行，不能全由科學來代替了宗教。

在中國，此宇宙大自然中一項最高不可知之真理即是天，由天來領導主宰此宇宙大自然，中國人又稱之曰天命。宋儒言天即理，此一理體，宋儒又稱之曰太極。萬物共一理，因說萬物共是一太極，物各有一理，因說物物各是一太極。依照天即理之說亦可謂萬物共一天，而物物又各是有一天。此一太極，因其無體可尋，故又曰無極而太極。似有而實無，似無而實有。故中國人說天，並不說成具體一上帝，而只認天是一最高真理。此一最高真理是上帝或不是上帝，此亦不可知。因此，中國人觀念中之天，實可以彌縫現代宗教與科學兩者間之衝突，而使之和會為一體。

中國人之天，細分可作兩圈，其較高或較外一圈，即指不可知之天而言。又一圈較落實，較縮小者，此指天體天象，如日月星辰，陰陽寒暑，風雨晦明等一切言。天理天命乃是形而上者，天體天象則是形而下者。形上難知，形下易知。在中國則同認為是天。在中國古人或許對形下之天之知識有錯誤，有不盡，但經人類科學知識不斷進步，在此方面知識之缺乏與錯誤可以隨時補充，隨時修正，而無傷於大義。

由此在最高或最外的天之一圈，更落實或更縮小，則為地。地則是屬形而下。中國古人說，氣之輕清者，上而為天，氣之重濁者，下而為地。此一說法，只是說天地雖可有分別，而實同為一體，亦可不分別。故中國人常天地連舉。若就第一圈之天言，則不僅天有不可知，地亦有不可知。若就第二圈之天言，則天地同為可知。可知與不可知，又可合而為一。在世界各大宗教則每言天，不言地，若地則不能與天並列。但在中國人觀念中，常把天地並重合看，在天中即有地，在地上亦有天。此乃中國人之宇宙觀念所以能擺脫宗教束縛，而向下與科學通聲氣之重要關鍵所在。

從高高在上的天地大圈更落實，更縮小，則又有物的一圈。此一圈，又可分別為兩圈，外一圈是無生物，裡一圈是有生物。中國古人常言天地萬物。當然天地亦可是萬物中一物，但中國人觀念，常言認為有了天地，乃有萬物，萬物只在天地之內，而更落實更縮小言之者。而嚴格言之，所謂萬物，其中有些則並不是一物。如言土地，言山河，皆是。因此，中國人又在萬物中分別指出有五行。行是流動義變化義，不是固定而可加以分割者。金、木、水、火、土，是謂五行。此乃指出在萬物中有五種不同方式在流行變化中。一個方式是向內收縮的，這是金。一個方式是向外放散的，這是木。一個向下的，是水。一個向上的，是火。一個是平鋪若無所向的，是土。萬物之一切變動流轉，不外此向內向外向上向下平鋪無所向之五方式，故中國人稱之曰五行。如印度佛教講地水風火四大，此乃就人身中所有分別言。中國人言陰陽五行，主要乃是把氣之陰陽歸入了天地界。而把金木水火土五行歸入在萬物界。在五行中只木是有生物，但中國人觀念，有生無生，雖可分，亦可不嚴格分。而木之列入為五行，主要乃指其在萬物之變動轉化中之占有某一特有形式言。

由於無生物之一圈再轉進再收縮，則當為有生物之一圈。物而寄寓有生命，應該與無生命之物有了絕大相異。但中國人之宇宙觀，固亦看重其分別相異處，同時亦同樣看重其合一會通處。故言天地萬物，乃見萬物仍包涵在天地圈之內而一氣相通。在萬物身上，則各有其天地之一分。又說二氣五行，乃見在萬物之變動轉化中，仍只是陰陽二氣在化。在陰陽中有五行，在五行上亦見有陰陽。生命一圈則仍包涵在天地萬物之大圈之內，雖有分別，而仍相通。

中國人於天地觀念中，重要在觀其化，又進而觀其生，故又曰：天地之大德曰生。在萬物中有生命，也只是天地之一化。而生命本身則即是天地大德之所表見。

由物的一圈轉落到生命的一圈，再由生命的一圈轉落到人的一圈。中國古人說，人為萬物之靈，此語有兩涵義。一說人亦是萬物中一物，第二義則說人有一種靈，或說心靈，或說性靈。但不是說萬物無靈，惟人有靈，實是說萬物各有靈，而人則為萬物中之最靈。此萬物之靈何自來，則來自天地之神靈。而人之靈，則為萬物中最能表達出此種神靈之存在者。天地本質即可謂是一種神或靈，萬物各賦得此神靈之一部分。人則最能表達此神靈，於此更見人即是天，天人合一，即合一在此靈之上，而益見宇宙之所以為神而不可測。

人之靈，最易見處在其心。故人之在宇宙圈內，一面當屬於萬物圈內之生命圈，又一面則在生命圈內自成一心靈圈。人有心，其他生物亦有心，至少在高級動物內，顯見其有心。因此從生命界滲透入心靈界，或說由生命界轉化出心靈界，至少此一轉化，在一些高級動物身上已開始。惟演變到人心最靈，乃始到達其頂點。天地變化，卻不能有更靈於人心之一物之出現。

現在問，在此宇宙間，如何由物的世界中展演出生命，如何又由生命的世界中展演出心靈。近代科學對此問題，也尚未能十分完滿地解答。在西方哲學家中，有主張生命意志說的，謂一切生命皆有其求生保生延生的一番意志。如草木植物由其根柢而萌芽，而枝葉，而花果，由此一生命成長過程中，即看出有一項生命意志之存在。所謂意志，則即可說其是一心。

但此乃哲學家言，科學家不願侵入形而上界，則只認心亦是一自然現象，但有了此一自然即心，卻回頭來變動創造出許多非自然之自然來。如鳥在樹上做窠，原先樹上沒有窠，三天五天後，搭成了一窠，此乃是由生命界來改造了自然界，或說是由心靈界來改造了自然界。自有了為萬物之靈的人之心，而天地自然界乃大大改造，其實已遠非原先之自然。

如我們遨遊山海，縱觀郊原，在我們只說是欣賞自然，實則到處已是人文化成，一切皆是由人類文化來改造過了的自然，已並不如洪荒原始之自然。我們此刻走遍全世界，已很難覓到幾處洪荒原始時代之自然，即未經人類心靈所改造過之自然。今日之所謂自然，大致都經過了人造，亦可說心造，都已顯然接受了人心要求而如此。

如此則在自然世界中，乃又產生了一種別經創造的新世界。如梁上之燕子窠，如簷下之蜘蛛網，莫非由生命界背後一番生活意志來創造。至於有了人世界，那就更是如此。此如一棵樹內生了蛀蟲在蛀這棵樹。天地自然產生生命，生命便如一蛀蟲，回頭來蛀此自然。人類則是天地自然界中一大蛀蟲，於是在如上所謂之天地萬物之外，又平添了更多的人造物。人造物之背後，即見有一顆人的心。人為何要造此物，人又如何能造此物，皆是人心作用。

如一所建築，並非自然自可有此建築，乃是人心憑藉自然，利用自然而始得有此建築。我們只在此一建築上，便可看出人類的許多心智與心欲。而且此一建築，實乃由長時期演變而來。在此建築上，不僅可以看到當時從事此建築者之心，並可看到經年歷歲，越過長時期，古人從事建築之心，亦在此建築上積存表現。此之所謂慘澹之經營，經之營之，煞費心血。經營而達於慘澹之程度，人類在此一建築上所費心血，更是不易細說。

一物如此，物物皆然。但再從另一方面說，生命與心靈之在自然界中，一面固是在建造，另一面卻是在破壞。試想我們完成一人造境界，要破壞幾多自然境界。因此也可說，人類文化日進步，而自然環境日破壞。此乃一事之兩面。但人終是從自然中產出，也仍得在自然中生存，若過分破壞了此自然正如蛀蟲蝕樹，那樹的生命完了，蛀蟲的生命也將失其依附。中國老莊思想，要人歸真守璞，重返自然，而不贊成人類文化之無限向前，這也有他們的看法。

但我們若轉換一看法，人心也自天地自然中來，心與物交，憑我們人心之靈，來改造自然物，以備人生之用，此亦是自然。亦可說是一種天理，亦可說是一種天命，其事皆由天。由人之心靈來改造萬物之背後還是有天地自然在主宰，在領導。近代科學家，因於有了科學發明，而過分自喜自傲，認為人類可以憑藉科學來宰制天地，替代自然，則不免有些處流於過分與偏激。但如中國老莊思想，則過分消極，過分悲觀，亦反而不自然。

上面講的也可說是心靈界中之第一圈，乃屬心與物交之一圈。更進一層，又可劃出心與心交之一圈。上面說過，其他生物亦有心，至於人各有心，則更不煩再說。心不能封閉在內，必然要向外通流。若果封閉在內，不使向外通流，則會失去此心，更不見有心之存在。今專就人言，心與物交必要靠兩隻手，人和其他動物之不同，主要在人有兩隻手，其他動物，有時用四條腿，有時用一張嘴，有時用一條尾巴，至於植物，并此而沒有。人則能站起身來，運用兩手十指，因此人之遇物，心靈運用更為靈活，也可說人之心靈，因其有兩手而始更見為易進步。

至於心與心交，人類主要則在語言。鳥獸只憑叫聲，喜怒哀樂種種內心情感，所能表達有限，而其相互間之感染亦有限。因此，其內心情感極粗略，難進步。智識方面，只憑叫聲，更嫌不夠。如老雞叫小雞喫米，或叫小雞躲避老鷹，只憑一叫不能明白告訴小雞此地有米，或天上鷹來，因此心心相通之可能亦有限，感情智識兩不能進，只得停留在最初階段上。人類則憑有語言而感情日益肫摯，知識日益精明，心與心之交流相通，日益暢遂。

馬克斯只知人類有雙手為其生產工具，因此他只知道心與物交之重要，卻不知心與心交之更重要，於是遂有他的唯物史觀與階級鬥爭論。他只認得人類之能創造出一個物世界，卻不知道人類之更能創造出一個心世界。只知有有關人生的物世界之存在，卻不知更有有關人生的心世界之存在。我上面說，人生修養，必根源於其對此宇宙之認識，馬克斯以唯物與鬥爭為人生修養之終極目標，正是一最好例證。

一草木植物之生長，固然有賴於其內在之一分生命力，但亦需外在之土壤水分陽光等種種條件相配合。心亦有其生長，亦可謂心亦有其生命，心生命乃是物生命以外之另一種生命。其最先來源亦不得不謂其本於天。心生命之生長亦賴外在條件之配合，人類之有手與口，乃是人類心生命生長之主要的外在條件。如言建築，由穴居巢處直到今天之摩天大廈，一般說來，此是一種物質變動，此乃人類所創造的一種新的物質世界。就實言之，此亦是一種心的生長。人類的心生命，乃寄存於外面之物質世界而獲得其生命之進展者。均在此宇宙界，凡屬人類所創造之新的物質世界中，則莫不有人類心的生命之存在。

人類自有語言，繼之而有文字，於是心與心之相通，乃急速進展。在此宇宙中，既由心與物交而創造了一個新的物世界。又因心與心交而創造了一個新的心世界。此一心世界，乃不僅是寄附於各自身體內之每一人之心，而變成為超越於身體外的心與心相通之心。此心可稱之為大心，乃是人類自有文化以後所發展而成之新心。今所謂人心者，應指此心言。至於寄附在各自身體內之心，則僅可稱之為禽獸心或生物心。亦可說生物心禽獸心乃是先天自然的，而此共通之廣大心，乃人類之文化心，則是後天生長的。此一個心世界，亦可稱之為精神界。我們不可說此宇宙則只是物質的，更無精神存在。而此一精神界，則還是從宇宙自然界之一切物質中展演而來。故此人類文化大心，我們亦可說此乃心與天交心通於天之心。惟此由人類所創造出的精神界，即心世界，實則依然仍在宇宙自然界，物質界中，相互融為一體，而不能跳出此自然宇宙，而獨立存在。至於如上面所說，在此整個宇宙之最高最外一圈所謂不可知之天，既中國人既不認其是一物，亦不認其是一心，而只認是一理。只因此理無可說，故謂此理不可知。

今再綜述上說，我們人類所生存之此一宇宙，乃是外圍一大圈，亦可稱此宇宙圈為天地圈。在此圈內，包有一小圈，是為萬物圈，萬物圈內又有一小圈，為生命圈。生命圈內又有一小圈為心靈圈，心靈圈內更有一小圈則為人心圈。此一人心圈應屬最小而有莫大妙用，可以各自的己心通他心，又可以心通物，以心通天。此一小圈可以回歸到最高最外一大圈而同其廣大，同其精微，同其神妙。故人類文化之終極理想，中國古人則稱之曰天人合一。亦可說為是人類文化與自然之合一。

亦可換一說法，由天地圈降而為萬物圈，又降而為生命圈，再降而為心圈。所謂降，是落實義，亦是遞次演變義。愈落實，愈演變，即能逐步翻身，轉向上去，愈接近原始自然中之神通內蘊。所以中國古人說先天而天不違，後天而奉天時，萬物皆是後天而奉天者。至於心靈階段乃能到達了先天而天不為之階段，到那時人類生命所存在之世界實已無異於天堂。中國人則稱之曰大同或太平。此乃人類文化之大理想所寄，大功能所在。那時的人生不僅要道德，不僅要科學，不僅要藝術，還要三位一體。人類文化憑於此道德科學藝術之三位一體而不斷前進，而還歸自然，而上合於天。

在中國古人小說中，有一寓言故事。一道士擔一竹籠，籠中兩鵝恰恰地放得正好。嗣又放進兩鵝還是正好。於是連續放進，一百鵝，兩百鵝仍然正好。籠不加大，鵝不加擠，儘放還是依然。此籠正如人心，可以無限充實。如去圖書館看書，窮年累月，博極萬卷，他人心裡的儘量裝入己心，還是儘寬舒。即為科學研尋，上窮碧落，下徹黃泉，天地之高厚，萬物之浩博，可以在一心中裝進。恰如那道士之竹籠般。而且上下古今，億萬人心裡所有，可以全裝進己心。己心所有，也可轉裝進別人心裡。而且隨時裝進，可引起整個心之隨時變動。恰如一小石投落池塘，池塘中水，激漾成圈，圈子愈擴愈大，全池塘水滴地位一一無不變動，而還是那一池塘之水在那裡，這又遠非那道士竹籠寓言，可相比擬。

再說心交物，可以把心裝進到物內。如人唱戲，把來錄音，灌成唱片，再放如同再唱。把我心寫進文字，思想也好，情感也好，別人讀此文字，正如我心復活。一走進圖書館，古今中外，億兆心態，全部收藏在內，由人閱覽欣賞。正如千萬個廣播電視機放出無限聲音色相，蕩漾太空中，只要有一架機器收接，長波短波隨意收看收聽。則在此宇宙之內，別有一個心世界之存在，夫復何疑。

即如我在此講演，講演完畢，大家散了，人各一方。但講演內容或可在各人心裡掀起微波，不僅三天五天，甚可至三年五年，乃至數十年，在某幾個人心上保留變化，此絕非不可有之事。再把我此番講演，錄為文字，此項文字，保存愈久，讀的人比聽的多，影響會愈廣大，愈精微，抑且愈新鮮愈活潑，此亦事所可有。

上面又說過，宇宙自然界，應有一主宰。此項主宰，從各別處到會通處，從廣大處到精微處，由萬到一，最後則應有一最高主宰，亦即是一最高真理。無此一項最高真理，宇宙何由成立，何由存在，何由變化。若使儘此般日新月異變動不居，而無一最高真理在背後作主，那將是一件不可想像之事。心世界由大宇宙展演而來，心世界亦該有一真理主宰。中國人稱之曰性。中國人極重此性字，認為不僅生物有性，無生物亦有性。如火之必炎上，水之必潤下，附子必熱，大黃必瀉，此乃物性，萬物原於天地，萬物之間有一大共通，因此物性亦有一大共通。此一大共通即是天，故曰天命之謂性。進而至於有生物，好生求生，此乃生命界共同之性。此如上述西方哲學家之所謂生命意志，而又微有不同。因有性而展演出心。生命是一大共通，生命界之心與性，亦有一大共通。人類生命又是此生命大共通圈中一小共通。人性乃由天賦，故曰天性。人心最靈最能表現出此性，即是最能表現出此天。故曰人性善，因整個宇宙只是一善。天有好生之德，此即宇宙之善之表現。人性之善，則即是此宇宙之善之一表現，如此則由性展演而來之心亦必是一善，人心之善，中國人稱之曰仁。故朱子說仁者心之德愛之理，理學家又說，仁者能以天地萬物為一體，故能對天地間萬物一視而同仁，天地之於萬物則亦一視同仁者。

老莊持相反觀點，老子曰：天地不仁，以萬物為芻狗。莊子說：惟蟲能蟲，惟蟲能天。只有一條蟲，此乃有生命中之最微小，最低級者，蟲之心功能不能彰著，故能保留著天之所賦與而從蟲身上顯示出天。人類則有文化展演，講仁義，講禮樂，講道德，講修養，離天日遠。惟上古文化之展演尚淺，故能較接近於自然，較不違背宇宙之大真理。

儒家則謂人類文化雖似違離自然而展出，但實質上則是由人逆轉而還歸於天，人類文化始是自然展出之最高點，而使文化與自然合一，人道與天道合一。此則須賴有人之修養。故孟子曰：盡心可以知性，盡性可以知天。《中庸》又曰：盡己之性可以盡人之性，盡人之性可以盡物之性，而後可以參天地，贊天地之化育。天地化育，此乃自然大德，人則可以由心逆轉而直上達天德。故中國古人又以天地人為三才。此才字即指能創造世界，完成宇宙之才。天地在那裡不斷工作，不斷化育，而人亦能之。上述人類以心交物而創造出物世界，人類以心交心而創造出心世界。此人類所創造之物世界心世界，則與天地自然同一存在，相互融通。此乃是人法天而有之工作，故曰天行健，君子以自強不息，那裡如莊子所說惟蟲能蟲，惟蟲能天呀！

現在再綜述上面分析，宇宙間最高最外一圈是天，天是一主宰，是一個不可知之真理，乃屬形而上。第二圈是天文學上所研究之天，日月星辰，春夏秋冬，此是一個可知之天，已屬形而下。更下一圈是地上萬物，從第二圈起，亦可合說天地萬物，皆屬形而下。萬物之內一小圈是生命，生命之內又一小圈是心。其中有一個直貫諸圈融通一切的則是性。宋儒說性即理，又說天即理。直從最高第一圈之天，降落到物與人之圈內者主要便是此性，此性皆從第一圈之天來，故天即在萬物中，而萬物身上亦皆各有天。但其最後最內一圈之心，其最成熟而最富代表性者是人心。人心卻可彌綸宇宙，融徹萬物，以最精微者上通最廣大，以最具體者上通最抽象，以最後最內一圈而上通最先最外一圈。換言之，心之一圈已形成為精神界，而形成了此宇宙全體之另一面。此已是一現實，而同時又是一種理想，要待人心之繼續向此方面而展演。

此一展演，卻寓有人生最高無窮妙義。西方古代希臘人把此宇宙分成真善美三面，此下分展出科學、宗教、藝術三條大路。中國老莊道家最重視真，但他們只發展了一套自然哲學，並不能發展成一套自然科學。孔孟儒家最重視善，從善字上發展出中國傳統文化中最具重要性之道德精神。而藝術一項，則儒道兩家皆有發展，皆有成績。凡屬中國藝術，皆同時具有自然性與道德性，再不能分別為儒道兩家作觀察。

中國儒家思想更要是真善美三者之融凝合一，凡屬善，則同時必兼真且美。《三字經》上說，人之初性本善，單標一善字來說性，此是中國文化最要精義所在。但性與心之間，尚有一項微妙分辨，應在此處作一交代。心固由性展演而來，但性只屬天，而心則屬於人。由性展演，乃是自然天道。由心展演，乃有文化人道。即論科學藝術亦如此。單由自然展演不出飛機與太空船，必待人類以心交物乃有飛機太空船之出現。藝術與科學同是模倣自然，因依自然。但必由人類之以心交物，乃始有藝術出現。自有藝術，而天地自然始增添了新節奏，開出了新生面，天地自然乃有一種新風格與新境界。至於人類之以心交心，創出一套真善美合一調整之理想人類文化，而天地變色，宇宙翻新，其事更值重視。

《中庸》上說，天命之謂性，此是天地圈內事，又說率性之謂道，此當屬萬物圈內事。不論有生無生，萬物應無不能率性。《中庸》說鳶飛魚躍，莊子說惟蟲能天，此皆是率性，皆是道。但此只是自然天道，至於人心功能，主要在其能修道而立教。試問若非人心功能，又何來有修道之謂教一句。故惟此句，乃始落入了心靈圈，而心靈圈之只在天地萬物圈，其義亦可見。

天地自然之道，必表現在萬物上。而人類心靈之大功能，則必表現在每一人之個別心上。

說到這裡，又有一絕大問題待解答。即是人類中一個小我個別之心，何以能表現出宇宙大整體之真善美來，而又能表現在真善美為渾然之一體，此層還待繼加闡發。

主要則在根據上述信念，宇宙生機，天地大德，永永無極之化育工作，其最後果實則為人，其最後核仁則為人之心。故惟人心乃可以反映天心，而且承續天心，以開創新生機，展出新宇宙。今試舉一例為說。老子曰：我有三寶曰慈、曰儉、曰不敢為天下先，此乃老子就其尊重於自然立場者而言。天賦與萬物以性，其有生命中之較高級者則又莫不賦之以一種自然之慈。不僅如詩人之詠慈烏，即虎豹豺狼亦莫不有慈。苟非有慈，則幼何以育。但天道任於自然，一往向前，此乃一種順行之勢。惟有生在先者慈其後，生者亦依樣慈其後，如是以生生而不絕。但此仍只是自然天道。中國古聖人始來提倡孝道，感恩報德，回過頭來，逆其勢而行使後生者來孝其先。莊子說至仁不及孝，天地之生生化育，固是一種大仁大德，但何嘗要萬物之受化育者回頭來孝天地，天地則只務化育而止，亦無所用心於其間。故老子稱之曰不仁，而莊子則稱之曰至仁，其實皆指天地之無心。但儒家始建立起人道，與天道相往復。天道慈而人道孝。此一倒轉，相反相成。故天地之仁則轉成為偏面的，而人道之仁則始是全面的。其主要關鍵在人道中有孝。然若非有天地之仁，則人道之孝，又何由興起。故人道必然本原於天，而又回歸於天，而又在天地自然中，創造出一番新花樣，此所謂贊天地之化育者則莫妙於人類有孝之一端。中國《孝經》一書，把孝父母推廣到孝其國家民族，孝人群又進孝天地。旋乾轉坤，其關捩，其樞機，則在每一人之心上建立。後來張橫渠《西銘》，始是暢申此義，而較之《孝經》，則更為超越而精湛。

天道不言孝，人道始言孝，此始是先天而天勿違，至於慈則只是後天而奉天時。故孝實是敢為天下先。人道中自有孝乃始與天地並立成三，此則又非老子之所謂儉。儉只約己自守，奉行天道而止孝則始自立人道，參天地而極廣大。所以荀子要批評老莊，說老子知有後而不知有先，莊子則知有天而不知人。

但我們試反心自問，孝心是否違了天道，逆了人心，此又不然。孝也還是人性所有，此只是盡心後始知性。此等皆是中國儒家立義湛深處。必從此等處悟入，乃始了解得宇宙，把握得修養之要道。故張橫渠又說為天地立心，為生民立命，為往聖繼絕學，為後世開太平。此乃儒家傳統抱負，亦是儒家所講人生修養之最高理想終極所在。

陸象山亦說：人同此心，心同此理。此心此理萬世一揆。又說：宇宙內事乃己分內事，己分內事乃宇宙內事。如是則只要心把握得理，一人之心即人人之共通心，人人之共通心，一面是由宇宙生機，天地大德，一面是由人生文化，兩者間合一演化而來。而每一人之個別心，則位於其交點，而成為其樞紐。中國古代聖賢：孔孟先訓，下至宋明理學家言，有關人生修養心性道德方面的問題，驟然看來似乎是千頭萬緒，人各一說，但提綱挈領，其最高宗極，則在上通天德，其最要方法，則在反求己心。本此兩端，而求到達真能融和合一之境，則大宗綱所在，各家所說匯歸互通，理無二致。

故專言修養工夫實則不在天而在人，不在性而在心。天與性上無可用工夫，工夫只能在心上用。在人類共通心上亦無可用工夫，主要則需先在己心上用。人能以心交物，而有科學與藝術。人能以心交心，而有道德與文化。一理想之宇宙，必包括此真善美三項。一理想之人生，亦必包括此真善美三項。而此三項則又必於善之一項為綜匯。無論科學真理與藝術美感，必歸宿到善字上，而後始有其意義與價值，而後始可有永久之存在與無窮之發展。否則真者終於是不真，美者終於是不美，只要脫離了一善字則終非可大而可久。而且只有善之一字，每一人之個別心可以反求即得。我們縱自謙退，說不敢希聖希賢，但終不能謙退到說我自己不夠條件做一個善人。科學家與藝術家則皆非可期望之於人人，勢不能使人人都成為一科學家與一藝術家，因此，此兩者也不能懸以為盡人所當嚮往之共通大目標，而其在人生文化中之意義與價值上，亦終於成次一級而非最高級之目標，所能為人人之必可到達者。所以《大學》上說，止於至善。無論宇宙與人生，皆必以至善為止境。在至善之內，儘可包括至真至美，而真與美之分途發展，有時則會背離了善，而其自身亦將失其存在而消失。

再言世界各大宗教，自今視之，似是疆界各別，壁壘森嚴，難於協調。但從各宗教之教義言，則任何一宗教亦無不勸人為善，無不當奉止至善為其最大之綱領。近代人或有的要想把科學來征服自然，或有的要想把藝術來代替宗教，此等皆屬不可能之事。違逆了天亦將不能有人。只有中國古人提出止至善一語，實可奉為世界人類之一項共同教義，世界現有各大宗教，於此都難自外。故惟有奉此止至善三字為人類最高標的，現有各宗教庶可得其會通，而不相衝突。但在中國傳統文化中卻自己不產生宗教，此因中國人之宇宙信仰已落實到認人心為宇宙之核心，認己心為人類大共心之起點，只此心一念之善，便可感天地而動鬼神，其著力處在己不在外，此一層便與人類現有各宗教之必倚仗外力蔑視小我者不同。因此只有中國人能把人類自己之道德心性修養來代替了宗教，直從己心可以上通天德、與宇宙為一體，故在中國文化中宜可不必再有像其他宗教之產生。

以上所說，是會通著古代聖賢孔孟先訓，下及宋明理學家言，並旁及百家群籍，擷其精華，取歸簡要，並用現代知識，現代語言加以述說，而亦不免有些處加進了我個人之自己意見在內。

在我自信，中國人之宇宙信仰，大體是如此，而中國人之人文道德修養，則必根據此項宇宙信仰，而後始可窺見其根源之所在，旨趣之所極。至於進一層來詳細探討涉及人生修養方法上之種種具體問題，則非此文所欲及。只要我們能先立志向，務使自己確然成為一善人，此一事則只在反求己心，無待他求。縱使一字不識，反己求之，亦有餘師，更不煩定要從博雜深奧處來立論求證。我們只要使自己能各自先成一善人，循至於善人道長，惡人道消，社會自可成為一善的社會，世界亦可成為一善的世界，宇宙亦將自見其為一善的宇宙。道在邇不必求之遠，千里之行起於腳下。真是人人易知，人人能行。若捨此一步，則將永無前程可言。中國傳統文化之偉大，及其主要精義所在，亦當從此一端去認取。讀者幸勿認我此之所言乃一種陳腐之說，而忽之，則中國文化復興，與世界人道光昌，端可由此發腳也。

中國傳統文化與宗教信仰

去年十二月四日，基督教中國宗教研究社賈保羅博士介紹丹麥作家羅時甫先生來新亞，當日所談問題，以中國文化與基督教為主要點。同來者尚有石施仁牧師，及新亞同學石治平君，會談幾及兩小時。羅時甫先生以極誠摰之態度提出問題，事後並由石治平君摘要記錄。頃賈保羅博士創編《景風》，特來徵稿，爰本當時石君治平之記錄，撮述大旨以應。

中國傳統文化中雖無自己特創的一種宗教，但不能說中國人沒有他們所特有的一種信仰。中國人相信在宇宙一切萬物及人類之外，別有一個最高存在，即天。此一最高存在之天，乃為宇宙一切萬物及人類之最後主宰。

但若求中國人對此一最高存在之天，作一具體而肯定之特殊描述，則中國人必以「不知」二字答之。蓋中國人認為此一最高存在之天，乃超越於人類知識範圍之外，並應歸屬於人類所不可知之部分者。

惟中國人又認為宇宙一切萬物乃及人類，皆由於此最高存在之天而有，因此，宇宙一切萬物及人類，其相互間，應有一原始和諧乃及終極和諧之一境界。至於過去，現在，及將來，宇宙一切萬物及人類相互間，種種紛亂和衝突，此等現象，只該從一切萬物及人類本身求解答，決不能謂出於天心和天意。

若求解消此宇宙間一切萬物及人類相互間之種種紛亂和衝突，就人類自身立場言，應從人類之自求和諧開始，乃能企及於一切萬物之終極和諧。

同樣道理，就人類中各個人之立場言，欲求人類和諧，應從人類中各個人之自求和諧始。人類中各個人之自求和諧，應該從各個人之自求其內心和諧始。

中國人認為人類之各自有其心靈，亦由於此最高存在之天而來。因此個人之內心，乃及於全人類之心與心之間，亦必有其原始和諧乃及終極和諧之一境。中國人認為，必由各個人先求內心和諧，然後乃可企及於人類相互間之和諧。必由人類自身和諧，乃可企及於宇宙一切萬物之大和諧。

此在中國人理想中，謂之「天人合一」。

天為人所不可知，而各人之內心，則各人可以自知。若自心和諧，則覺安。若自心不和諧，則覺不安。因此，中國人認為，只要我心安，便是有合於天了，此之謂「心安理合」。

中國人認為，一切理，也是出於此最高存在之天，而作為宇宙間一切萬物與人類之最後主宰者。因此，不合理便不能安。心安了，便知理得了。

因此中國人認為天與理一，而欲求知天，則不是純粹信仰的問題。欲求知理，亦非純粹理智與思辨的問題。欲求知天與知理，重要乃是人的修行問題。重要須從各自內心之和與安處求，重要須從人與人相交之和與安處求。

求得各自內心之和與安，求得人與人相處之和與安，進而企及於人與物相處之和與安，乃始當於理而合於天。

這是一個心性修養的問題，這是一個道德行為的問題。因此中國人極看重道德行為。道德的主要標準，仍在各自內心之和與安。各自內心之和與安與否，即為是否合於道德的一種最親切而最簡易的考驗。

中國人認為世界各民族各派宗教，只要在期求各自內心之獲得和與安，期求人與人相處之獲得和與安之上有貢獻，則正不妨可以並存。因此，中國人也有信佛教的，也有信回教的，也有信耶穌教的，甚至也有信儒釋道三教同源的。因此，只有在中國，世界各派宗教，可以和安相處，可以融凝合一。

但在中國文化傳統之基本信仰上講，中國人是信仰性善的。惟其宇宙一切萬物乃及人類，全從此最高存在之天而來，既然宇宙是一個原始諧和，而又必是終極諧和的，因此宇宙整體便是一個善。

善是原始的，惡是後起的。善是終極的，惡是暫發的。

善惡之辨，主要在人心上。各人的心，自知有不和與不安，又自知從不和中求和，不安中求安，那即是善端發露。人心永遠如此，永遠向和與安而前進，因此說人性善。

人心此項永遠向和與向安之性之善，亦自此最高存在之天而來，故中國人信仰，認為善源於天。至於種種不和與不安之起始，只是起始於宇宙萬物乃至人類相互間事象之變動與關係之複雜，這正賴人類理智為之作種種之安排與調和。

若此種安排與調和失其所，遂使人心感到不和與不安，而於是有所謂惡。即如人之求食，根本並非惡，但因求食而起之種種不當的安排而始引生了所謂惡。人之求偶，根本亦非惡，但因求偶而起之種種不當的安排而始引生了所謂惡。因此說：善是原始的，惡是後起的。善是終極的，惡是暫發的。

從中國傳統文化的立場來說，也可說善是天道，惡是人事。但只可說人事中引生有惡，卻不該說人性本是惡。人性由天道中來，因此說人性善。

若說人性本是惡，則必毀滅了人性來回復到天道，那與中國人信仰的天人原始合一，終極合一之理想不相容。

天人原始合一，這是一信仰，天人終極合一，這又是一信仰。這兩個信仰，遠在宇宙原始與宇宙終極之兩極端。至於在人類的智識範圍以內，則只見有人，不見有天。無論過去、現在、與將來，好像永遠有善惡衝突，永遠有不和不安，這是盡人可知的。但人又是永遠在不和不安中求和求安的，這便是永遠在背惡向善的，這又是盡人可能的。中國人的傳統文化，則是永遠把握著此兩極端，而只在其中間階段，就其盡人可知可能處，來教導人為善去惡，這即是中國人所謂的「中庸之道」。

因此，如近代西方科學上種種智識之新發現，只要其對於人類安排萬物，使之向和與安而前進之這一期求上有貢獻，中國人意見，認為科學與宗教，科學與道德，正好相得益彰，根本上不應有內在之衝突存在的。

以上所說，只說中國傳統文化之內涵意義有如此，至於目前的中國種種現實情況，並不能十足代表中國傳統文化之內涵意義，這正如世界上一切人事不能十足代表天道一般，那是不足為奇的。

最後說到共產主義，共產主義是主張唯物的，他們不信於宇宙一切物之外，尚有一最高存在之天。他們是主張經濟決定一切的，但人類社會之一切經濟現象，則根本常在變動中，我們不能把人類歷史無窮向前之一項最後主宰，安放在變動不居的經濟現象的浮面上。而且人心是永遠向和與安而前進的。我們不能說，人類永遠喜歡分著階級鬥爭。

我們站在中國文化傳統的觀點上來批評共產主義，只須說共產主義之推行，使人心不和，使人心不安，因此，它背逆了人性，因此，它是不道德的。

中國傳統文化是否可以接受基督教，中國傳統文化是否可以接受共產主義，這些問題，首先該說明中國傳統文化之內在涵義，而始可求解答。因此，我此篇之追記，則僅注重在闡發中國傳統文化之內在涵義之一點上。至於當時和羅時甫先生討論過程中所牽連到的其他談話，則暫此從略了。

孔孟學說蠡測

竊謂孔孟學說，為人人所易知易曉，亦為人人所易學易行，同時亦是人人所應知應行者。何以故，因孔孟學說乃根據實際人生中人人之本所知本所行者，而指點出一套人生大道來。人生本在此大道中，一經指點，自感親切，斷無易知不能行之理。

人類處在此宇宙大自然之內，與萬物並存。孔孟所指點出的人生大道，從這一端講，乃是人人之所易知易行，從那一端講，則此人生大道，可以通乎地，宜於萬物，使人類文化得與天地大自然融凝合一。

因此，孔孟學說，乃無時間空間之限制。在此世界人類大群中，不僅是無種族別，無國家別，無時代別，無環境別，孔孟學說乃是人人都該知，人人都該行，而在實際上，則早已有所知有所行，只是其比數有多少，分量有輕重。在此世界上，乃覓不到一個完全違背孔孟學說之社會。換言之，乃是不能有一個完全違背孔孟學說之人生。

遠在原始人類洞居生活時代，那時人類已有了三年的嬰孩期。在此期中，若使父母不能養育此嬰孩，嬰孩不能親依其父母，則人生將由此而絕，無可繼續。

此三年之嬰孩期，乃天地生人所以異於其他禽獸之處。故父母之慈，子女之孝，實乃一切人道之基本。人類不僅早有此行為，並亦早具此心情，根於心而見之事，因此心乃由天賦，為人人所同有，故又謂之性。

一切人生大道皆由此一基本事實上推演發展。凡孔孟學說中所講人類之心性道德，為一切人生大道建基立本，亦皆由此基本事實上來闡發引伸。

人類之生原於天，世界人類亦無不知尊天，由此而展演出種種不同之宗教。孔孟學說中之尊天精神，亦與世界各大宗教並無二致。惟孔孟學說就人事論人事，認為人道即由天道來，盡人道即可以上通於天道，而孔孟學說則並非一宗教。

人類在天地間，既與萬物並存，欲求人生進步，必求處理萬物得其宜，世界人類亦無不知重物，由此遂有種種科學發明。孔孟學說則只把握了人生大道為無窮盡之科學發明作一大張本。故曰正德利用厚生，凡一切利用厚生之事，必以正德為前提。只求不失德，不逆天，則一切無窮盡之科學發明，皆將受孔孟學說之重視，皆可為孔孟學說所包涵，而孔孟學說則並非一科學。

世界人類文化，惟宗教與科學，為能普遍流進社會之各方面、各階層，而有其永久之存在。孔孟學說，非宗教、非科學，而堪與宗教科學鼎足而三。孔孟學說乃為介於宗教與科學間之一中道。發揮孔孟學說，可以會通宗教科學，而使人道益臻於光昌。上所謂孔孟學說可以通天地而宜萬物者，其意義即在此。

世界愈展演，人類愈複雜，於是在宗教與科學之內及其外，乃有種種專門技能，專門知識，因時因地因事因人而各別興起，但門類日細，則紛歧日增，在其相互間，可以各不相關，乃至互有牴觸。孔孟學說則並非一專門學說可比，孔孟學說乃求會眾異而達一同，把握住人道之中心基點，而又為人人所易知易行者。若使孔孟學說，能發揮光大，得成為世界人類文化之共同中心，得成為世界人類社會之共同基礎，則凡隨時興起之各項專門知識與技能亦將能會歸一極，相得益彰，其貢獻於人類大群者將益大，而其相互間種種不必要之衝突與阻礙，皆可避免。

孔孟學說，備載於《論語》、《孟子》兩書，人人可以就其各一章各一句而分別有所得。如人飲水，隨所汲取，各自滿腹。隨後有《大學》、《中庸》，《大學》專論人事，有三綱領八條目，自格物致知誠意正心修身而至於齊家治國平天下，本末精粗，包羅具備。《中庸》則從人事而涉及宇宙萬物之大真理大運行，自夫婦之愚不肖之可以與知能行者，直至於雖聖人之亦有所不知不能者，皆求有以會通合一。後代儒家選此兩篇與論孟並尊為四書，自宋代以下，歷七八百年，四書成為中國社會人人所必讀。

後代儒家對孔孟學說有種種闡述發揮，亦多奉此四書為出發點。

中國文化，本以孔孟學說為中心，中國社會本以孔孟學說為基礎。近百年來，因於世界潮流之激盪，此一中心漸見淡漠，此一基礎，漸見動搖。惟我總統，對此四書，歷久以來，不斷研尋，迭有著述，最近鑒於大陸共匪文化大革命之狂妄叫囂，乃始特以復興文化正式號召我國人。欲求復興文化，則復興孔孟學說自為其主要首務，可無疑義。

竊謂復興孔孟學說，不僅所以復興中國文化，實亦所以順應世界潮流，古今中外，可以會歸合一。復興中國文化不僅為我國家民族振衰救弊，實亦可為世界人類文化開其新生。

此一事，惟盼我國人上下善體總統此一號召之深心，各發大信念，各備大勇氣，各就自己的位分，即從夫婦之愚不肖之所能知能行者起腳，黽勉以赴，各自在格物致知誠意正心上，切實下踐履工夫，以達於身修家齊國治而天下平之大目標，則雖聖人亦有所不知不能之高遠境界，亦將逐一昭顯在目前。

孔子曰：仁遠乎哉，我欲仁，斯仁至矣。此仁字正是孔孟學說所講人生大道之主要中心所在，此一中心，近在人身，並有其深厚的種子在人心裡萌芽。雖曰茲事體大，只要立下志向，有信念，有勇氣，自能當下即是，無遠弗屆。

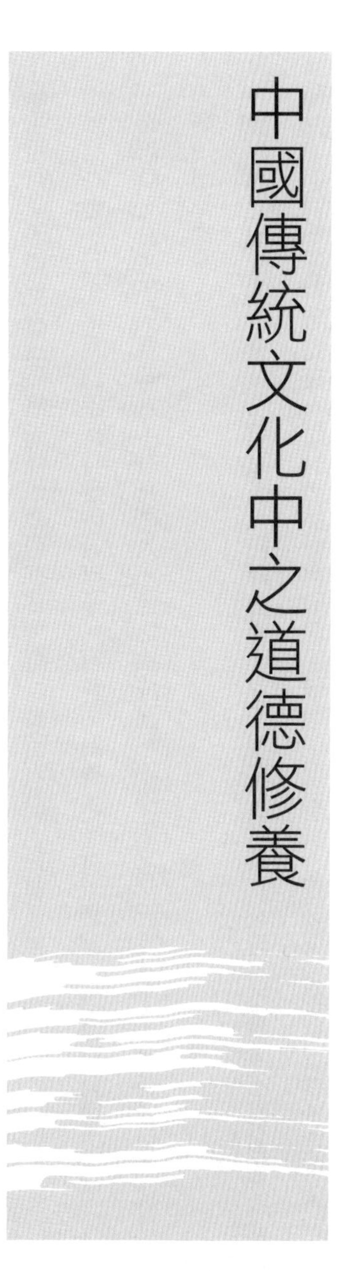

中國傳統文化中之道德修養

中國文化可一言蔽之，乃是一種最重視道德精神之文化。

道本指行由之路言。韓愈說：由是而之焉之謂道。如我們此室，出入必由戶。此即是道。跳窗爬牆皆非道。一切事，皆猶如出入此門般皆有道。故孔子說：誰能出不由戶，何莫由斯道也。人無道，則自會無出路。

德字猶如得字。一是賦於天而得於己，一是由己行之而得於己。韓愈說：足乎己，無待於外之謂德。人生一切道皆由人之德性中自發，不待外求，故曰足乎己，無待於外。人之德行，對他人，固可使之各有得。但在自己同時亦有得。如己行孝，在父母固有得，在自己亦有得。所得緊何即使自己成為一孝子。此之謂品德。人有了一種好品德，自會感到內心一切滿足，無求於外。

所以韓愈那句話，應該從人己內外雙方去解釋。

故中國人之道德二字，應作如下之說明：

一、人性賦於天，由此而行之謂道。故人道亦即是天道。若違逆於人性，則決然不是道。

二、人之行為，應本於己之內心以為最直接之出發點，亦應歸宿到己之內心而有其最直接之收穫。若不由己出發，又於己無得者，皆非德。

人類之生，本是赤裸裸地一絲不掛，除卻一身體外，沒有帶什麼到此世來。人類之死，除卻那一身體外，一切身外之物，也全都帶不走。而此身體，又必腐壞，不能保留。然則從整個人生言，豈不是到頭一場空。抑且不僅無所得，反而有所失。試問人生意義何在，價值又何在。

但照中國人說法，則實不如此。人之生，除卻此身體外，還帶有他自己一個天性。人之死，什麼也沒有了，但他自己那個天性，卻還存在，可以長留人世，長留天地間。

人之在世，行忠則為忠臣，行孝則為孝子，行善則為善人。行一切德，則為一有德之人。為忠臣，為孝子，為善人，為有德人，此之謂成己。不僅他之一己完成了，同時亦可完成他人，與一切外物。

自有人生，直到今天，一切完成，皆則由諸忠孝善德來。若其人不忠、不孝、不善無德，此人在世，絕對不能有所完成，而且必然會有破壞。破壞了他自己，也破壞了他自己以外之別人。

若使人類全都是不忠不孝不善無德，則不會有今天的人類。而且天壤間，亦不會有人類之存在。只有忠孝善德，可以長留在人世間。只要此人世間存在，此諸忠孝善德，必然會存在。而且正惟此諸忠孝善德之存在，故使此人世間獲得永久存在。

中國古人說：孝子不匱永錫爾類。人世間必然會有孝子不斷產生。孝子與孝子為同類，後一孝子產生，正如前一孝子復活。前一孝子，錫與後一孝子以感召，後一孝子錫與前一孝子以呼應。中國文化中之道德精神，正要使此項道德精神長期永生與不斷復活。文化綿延，實乃此項道德精神之綿延。文化光昌，實乃此項道德精神之光昌。每一人在實踐此項道德精神而獲得完成者，彼將在此人世間長期永生，與不斷復活。

以上是指出了中國人所用道德二字之涵義及其用意所在。以下再略講修養二字。

如在此桌上一盆花，須不斷加以培養與修剪。雖有天然生機，仍須人工培養。縱得生機暢遂仍須人工修剪。人之德性，亦復如是。

人世間自有文化演進，愈來愈複雜。人性亦有多方面。以多方面之人性，處此複雜環境中，遭遇隨人不同，隨時隨地隨事而不同，故人生道德修養，亦無一條死法，可以教人人都如此。但從大會通處來講，總可找出其會通點。

《中庸》上說：

天下之達道五，所以行之者三。曰：君臣也、父子也、夫婦也、昆弟也、朋友之交也五者，天下之達道也。知仁勇三者，天下之達德也。所以行之者一也。

人與人相交則不外五條大路，此五達道，中國人又稱之曰五倫。即在無政府時代，仍有君臣一倫。如一工廠，有工程師必有工匠。如一醫院，有醫師，必有助手與護士。如一銀行，有總經理，必有簿記會計出納諸職員，此皆屬君臣一倫。如昆弟，乃指長幼言。在家縱是一獨子，出門必有長幼之分。其餘三倫可不必言。故知人世間人群相交，必有此五倫。此乃是人生中五項共通大道。

在此五項共通大道中，每一項，必有無窮不同之情節。但人要履行此五達道，實踐此五倫之理，則必具三達德。所謂三達德者，乃謂此三德，為人人共通所必備。

知更要是指智慧言，不指知識言。知識必從外取得，而且取之無窮，取之不盡。尤其是某項知識，則只供某項特殊應用。智慧在己，應屬天賦，不待外求。有了智慧，自可應付一切。一切忠孝善德，皆必以智慧來履行，來實踐。愚忠愚孝愚善愚德，皆是要不得。

仁是人倫大道。中國古人說，仁者相人偶。人與人做搭檔，必先具備一片仁心，必先奉行一番仁道。人而不仁，誰也不能和他做搭檔，他也不能和誰做搭檔。

有了仁和知，還須具備勇。有勇氣，纔能敢作敢為。世人遇道德關頭，非是無知，亦非不仁，只是拿不出勇氣。種種推諉，藏頭掩尾，白落得內心苦痛。所以勇也成為三達德之一。

其實此三達德，皆由天賦，我所固有，不待向外面求取。然則何以說所以行之者一也。因一切忠孝善德，雖說情節萬不同，總只是每一人自己稱德而行，率性而行，遵天而行。五達道則只是一道，三達德亦只是一德。人則必要赤裸裸地做個人。身外一切分別如富貴貧賤皆可不計。不能說富貴了纔能做人，貧賤的便不能做人。智愚也然，此智愚是指知識言。不能說進過大學，受過高等教育的纔能做人。不是高級知識分子便不能做人。陸象山說，使我不識一字，也將堂堂地做個人。人類祖先，都由不識字來。若我們祖先都不能做人，那裡還有人類遺傳到今天。

可知中國人講道德，只是講的做人道理，而此種做人道理，卻是最自由，最平等，最博愛的。亦是最合自然的。自然生人，是一個赤裸裸的。人生道德，亦是一個赤裸裸的。絕無外面一切條件可言。惟有赤裸裸的人生，始是真人生。亦惟有赤裸裸的道德，乃始是真道德。

但人生與道德，卻有同樣一條件。即人生必在人與人之中。道德也在人與人之中。離開了人，便沒有我，沒有人生，沒有道德。此是中國文化精義所在，也是中國人所講道德之精義所在。

但話又說回來，人類有了道德，纔有文化演進。自有文化演進，而人生日趨於複雜。人生日趨於複雜，而道德情節亦遂千差萬別。若非有道德修養，道德實踐，乃成為非人人所可能。即如上述知仁勇三達德，試問人類中能有幾人能具備此三達德而成為一完人。於是在人類中乃不能不有一番道德修養方法之講求。

《中庸》上又說：

好學近乎知，力行近乎仁，知恥近乎勇。

此乃中國古聖人又為知仁勇三達德提示了三種修養方法。那三種修養方法，卻又是無條件的為人人之可能。

好學並非如上述進大學出國留學等，可諉為無此條件，無此可能。每一人不能自諉說我不好學。如諸位在銀行服務，儘可隨時隨地隨事而學。此一種學，須出於自己心中之好。好學本身已是一道德。若強迫而學，學而不好，那是苦痛，非道德。

好學不即是知，但可以破愚。愚者自是而不求。如諸位從事一項職務，只知在此一項職務上，做一天和尚撞一天鐘，馬虎過去，自謂盡職，其實只是一種愚。人之智慧，雖出天賦，但亦須日有濬發，始得成熟。人不好學則天賦智慧，日就窒塞，勢必成為愚人之歸。故好學雖不即是智，但已是近乎知。

中國古人說，仁者以天地萬物為一體，那豈是件易事。如諸位在銀行服務，豈能把銀行當作自己家庭看，把銀行業務，當作自己家事看。但諸位只要能力行，當會計的盡力當會計，當簿記的盡力當簿記，雖不即是仁者之心，但亦已近乎仁者之行。我們為私家事，不是便盡力而為嗎？為公家事亦能盡力而為，則力盡雖非即是仁，而足以忘私，則即已近乎仁。我們試各自問，我們可以自諉為不能力行嗎。力行亦是無條件而人人能之的。

知道了好學力行仍須勇。若無勇，則不堅強，易退轉，易畏難而不前，易因小挫折而失去。勇由何處來，雖亦是天賦，但須人能自鼓此勇氣。中國古人教我們應知恥。人縱可自諉說我無勇氣，但不會自諉說我不知恥。知恥雖非即是勇，但知恥可以起懦。懦人甘為人下而不辭，知恥則自能站起堂堂地做人。不期勇而勇自生。

上述好學力行知恥三項，都是無條件的，反己即得，所謂足乎己而無待於外的。我們縱要自諉，說我不能知，不能仁，不能勇，但卻不能自諉，說我不好學，不力行，不知恥。如是則將不得齒人數。此真是人人能知能行的一條易簡大道。我們各人所有大知大仁大勇之入德之門即在此，我們要復興中華文化之當下至德要道亦在此。幸諸位莫以我此番講演只是一番老生常談而忽之。

當然我此所講，亦只是簡略說些大綱節，其中尚蘊有無限妙義與勝義，則待我們各自在此好學力行知恥之三項目上努力，自會日進無疆，一切妙義勝義，全可由自己內心體悟，更不待多言說。

農業與中國文化

個人對農業是一完全外行人，但生長農村，差不多前半生的生命都在農村度過，因此對於農村生活略有所知。

講到中國社會，不能說它完全是一個農業社會，大都市大工商業從戰國後，兩千年來不斷向前，那能還說它是農業社會，但中國文化卻可說確是一個極深厚的農業文化。農業有它幾個特徵。從此等特徵下產生了我們中國文化之許多特點。

農業第一特徵是一半賴自然，一半靠人力。從事農業定要外在條件，如天時、氣候、溫度、陽光、雨量、風，以及土壤、養分、河流、灌溉等。所謂天時、地利、物產，又必有許多動植物能和農業配合。這些條件都是外在的，中國人總稱之曰天，天給與了我們這些條件，但還得我們人的力量迎上去。農業是一項勤勞的工作，所謂粒粒皆辛苦，來處不易。我們中國古人所稱天人相應，天人合一，正是十足道地的一個農村觀念，一種鄉下人想法，但實有它純真不可顛覆的道理。中國古聖先哲則不過將此農村鄉裡人觀念中的那一番真理，拿出來加以指點與發揮。

若使沒有外在條件，我們的人力就無所施。若使我們沒有自身內在條件，一切天賦也就不能發生它應有的作用。我們中國古人所講的天人合一，或者也可說上帝同人類是一體的，也可說自然和人文是一體的。所謂一體，則只是合而為一之意。

在此觀念之下，我們的農業人生又有兩觀念隨之而生。此兩觀念，須相互配合，不可偏廢。一曰樂天知命。外面自然條件所給與我們的，這是天意所在，我們該樂受。但又該知道天所給與我們的那些自然條件有限制，我們應知命。所以在樂天知命那句話之後，我們還該有一句話，即是盡其在我。該要善盡其在我內邊自身的條件，纔能與樂天知命那句話相配合。我們不該把此兩句話分開，單講樂天知命固不夠，單講盡其在我也不夠。

進一層說，我們人類一切的聰明智慧能力等等，也都是上帝賦給於我們，而此一切所賦也有限，一定還要靠外邊條件。如此說來，盡其在我，也就是樂天知命。兩句話本來講的是一個道理。在樂天知命一句話之中，本已包有盡其在我之意。而在盡其在我那一句話之中，也已包有樂天知命之意。此兩句話，相包相融。我們不能像一般宗教家，太信任了，拿大部分責任都交給於上帝，我們也不能像一般科學家，太偏激了，認為我們人類可憑自力改造自然，戰勝自然。實際此項所謂改造與戰勝還是有限度的。而且人類本身也即是一自然，不憑自然，何來改造，何來戰勝。這些都是中國人的看法，實際上，這一看法乃從農業人生中來。從此看法中，建立起一套文化體系而又加以不斷之前進，成為一傳統，以直至於今日，所以我說中國文化是一種農業人生之文化。

繼此還有第二點，農業人生和其他人生不同之點。農業人生必然常與生物為伍，因此在農業人生中，必然極富生命意義。也可說，農業人生乃與其他生物為朋友，做搭檔。農業人生的對象則都是有生命的。農業人生，乃與其他生物相依為命。我們講到自然，應該分作兩個圈，一個是有生命的，一個是無生命的。當然此兩圈同為是自然。今說無生命的自然是外圈，有生命的自然是內圈。農業人生所更接近親切的則是有生命的內圈。我們不能說農業人生不接觸到無生命的外圈，但其間不能說沒有一個親疏遠近之別。

中國古人又說，天地之大德曰生，這便與其他宗教觀念不同。如耶穌教說法，人類生命乃是上帝對罪惡之一種懲罰。如佛教說法，則一切生命都是一種無明作業之輪迴流轉。此皆與中國古人稱自然中之有生命為天地之大德者不同。今再說：此一大德，何以不專歸之天而要兼稱天地，當知此亦是一種農村人想法，農業人生必然是土著的，必然要依存於土地的，所以纔天地並稱。

我們又說萬物一體，一視同仁，這個一體，主要亦指生物言。我們並不能說我同這個擴音器一體，亦不能說我同講堂一體。佛教說人身由地、水、風、火四大合成，近代科學的講法，人類生命也可和此無生命的自然一體。但我們中國古人之所謂萬物一體，其實際內容乃是從一應農作物，乃至農村家畜馬、牛、羊、雞、犬、豕等等著想。我們的生命，乃和它們的生命像是合而為一。一應農作物之生長成熟，當然要靠我們人力，而我們人的生命，也同樣要賴藉農作物作為食品，而又要靠馬、牛、羊、雞、犬、豕等從旁協助。這個萬物一體之想像，乃由我們農業人生中之真實經驗來，所以纔能接著說一視同仁的話。一個農人對他的田野五穀親切有加，那豈不是一視同仁嗎？五穀的生命，就如等於是我的生命。所以又說：「民我同胞，物我與也。」人與人等如一家同胞，那些物呢？就如我的搭檔，我的朋友。這個物字，當然是指有生命之物而言。所以中國文化，首先極看重自然，而又在自然中特別看重到生命。中國古人所謂一視同仁的「仁」字，便是中國文化精義所在。此一仁字，正是指的生命與生命間一種呼吸相通痛癢相關的極深微的情感，此一種情感，正該在農業人生中體會與培養。

現在再講到中國人向所重視的性的問題。物各有性，中國古人說：天命之為性，在此性字上，便見是一個天人合一。但似乎人性難講，物性易知。馬、牛、羊、雞、犬、豕一應家畜都有性，亦都為人所知。稻麥五穀乃至桑麻等，亦皆有性。或喜冷，或喜熱，或愛燥，或愛濕，其生長則或快或慢，如是等等，皆是物之性，皆為人所知。而此性字的後面，則顯見有一個生命意義在內。

佛教則說四大皆空，因此亦說性空，主要則在超脫生命，歸於涅槃。近代科學則注重講物理。它們所研求的物理，比較是以純物質的無生命的物質為主，而把有生命的也並在無生命的一邊去講。中國人講理也講性，宋代理學家說性即理也，是要把無生命的也並在有生命的一邊來講。如說水向下，火向上，此是物理，中國人也說它是物性。有生命的無生命的一樣同有性。所以我們要講窮理盡性，把無生命的與有生命的會通一氣看，亦會通一氣講。

中國人講性，有一個最重要的觀念，就是說性之善。此一性善之性字，則純指人性言。天地之大德曰生，天賦人性則都是好的善的。其最先賦與之起源處是一善，其最後發展之歸結處亦必是一善。總而言之，人的生命是善非惡。在整個宇宙中，中國人把人的生命來做物的生命之中心與主腦。使此宇宙人性化，則亦成為一善的宇宙。此一看法與想法究竟對不對呢？這是另一問題，此刻暫不深論。但此一看法與想法，亦是從農業人生中產生而成為中國文化之精要意義所在，則不可否認。

所以我們要說由盡己之性來盡人之性，由盡人之性再來盡物之性，如此以贊天地之化育。如栽一花，種一草，花草都有它的性，我們要懂得如何來盡它之性，那不是我們人便在贊助天地之化育嗎？花草猶然，對於人類自身，自不必說。再講化育二字，化是變化，此層易講，自然科學講物理，便是要研求其一切可能之變化。但化字下又加上一育字，育是養育，是教育，在育字的涵義中，便顯見有生命。我們人類該能幫助天地來化來育，這一想法，又和一應宗教家想法不同，也和科學家想法不同。這是中國文化中一項特殊的宇宙觀與人生觀，由此造成中國五千年文化而成為其一個主要的基礎與中心。

現在再講，生命存在，則必有時間性，生命傳播，則必有空間性。因此一個農人，定要懂得時間，定要有一副忍耐。《孟子》書裡有所謂揠苗助長之故事，便是告訴我們在生命成長中時間性之重要。一粒穀種下地，須懂得慢慢等，穀亦有性，不能勉強急要它成長。所以中國人講德性，特別看重忍耐，要耐得一個久。生命又必要散播，一顆穀，明年可變成十顆，百顆，所以中國人又很看重擴散，看重推廣，一切要留有餘地。一顆種，可以散佈到全宇宙。惟有生命，可以成得一個大。雖然一個農民並不是一個哲學家，但他們很懂得看重時間空間，對一切事物的看法，都能加進時間空間去打算，因此我們中國古人纔能提出「可大可久」的一句話來。人類一切事業，要久亦要大。生命要久，其事易知，生命要大，其事便較不易知。但中國古人很早便知有大人小人之分別。極深的一項哲理，卻成為中國人一句口頭禪。其實此亦是從農業人生之能直透進自然生命中去，而始提出此可大可久之兩觀念，那是極值得我們深切體認的。

我們還要知道，農業是我們人生中所最基本最需要的。中國古人又說：「民以食為天。」那些五穀、米、麥，就等於是我們的天，因它是我們生命所寄。一個耕田人，一個農民固然為要解決他自己的生活，而從事農耕。但同時別人的生活，也寄託在他身上。從自己一方面看，所要有限，從別人一方面看，卻是非要不可。以我所餘來供給人，這是一種道義，卻是人類一種最高道義。工商業乃從農業中發展而來，一應工商業並不是不好，亦不是要不得，但工商業之展演過程則易於成為一種功利的。農業主要在供人所需，給人所求，工商業之展演，則往往會變成一種投人所好，誘人所無的；純功利而非道義的心情。中國人所謂之奇技淫巧，重利輕義，都從工商業中展衍而來。在農業社會中，人的心理往往是無求於人，其生活簡單可以自給自足，而工商業社會則不然，必然要向外爭取市場，推銷貨品。因此從事工商業的人，其對於人生對於宇宙的看法比較和農業人有不同。

中國文化成長在農業人生上，中國人常說農為本，商為末。這本末兩字，譬如一盆花，栽在盆裡的是根是本，開的花則是末。當然養花要有此個末。但本末之間有一個先後，一定要培養它的根，才能開花結果有此末。推此言之，我們人的一切知識事業都是末，生命則是它的本。沒有了生命，那裡再來知識、事業、享受，滿足那一切。中國人著重講本末，說商業是一末，並不是看輕了商業，但農業是商業之本，本在先，末在後，我們是要由本至末，本末先後俱盡。我們若把此一順序顛倒了，認工商為本農業為末，這世界便會大大不同。近代西方資本主義、帝國主義之出現，便是如此。

此刻我們大家都講，現在應該是工商社會，不再是農業社會了，但試問，工商社會要不要吃飯穿衣，要不要農業？忘本求末，專靠外面，那社會是危險的。本末顛倒的人生，不可久，不可大，不合理，而違背了自然。因有了資本主義和帝國主義，而又有今天所謂共產主義的反動，兩百年來的世界，由資本主義來操縱一切。海洋國家乘運興起，英國日本同是一個很小島國，也可稱霸於天下。但帝國主義終於打倒，資本主義也有了限制，目前最需要的還得要是一個大農國家。先要能自給自足，纔能求向外發展，今天世界上具有大農國家的資格的，有美國，有蘇俄，有中國。中國到今天，豈不又成為配合世界新社會需求的合適條件了嗎？

在古代有四個文化古國，埃及、巴比倫、印度與中國。這四個國家，都從農業開始，農業必賴河流灌溉，可是埃及巴比倫兩國所有，只是小河流，因此只成小農業區，發展有限。印度可以成為一大農業區，但地理合適了，天時不合適，它是一個熱帶國家，常易由厭倦的心理來代替了勤勞，又和發展農業不合適。只有中國，在溫帶，又是一大農國，在發展人類文化的基本條件上最合適，到今天，已經有了四五千年的文化傳統。只在最近一段時期中，西方工商業突飛猛進，自然科學控制著一切，資本主義、帝國主義得意橫行，我們好像違背了此一世界大潮流。但今天世界潮流，又急速轉過來了，不能專靠殖民地農業來維持國家的生存和威強，立國基本還是在農業，大農國家始有領導世界的資格，而中國恰有此條件。其他美、蘇兩國雖亦具有大農國家的外在條件，而沒有大農人生的文化傳統。惟有中國，既有大農國家的外在條件，更有大農人生的文化傳統。有天人合一的文化大理想，有一視同仁的文化大美德，有重道義輕功利的文化大軌轍。照常理講，由中國文化傳統來領導世界人類前進，應該是當仁不讓的。農業已成為近代科學中之一支，我之所以提出我個人這一些意見，乃是盼望農學專家能對中國此一文化傳統擔負起一種復興和發揚的責任，實則這也是義不容辭的。

現在再講：由中國的農業人生發展出中國的農業文化。其中有一項極高表現，則在中國的文學上。中國的文章和詩，以及一切中國文學，我可說，它是最能表現人生的。我們也儘可說，中國人生實是一種文學的人生，也可說乃是一種詩的人生。諸位從事農業的，若能從業餘去讀中國文學，中國詩，那是最適合不過的了。從《詩經》三百首起，中國詩就一向以農村作背景，從農業人生的觀點中發展，在後有所謂田園詩人，專是歌頌農村田園生活的。例如陶淵明、陸放翁，都可歸入田園詩人中而被推為代表。他們歌詠鄉村，歌詠田園，歌詠鄉村田園裡的人生。又從鄉村田園的人生中所了解的宇宙來歌詠自然，歌詠人類文化。在田園詩人外，又可說有一派可稱作山林詩，以及江湖詩，或是隱居山林，或是漫遊江湖，要之亦都是接近自然，接近鄉村，接近田園詩人的一邊。像王維，可歸入山林派，像李白，可歸入江湖派，他們兩人，都可作此兩派之代表。中國其他大詩人，也都可分別歸入此兩大派。如杜甫接近田園派，尤其如他住在成都草堂那一段中的生活和歌詠。蘇軾，他一生到處跑，他的詩，都是歌詠自然，歌詠人生，接近江湖派。凡屬中國的大詩人，都可說是近於自然詩人的，他們能將人生融入於大自然，他們能於大自然中獲得了真人生。他們都能寫出大自然中一番生命意義。他們寫到無生命的一面，也常當它有生命來描寫。我們也可說，中國詩人所寫的自然，都有生命融化在內，而中國詩人所寫的自然生命，也都有人類生命融化在內。那亦是一種天人合一，與萬物一體的甚深哲理的人生融化在內了。中國詩，可以說，都能把人生境界融化進宇宙境界，而來為宇宙境界作中心，作主腦。遠從《詩經》三百首起，其所用比興的描寫方法，即已具此意。

我們試再講一批宋明時代道學先生即所謂理學家們的詩，或許有人覺得道學先生理學家好像都有些不近人情。其實大不然，中國的道學先生理學家們是最通人情，最富人生趣味的。我們試舉兩個理學大詩人，如北宋之邵康節，如明代之陳白沙，便知我說不虛。即拿程朱來講，那是理學家中的大宗師，但亦復如是。讓我試提出兩句大家知道的詩，如萬物靜觀皆自得，四時佳興與人同。這詩中所謂萬物，只要你靜靜地看它，都覺得它們能自得其樂，那便是講的有生命之物。若非有生命，又何所謂自得。如我桌上有一盆花，它是有生命的，又如一架擴音機，它是無生命的。你可說靜觀之餘，覺得花亦自得，但不能說那架擴音機也在自得呀。至於四時佳興，那便是大自然之與人合一，可不煩再講。冬天去了，春天來了，又是夏天秋天接著來，又是冬天來了，四時各有佳景，每一番佳景都足興起人，都是與人同之，那是何等的宇宙觀，那是何等的人生觀。又如說，好鳥枝頭亦朋友，落花水面皆文章，那又是何等的宇宙，何等的人生呀！今天是科學時代了，萬物四時，和人一切不相干，枝頭之好鳥，水面之落花，變成輕微不足道。我們把自己人生抽離了自然，並亦抽離了人生，來求上月球與電腦化。所以有些處，反而轉不比我們道學先生們更多有些親切的人生味。

再論佛教，自有禪宗，而佛教中國化，亦即是佛教而人生化了。山門寺院之內，漸漸增添進常俗之人生化，而亦成為一片詩境。有人問佛法在那裡，和尚指點他說：青青翠竹，鬱鬱黃花。那些都是有生命的，佛法便都在那生命裡。又有人問佛，和尚說庭前柏樹子。柏樹結了子，那便見性，也即見佛性，佛性還是從生命中來。還有人問和尚佛法，和尚反問廬陵米作什麼價，如是便講到農業人生。沒有農業，沒有米，何來有佛。如是般的講佛法，真是講得活潑透脫之極。此下的禪師們，能詩的不少。有人說，中國詩都受了禪宗影響，其實還是禪師們受了詩人的影響呀！

所以我們說：中國人生是一種詩的人生，中國的詩都是歌詠自然歌詠農村，我特別希望從事農業的專家們，能利用業餘讀一些中國詩。從事農業是最親近自然而又最辛苦的，中國有很多憫農詩，來描寫農事辛勤，又常從詩中來陶醉自然，醇化人生，這對農業也有大幫助。如讀陶淵明詩，「狗吠深巷中，雞鳴桑樹顛」十字，也使我們從此簡單純樸的田野生活中，即時領略到一種詩境和詩味。狗叫，雞啼，到處碰得到，陶淵明把它一寫入詩，使我們頓覺得別有一種境界，別有了一種情味，那是詩人的胸襟，那是詩的人生，那是在大自然中一種生命的最高共鳴。樸素的鄉村和醇化的人生，盡在此十字中透露而出。

今天我們是人生而工商業化，到處成為大都市，此中的形形色色，我們不必講。最顯著的一切功利化，一切機械化，成一機器世界，幾乎和自然界隔離了。把自然界中一切生命都驅散了，人的生命也被困在機器的束縛中，不比農業社會，到處碰到的是自然，是生命。而大都市中碰到的全是機械，既不自然，亦非生命，因此我們大都市的人生，比較總會少一點生命樂趣。我們說，一切物質設備都是來供養人的生命的，然而生命的圈子則愈是機械化而愈狹小，人的生命從大自然萬物生命之共存共鳴中，獨自走進了一機械世界，相互間各自為其生命而掙扎而鬥爭，這總不是人生的理想。宋代道學先生周濂溪窗前草不除，人家問他，他說和我生意相同。今天都市愈大，到處人碰人，然而人情愈淡愈薄，生意被窒息而不自然。今天人類的生命，則真成為人類自身一勞累一枷鈕。外面的是機械，自身的要金錢。愈走進大都市，愈覺得身邊荷包裡鈔票之重要。外在條件種種不如意，使這世界到處發生一種怨天尤人的心理裂痕，因而共產主義遂得起來作為資本主義之反動。從我們深厚的農業文化的觀點來看，似乎他們都還沒有觸及人生的真處深處。今天的世界，充滿了不安不樂，不平不和，不滿足不休止的紛擾。大家向外爭取，回過頭來想想，關於生命實際，還是空無所有。

最了不得來說，近代人生，是一種戲劇化的人生。尤其是一種西方式的戲劇化。西方戲劇，本質上要能驚天動魄，其最高境界，就該是一悲劇。若我們讀一首詩，其最高的境界，應該是平淡是和諧，尤其是中國詩，這是中國傳統農業文化中的人生理想。我個人因從小生長在農村，所以從小便知欣賞中國詩。我希望我們在農業界工作的專家們，於業餘來欣賞中國詩，一面可使自己生活有一個調劑。第二要藉此來發揚我們的文化。

再講到農業人生，不僅會叫我們跑進詩的人生，又會叫我們跑進藝術人生裡邊去。如我們中國古今流傳的陶器、瓷器乃至古代寶物鐘鼎銅器，其形體花紋色彩，一切樸厚單純，和平淡雅，在這中間，都表示了我們農業人生的理想追求。我們從前的家屋建造，園林佈置，都帶藝術情調，給與人生以最高陶冶，最高享受。近代的都市化，人口集中，商品充斥，刺激代替了陶冶，誘惑代替了享受。即如從前每一家庭中，牆壁上懸掛著幾幅畫，山水也好，花鳥也好，一丘一壑，一柳一燕，在它背後都有一種極濃厚的自然情趣與生命啟示，那些情趣與啟示，跑到鄉村都易見到。只要一幅畫掛在壁上，便如使人跑到了另一世界，獲得了另一生命。一輛計程車，一架電視機，盡是商業和機器，都畫不進中國畫，和我所稱有生命的自然人生不同。這一種人生，盡在向外。固然，全部人生中，不能無向外。但只有向外，不即是人生。一切科學、知識、事業、政治、經濟、社會、法律、教育等等，根本都先要有一人。我們不能在政治上來爭取，來覓得我這個人。或是在商業都市中來爭取來，覓得我這個人。人只在大自然的生命中。有了這個人，纔可以發展出很多花樣，商業和機器亦在內。中國人講本末先後，就是這道理。

今天我們大家正要講復興文化，要復興文化最重要是要有一個新人生。要有新人生，先要有一個新的生命觀和新的宇宙觀。我們今天要把一種生命的科學來融化物質的科學，要用文學藝術來融化機械功利，這不是我們中國一個國家眼前的問題，乃是整個世界人類前途一個遙遠的大問題。我想我們具有中國文化傳統的一個在現代科學中養成的新農學家，正是有此條件，有此責任。我們該擔負起此責任，把農業踏一步進到文學、藝術，使我們獲得一個現代科學化的農業新人生。在此新人生的大基本上再來講求一切其他的科學知識事業，而達到中國文化傳統天人合一的大理想。這不能從純經濟觀點、純功利觀點上來講求；而須從一個哲學觀點、人類文化觀點上來講求。這應該是我們當前復興文化運動配合現代科學潮流，配合上不斷進步的一切生產製造技能和經濟發展一條最重要的路。這是我個人一點淺薄意見，尚祈農學專家加以討論與批評。

中國歷史上的經濟

一

經濟是人生一個基本問題，它是人生中很重要的一部分。若使經濟問題不得好解決，其他一切問題都將受影響。可是經濟問題不能包括人生的整個問題，也不能說經濟問題可以決定人生其他的一切問題。我認為經濟在全部人生中所占地位，消極的價值多，積極的價值少。缺少了它，影響大，增加了它，價值並不大。譬如一個人要五百元維持一月的生活，缺少了一百元，對整個生活影響大，但增多了一百元，則此一百元之價值決不若缺少一百元的大。甚至經濟上無限增加，不僅對人生沒有積極價值，或許還可產生一種逆反的價值，消極的發生許多壞處。個人如此，整個社會世界亦復如此。所以經濟價值是消極多於積極的。換言之，經濟只是人生中少不得的一項起碼條件。若論經濟情況的向上，卻該有其一定的限度。由整個文化整個人生來看經濟，經濟的發展是應有其限度的。倘若個人或社會，把經濟當作人生惟一最重要的問題，那麼這個人的人生決非最理想的人生，這社會也決非最理想的社會。

馬克斯的唯物史觀，認為經濟可以決定一切，全部人生都受經濟條件的支配，這一理論，就今天西方世界來說，不能不說它有一部分真理。但這已是病態的真理。經濟若真來支配決定一切，那個人生，社會，歷史，文化，都已經走上了病態。馬克斯的理論，是在西方社會開始走上了病態後纔產生的。因此他講人類社會之演進，完全在經濟問題上著眼。他說：人類社會從封建主義的社會走向資本主義的社會，再進為共產主義的社會，這樣講法，至少有二缺點：一、他只能講通半部西洋史。中古時期的歐洲，是一個封建主義的社會，近代歐洲，是一個資本主義的社會，這算是對了。可是在以前，還有希臘羅馬很長一段時期，馬克斯說是奴隸社會，這話便太牽強。單拿「奴隸社會」四個字，包括不盡希臘的文化人生和羅馬的文化人生之顯然不同處。我想馬克斯是先研究了近代歐洲社會，再推到中古時期，認為是由封建社會轉成資本主義的社會，這算是對了。再向上推，而仍要單從經濟觀點來講西方全部歷史，就說不通了。

此刻我們單根據他後半一段來講，封建社會有兩個階級，一是貴族階級，一是平民階級，這裡有該特別注意的一點，西方的貴族階級：不全是政治上的公爵侯爵等，同時還有教會。教會也是封建大地主。這一社會漸漸演變，到近代都市興起，乃有新的工商業，所謂中產階級，起來向上面的封建貴族爭取自由，爭取政權，造成現代資本主義的社會。他們講個人平等信仰自由，結果造成了資產階級和無產階級間經濟上的不平等和不自由。馬克斯在一百年前的倫敦，看到了當時種種工業生產之不人道，經濟上的不平等，發表他的《資本論》，唯物史觀，階級鬥爭。他說資本愈集中，無產階級愈擴大，中產階級便不可能存在。無產階級經過了資本主義的嚴格管理，他們有知識，有訓練，有組織，只要廣大的無產階級團結起來，推翻資產階級，這個世界就變成了無產階級專政。可是大家都說馬克斯這個預言失敗了。照他理論，應該在資本主義極發達的國家，纔愈容易引起無產階級的反動，但今天共產主義並不產生在美國，而產生在經濟落後的俄國。實在馬克斯的預言，也並不全錯。我們若不把各個國家分開看，而從整個世界看，由於資本主義個人自由的經濟發展，在國內固可造成有產無產階級之對立，但由資本主義向外發展成為帝國主義之殖民侵略，卻可使窮的不太窮，而富的更富了。但拿整個世界看，正如希特勒所講，有許多變成「有」的國家，有許多卻變成「無」的國家，如是則並不是在一個國內變成為有產階級與無產階級，而是在整個世界上分成了有產國家和無產國家。俄國正是一個經濟落後的「無」的國家，所以列寧要補充馬克斯沒有強調的一句話，即是「打倒帝國主義」，這只是馬克斯預言的局部修正。今天的世界，若沒有更好的方案，終將變成「有」的國家與「無」的國家的鬥爭。這就說明了今天的西方，已經走上把經濟問題作為最主要問題的時代，這根本是一個病態的時代。馬克斯確實把近代西方的病態指出了，但是，共產主義並不能解決這個病。有了資本主義纔有共產主義，共產主義只是資本主義發展過程中一個反動，倘使資本主義不加修正，共產主義就不可能完全消滅，這是西方現代文化一大困難。

二

今天要講的是中國歷史上的經濟問題和社會形態。照我下面所講，即可證明馬克斯理論的第二缺點，它只能講西方，不能講中國。因為中國歷史並沒有依照馬克斯的觀點而發展。特別重要的，是中國社會乃由其他部分來領導經濟，控制經濟，而並不由單純的經濟來領導社會，控制社會。所以經濟問題在中國歷史上，似乎並不占最重要的地位。中國歷史實在比較地能把經濟安放在其消極價值之應有地位上。今天中國人縱然就吃了此虧，似乎一向太不注意經濟發展，但就中國全部歷史看，所以使經濟不成為人生惟一大問題的，乃因其有領導控制經濟的力量所在。這個力量，我們要客觀地指出，平心地檢討。

第一點、中國社會與西方社會有一顯然不同處。西方社會常有顯明的階級對立，中古時代有貴族與平民，近代有資產階級與無產階級。中國在西周及春秋時也可說是一封建社會，但與西方中古時期的封建社會仍不完全相同。西方中古時期，由日耳曼人南侵，羅馬帝國崩潰，政府法律一切組織解體了，社會上一個個力量便紛紛而起，他們的封建，指的是一種社會形態。中國古代的封建，卻是一種政治制度，由天子分封諸侯，諸侯分封卿大夫，統治各地，於是遂造成中國古史上之大一統。這和西方羅馬帝國崩潰以後造成的社會封建勢力，截然不同，而且正相反。中國的封建形成，是政治的，由上而下的。西洋的封建形成，是社會的，由下而上的。現在暫不講這一點，而轉講雙方間之相同處。最要的是雙方同樣有兩個階級之對立，一個是貴族階級，一個是平民階級。所不同者，中國貴族階級是純政治的，沒有教會僧侶方面宗教性的貴族。西方封建社會由城市工商人發展成為中產階級，起來爭取政權，這可說是由於近代的資本主義起來推翻了封建主義。中國呢？到了戰國以後秦漢時代，封建社會消失了，不再有貴族平民二階級之對立，但也沒有資本主義之興起，這事實明明與馬克斯理論不相符。

中國社會自秦漢以後，在一般人腦海中，並沒有「階級」，但卻有「流品」。我們可以說，秦漢以後的中國社會，是一個流品社會，並不是一個階級社會。中國社會上從此分為士農工商四民，四民是人的流品，不是階級。我們不明白士農工商四流品，將會不明白中國社會之特點。農工商三流，西方社會也有，現在我們要先講士的一流。平常說，士是讀書人，這並不恰切，因為中國社會向沒有禁止農工商人讀書。有人說「士」是知識分子，也同樣不恰切。中國人對士之一流，卻另外有一種不平常的涵義。因「士」可以參加國家考試，跑入政府，預聞政治。我們常說士大夫士君子，士是參加政府的一個特殊流品。而且秦漢以後的政府，亦僅由此輩士人所組織。中國秦漢以後的政府，便變成了士人政府，這和封建社會裡的貴族政府絕不同。在西方封建社會後期，工商人興起，在先只是爭向政府監督租稅收支，審核預決算，而不是直接要求參政。那時的政府還是貴族的。這個審核機構，即為今日議會的雛形。其後因議會種種刁難，政府無法應付，乃由議會中多數黨出來組織內閣，形成了現代西方的民主政治。在他們這一轉變，是有錢人起來打倒了有權人。中國秦漢以後，早不是貴族政府了，參加政治的，都是平民中間的士。士經過了政府之察舉和考試而加入政府，這一制度由漢武帝時代董仲舒之建議而確立。但既做了政府官吏，便該為公眾服務，不能再經營工商業。經商是為私人打算，公私該分別清楚，做官後的私人生活，由國家給以俸祿。於是中國社會上的士，遂成為理論上應該不管私人生活而專為公家做事情的人。農工商則各自經營私人生活，而負有繳納租稅的義務。士則做了政府官吏，便再不該顧及私人生活。若其再謀個人經濟，則將妨礙公眾，虧負本身的職守。這個道理，自孔子即開始提出。《論語》裡屢次說到，如云：「士志於道，而恥惡衣惡食者，未足與議也。」一類的話，至少在二三十次以上。孟子也說：「無恆產而有恆心者，惟士為能。」《孟子》裡這一類的話也極多。農工商生活有憑藉，惟士無恆產而有恆心。其精神所注在於道，不在私人衣食。漢武帝時規定做官人不能經商，唐朝規定應考人不准經營工商業，做官人也不能兼營工商業。士人報考，必須聲明身家清白，清白亦包有不兼營生產工作而言。因此中國的士，其身分地位，卻很有些相當於外國的和尚（即教士）。不過和尚是要出家的，在西方，宗教與政治分途，「上帝的事上帝管，凱撒的事凱撒管」。傳教徒既沒有家庭，也不參加政治，這是宗教。中國的和尚——士，是不出家的。不但有家庭，還要參加政治，他要顧到修身齊家治國平天下的一套人生大任務。西洋社會裡的最高人生理論在教堂、在教會，中國社會的人生大道理，則寄託在士的一流。有志做士的，便不該自謀個人生活，他的個人生活由旁人來替他解決，他應該專為公眾服務。孟子之徒問孟子：先生後車數十乘，從者數百人，傳食諸侯，不太奢侈嗎？孟子說：堯以天下讓舜，舜受了堯的天下，也不算奢侈，像我這樣怎便是奢侈了呢？因此中國社會上的士，是可貧可富的。也正如西方的教士一般。所以在中國，士是加料的和尚，西方和尚不要家庭子女，不參加政治，所以是單料的。中國的士卻有家庭，須得仰事俯蓄，但又不准他為自己謀生活，專要他講道，假使不這樣，又如何負得起治國平天下之重任呢？諸葛亮做了漢相，他的〈出師表〉裡說：「成都有桑八百株，臣死之日，不讓其更多一株。」這是中國士的傳統精神。積極方面要參加政治，來管公家事，消極方面不允許他管自己的經濟生活。所以說他們是雙料的，至少也是半宗教性的。中國的士至少該有一半的和尚精神。不經營私人產業，便是和出家人一般。一個國家的政治，交給這批人來管，這批人向來不考慮個人的經濟問題，則對整個國家的經濟，他們的思想和政策勢該怎樣呢？諸位自可想像及之。若使從中古時期以下的西方，全把政權交付給教會，我想至少也決不會讓社會產生此後的資本主義。今天西方的政黨，其背後則代表著社會的資本和產業。中國則並不然，中國因為有了士之一流品，可以不要宗教，它的政府也不會變成貴族政府、軍人政府、富人政府或窮人政府，而永遠是一種士人政府。此係中國社會的根本特殊點。韓愈的〈原道〉，排斥佛老，他說社會上只有讀孔子書的「士」，可以不從事生產，因為他為公眾服務，「僧」「道」並不為公眾服務，何能不事生產而依賴別人生活呢？因此，在一方面講，中國的士是半個和尚，因其不事生產而有家庭，從另一方面講，他是雙料和尚，因其負了治國平天下之大責任，而單獨不許他經營私人生活。

中國在秦漢以後形成了「士」人政府，社會由士人來領導控制，所以我對兩漢社會，叫它做郎吏社會，兩晉南北朝，叫它做門第社會，唐朝以後，則叫它做科舉社會，便是完全著眼在士的一流品之轉變上來劃分的，這完全和西方不同。把馬克斯理論來看中國社會，顯然是牛頭不對馬嘴，必然是隔靴搔癢，搔不著真癢處。

三

現在再講中國對農工商三流品，採取何種政策呢？中國是一個農業社會，農民占了中國最多的戶口，農村是中國最廣大的基層，要講中國的農民生活，必須先要講到土地問題，這是中國歷史上一個傳統最重要的經濟問題。所謂土地問題，便是講土地的主權問題，土地的所有權應該是國家公有呢？還是由農民私有？

中國在封建時代就有井田制度，井田制度和封建社會是不可分離的，井田制度便是封建政治內一個重要的節目。井田就是土地國有。當時說：「率土之濱，莫非王土，食土之毛，莫非王臣。」照法理講，全國土地都是天子的，天子分封給諸侯，諸侯分封給卿大夫，卿大夫再平均分配給農民耕種使用，便形成了井田制度。土地開始分配，以九百畝劃分九個單位，由八家承耕，每家分種一百畝。當時似乎並無賦稅制度，惟一條件是八家共同耕種那中間的一塊──一百畝，把其收穫交給公家，實際上公家等於拿九分之一的租額。但此制後來發現了缺點，農民全把精力放在分配到的田畝上，各家的一百畝私田都很肥熟，對公耕的一百畝便荒蕪了。於是貴族地主不得不改變辦法，將土地不分公私，全部交給農民，而向各家徵收其十分之一的田租。這一轉變便生了問題，把土地所有權的觀念改變了，漸漸地也不管每家一百畝的平均分配了。他耕一百畝也好，耕一百二十畝也好，政府反正只要向他收取十分之一的租稅。政府變了認田不認人，不問你耕多少田，只知道按田收租，於是逐漸轉變為耕者有其田，將原來平均分配的精神打破了。這樣由土地國有轉變到私有的過程中，並沒有革命暴動，也沒有任何一套明顯的理論來鼓吹，這是中國歷史難以了解處。像後來印度佛法傳入中國，到唐朝已變成中國佛學，這是宗教上一大革命，然而也並沒有像西方宗教革命般的顯然爭持和流血殘殺。可見中國歷史並不是沒有變，而是在很和平的狀態下很自然的變了，一幕一幕在不知不覺地變，沒有很鮮明的劃分，這是中西歷史的不同。究極言之，是中西人性格不同，也是中西文化精神之不同。

但「耕者有其田」也有一大缺點，因為土地所有權既歸私有，便可自由處置變賣土地，社會上便形成了貧富不均的兼併現象：「富者田連阡陌，貧者無立錐之地。」但在政府租稅制度上，則一向保持輕傜薄賦的傳統。孟子理想中的租稅額是十分取一，但漢代田賦規定是十五取一，實際徵收則只有三十分之一。唐朝更輕，只合四十分之一。這是全國一致的。但有些農民並得不到好處，他們對地主繳租要高到百分之五十，或是更高。國家法令雖寬，農民並不全受到實惠。王莽因此主張變法，把全國土地收歸國有，重新分配：這叫做「王田」。王莽用意並不壞，但社會經濟問題，並不是政府一道命令可以解決。王莽廢止奴隸的政策是相當地成功了，但土地國有，卻完全失敗。從東漢到三國，全國大亂，地方政府解體，土匪流寇四起，農民無法生存，便去依靠大門第。壯丁編為大門第的自衛隊，這叫做「部曲」。大門第再圈占土地分配給部曲戶，有的是部曲戶攜獻土地給大門第，在不打仗的時候，由部曲耕種。這些土地，現在則並不歸農民所有，也不屬於國家，而歸在部曲主的掌握中。農民配到土地，自備牛和農具的，可獲百分之四十，由地主借給牛和農具的，只能得到百分之三十，更酷的只有百分之二十。當時國家的軍隊因沒有田租，遂也沒有餉源，曹操時有謀士策劃實行「屯田」制度，軍隊於空閒時派田耕種，照法理上，田是公家的，抽出百分之三十至四十的生產作為餉糧，其餘的繳回政府。在那時全國幾乎只有軍隊，沒有農民。軍隊又分兩種，公家的是「屯田」兵，私家的是「部曲」，都由軍隊耕種自給。縣官也變成屯田都尉。兩漢時代是農民擔任義務兵役，現在是軍人擔任義務農作。到晉代得了天下，軍隊復員為農民，但田糧仍和從前一樣徵收到百分之六十至七十，這是中國史上最高僅見的租額，也是中國史上農民最痛苦的時代。只有今天號稱專為代表工農階級的共產政府，卻曾明令規定田租最高該不超出百分之六十。

南北朝時，北魏始創立「均田」制，這一變動，又是由租稅制度之變動而影響到土地制度。當時政府收租為百分之六十，大地主收租也只百分之六十，一般農民均不願做國家的公民，寧願做大地主的佃戶。因為做大地主的佃戶，遇窮困時還可向地主借貸，做了國家公民，窮困時便告貸無門。所以當時政府的戶口冊上公民甚少，大部都依歸大門第下為蔭戶，這亦可說是一種變相的封建社會。北魏孝文帝雖是一鮮卑人，但他卻懂得根據中國歷史，改變賦稅政策，把田租減輕到略等於漢代之舊額，如是則農民都願改報戶口轉為國家的公民。但同時政府也放寬限度，允許大門第可以照一般公民的分配額，多耕一倍或幾倍面積的田，這是所謂「占田」。這是直從東漢末年以來土地制度上一番大改革，但也在和平過程中完成了。唐朝沿襲北魏「均田」制而成租庸調制，大體仍和均田制差不多。這制度的好處，一是田地平均，二是租額輕減。但此制又失敗了。任何一種制度之推行，必須附帶有一種精神與之配合，沒有一種內在精神去配合推動，制度是死的，積久了一定會失敗。譬如要平均田畝，必須具備詳盡的戶口冊。唐制戶籍共需三份，一份呈戶部（如今之內政部），一份送州（如今之專員公署或省政府），一份留縣。這些全國農民的戶口冊，三年改造一次，每次均要三份。一次改造稱為一比，中央政府保留三比，即舊籍三份，共九年的存卷。地方政府保留五比，即舊籍五份，共十五年的存卷。生死之變更，逃亡之發生，全國每天都有這些事故，都不該馬虎。若辦事人稍一疏忽隨便，戶口冊便逐漸地不正確，而整個制度也必然要失敗了。

唐代自租庸調制失敗後，改行兩稅制，一畝地抽兩次稅，只問田不問人，又恢復到土地私有可以自由買賣的情形。此後經歷宋元明清，土地永遠私有，田畝永遠可以自由買賣。雖有人再來主張土地公有，平均分配，可是始終沒有實現成為事實。但唐以後的土地兼併和貧富不均，也比以前好些，這是因為隋唐以後採用公開考試制度，任何人都可參加考試，非經考試也不得入仕，即使宰相子弟也不能例外。這一制度推行了，以前的大門第便逐步衰退而終於不存在了。所以此後中國社會雖不能無貧民，卻沒有像古代封建時代之大門第大貴族。

更重要的是中國社會上「士」和「農」的配合的理想，這在《管子》書中已經提出過。漢代士人，大體都由農村出身。唐以後的制度，凡屬工商籍的戶口是不准應考的。因此士的一流，也只有從農民中產生。中國人一向愛多子女，這也並不盡在乎某一種的宗教觀念，如一家有三個兒子，讓兩個種地，抽出一個讀書報考，考中了可以入仕做官。往往一個農民家庭，勤儉起家，留一個兒子讀書進入士流，報考當官，得機會可以做到宰相或其他高位，便可以購地造屋，退休做鄉紳。但鄉紳的子弟，往往經久了又不能上進，兩三代後又衰敗了，回到農民耕田的本分。而在農村裡又有另一批新的優秀分子平地拔起，報考做官，取而代之。如此循環不絕，便是所謂耕讀傳家。自唐代至明清，均屬此情形，只許農民投考，不許工商人家子弟投考。又只許做官人購地造屋，不許做官人開店設廠，兼營「工」「商」。因此官家只能成為富人，卻不能成為資本家。而官家富人又永遠地在流轉，不能累積成大富。要明白中國的社會，要明白中國社會的經濟，必先明白這一制度。

四

現在再講到工商人，我們該回到封建時代從頭講起。那時候整個土地完全屬於國家公有，一部分開放的叫做耕地，一部分不開放的叫做禁地。貴族受封後，那些土地便由貴族統治。耕地開放給平民耕種，此外如山林海澤不開放的，便是禁地，由貴族派員管理。這裡面的生產，便都是貴族的私產。後來有一般無業游民偷入禁地，伐木捕魚，燒鹽冶鐵，這種私的經營，是犯制的，在當時認為作姦犯科，為政府所不容許。這批人在春秋時代便叫做盜賊。貴族起初派軍征剿，後來剿不勝剿，便派人駐守出入口，抽徵其姦利所得，遂成為一種變相的賦稅。中國人所謂征商，征字原為征伐之義，而後來乃轉變為征稅。所以民間的自由工商業，在很早封建時代是認為作姦犯科的，是一種不正當的事業和行為，其法理上的觀點是連帶於土地所有權的觀點而生起形成的。這與西方工商業的發展又不相同。

秦漢時代，皇帝雖照古代這樣傳襲，政府卻與古代不同了。古代派一個貴族，就給他一塊地，是為封建。後來做官給俸，不再給地了。農田無形中轉為農民私有，但其他的山林海澤，在傳統觀念上，依然是天子私有。所以秦漢時政府的財政機關也分兩個，農民的稅收是政府公用的，屬於大司農。關於山林海澤工商所抽的稅，是王室私有的，屬於少府。政府有政府的財政收入，王室有王室的財政收入。「朕即國家」的觀念，中國在秦漢以後並不存在。但戰國以後商業大發展了，如山東的臨淄，便有戶口二十萬家，大都市興起了。當時最大的商人是鹽鐵商，商稅既歸王室私有，於是王室收入，反而比政府多。這也不是帝王私心，只是社會經濟發展，為當時所未先逆料。漢武帝數伐匈奴，為國家司庫的大司農報告國家錢庫已空，武帝命富商捐款，應者只卜式一人，武帝遂一怒而收回山林海澤之利，把鹽鐵收歸國營與官辦，把此所得來捐助政府。在武帝的意思是說：你們那些商人，運用了王家的地發財，政府請你們捐助，你們均不肯應，現在我便把王家私地收回，讓我來直接捐交政府吧。此種政策，正如今日之公賣與國營，有的說它頗近似於近代國家社會主義的理論，其實在中國歷史上的出發點則有如上述。我們一定要先明白漢武帝以前一種土地所有權的觀念之來歷與轉變，纔能明白漢武帝所行鹽鐵政策之理論與根據。

漢武帝以後，政府對社會上可獲大利的工商業，一向都由政府控制，不讓私人儘量的自由經營。因此對農業則輕徭薄賦，平均地權，對工商業則限制發展，不使社會上有大貧大富之出現。孔子的人生理想是，「貧而樂，富而好禮」。社會不能嚴切制定沒有貧富之別，但窮的人還要讓他們能有一些快樂，富的人卻須要他們知禮守禮。禮便是一種生活的節制與限度。董仲舒也曾講過一節話，他說：「富而驕，貧而憂」都是要不得的。我們不能使社會上絕無貧富之分，但不可使富人達到驕的地步，也不該使貧人落到憂的境界。上引孔子與董仲舒兩番話，實可代表中國人傳統的經濟理想。雖不能做到貧富均等，卻老想能在一個限度內平等。富的有一個最高限度，窮的有一個最低限度，求能限制在此有寬度的中間，這是中國之所謂禮，亦即是一種均產的理想。這一種理想的執行人就是「士」。在這樣一種傳統理想控制之下，遂使中國走不上大富大強的路。然而一個國家也不可太強太富，否則就會遭致危險。中國的傳統哲學：國防求能做到不被人侵略，經濟求能發展到一般生活沒有問題。即此為限，卻不許繼續無限向前。羅馬的衰亡原因即在其太強太富，因經濟集中流入過度奢侈，遂致文化崩潰，國家淪滅。中國則始終把文化根苗寄託在農村，不讓財富集中到城市，工商資產始終受節制，始終與農村經濟保持一有寬度的均衡狀態，限制其儘量發展，這樣也影響了它的實用科學之發達，使物質文明永遠不能突飛猛進。然就長時期的歷史進展講，中國的物質文明也始終在西方之上。因為沒有急劇的逆轉與崩潰，經過了長時期的積累，所謂日計不足，歲計有餘，在經濟上還是有它的理論根據的。馬可波羅來中國，其時在元朝，中國歷史上這一時期很不像樣，但在他遊記裡，已經使當時西方人不信世界上會有這樣一個經濟繁榮的國家之存在。到清朝康乾時代，中國物質文明就一般言，仍在西方之上。只這兩百年來，西方的新科學纔突然淩駕了中國。然正因西方科學之突飛猛進，遂造成西方今日種種問題。我們不能只看今天西方的發達，而忽視了中國一向用政治控制經濟的一套理想與方法。自文化立場講，在一個人生理想上規定一種經濟限度，是未可厚非的。

五

今天中國的社會情況大變了，但大變在那裡呢？據我想，如上所述，中國社會之第一流品「士」的品質先變了，這至少是大變中很占重要的一件。「士」是中國社會的中心，應該有人生最高的理想，負起民族國家最大的責任，更重要的是他們在其內心修養上，常帶有一副宗教精神，可說是人文教的精神，使他們不要忘了自己是半和尚，或是雙料和尚，而不僅是一個有智識的讀書人而已。自從西方文化進入中國，中國若能急起直追，迎頭趕上，在和平秩序中接受他們的新科學，這並不是一件困難事，並不需要把中國整個社會，整個文化，澈底推翻，全部革命。但一部分讀書人走上政治的，失卻了為公眾服務的責任感，卻說是爭民權。一部分改行經商，索性專一地孜孜為利，他們也說是個人自由。西方人常還時時進教堂，接受許多人生教訓，今天中國的智識分子，只接受了西方的權利觀念，沒有接受他們的宗教精神。社會依然是中國的社會，理論卻是西方的理論。而又只有西方理論之一半。只論個人權利，不講仁愛與犧牲。四民中缺少了一民——「士」，社會驟然失卻中心。其實今天中國社會裡的所謂智識分子，還如從前的士般，實際上還是中國社會之中心。但他們只保持了中心的地位，已失卻了中心的精神。他們只肯剽竊些西方的政治經濟理論，來自便己私，而缺乏一種為大我犧牲的宗教精神，反而離題愈遠地來專一破壞中國社會，打倒中國文化。理論上是消極的所謂革命，實際上是專為個人或派系，或黨團，爭奪各自一份的私權益。於是造成了今天的局面。我覺得目前的中國，依然要走中國自己的道路，要復興「士」的精神來主持領導。這輩人不應該放棄責任，這是社會的靈魂。該像西方耶穌，或中國的孔子，要帶有一種為公眾而犧牲的精神，不能僅憑一套浮淺而實際是自私的政治經濟理論，來掩飾其自營己私的權利觀點，來助長相互間的鬥爭情緒。他必須要有一個精神，有一個信仰，他們實在還是今天社會的中心，不應該躲避。說今天是民主社會，誰也該自由，誰也該平等。實際則仍是不平等，只是這些士卻獲得了許多自便己私的自由。今天的中共，盲從馬克斯，主張以階級鬥爭來領導中國社會之改進，其實中國社會，從秦漢以來已沒有階級。若說打倒封建，則中國也早就沒有封建。若說無產階級專政，則中國的士，早即是一種無產階級。而且是以無產作為他們的宗教信仰的。中國向來有一套士農合一節制經濟的傳統理想，因此在中國絕不會走上資本主義的路。封建社會破毀了，資本主義的社會始終未出現，這是馬克斯唯物史觀不能適合中國歷史進程之真憑實據。信仰馬克斯來改革中國社會，真所謂無的放矢。中國人今天最大缺點，就在把自己本身的社會實相撇過不談，而專門濫用西洋幾個空名詞套上中國社會來，硬拼硬湊，硬叫中國做別人家文化的殖民地。我們希望中國文化還要自覺的站起來，那麼中國纔有新希望。

中國文化與科學

我今天來講此題，首先必會有一問題浮現於諸位之腦際，即中國文化中何以不產生科學？此有兩事當先承認，一、中國人並非沒有科學智慧，抑且中國人也曾在科學上有卓越成就，決不遜於其他民族。二、中國文化亦非反科學，有使科學決不能在中國文化裡生長之內涵質性。其次又當知，西方現代科學，亦自最近三四百年來始產生。敘述西方科學史，固可遠涉及希臘及遠古，但現代科學之正式產生，卻是嶄新的一事件。因此，現代科學之開始產生於西歐，此乃一種歷史機運，並不當涉及文化本質問題。至於西方現代科學傳入中國，仍不生根，仍不能急起直追，突飛猛進，此亦屬於歷史機運，當從中國近代史求解答。

其次當有第二問題，即西方現代科學傳入中國，在中國獲得其理想發展之後，是否與中國傳統文化有衝突，此一問題，當從兩方面討論。

一、就物質方面言

近人常說：西方是物質文明，東方是精神文明，此一分別，實不恰當。當知科學便是一種精神事件，我們決不當從純物質方面的觀點來看科學。而且精神與物質，亦難嚴格分開。有物質便寓有精神，而精神亦必在物質上表現。中國傳統，一向亦並不忽視物質生活。中國古人常以衣冠文物，誇示其文化之優異。可見中國人一向亦以物質進展來代表文化進展者。《易經》言開物成務，自伏羲神農黃帝以下，凡中國古人所稱為聖人者，皆以其能開物成務之故。《左傳》言正德利用厚生。求厚生必先知利用物質，求能利用物質必先懂得正德。正德一語涵有兩義，中庸盡人之性盡物之性，皆正德也。《大學》言格物致知，朱子以窮理說格物，謂凡天下之物，莫不有理，即其已知之理而益窮之以求至乎其極，此為格物。《中庸》言盡物之性，即格物窮理，格物窮理即是正物德，盡物性。但專窮物理盡物性，而人德不正，人性未盡，仍難言利用，故必二者兼盡，盡人之性，又能盡物之性，乃始可以贊天地之化育，與天地參。這即是人工與天德之合一。由於上引諸語，可見中國古人決不曾對物質方面予以輕視。最多只能說中國古人本有此一番極大理想，而後來未能切實到達之而已。

亦有人說，中國是一個農村社會，向以農業經濟為主，新科學發展，新的工商業興起，勢必對中國傳統社會發生甚大影響，此屬當然之事，毋寧謂是中國人本所希望與理想者。但中國歷史上之經濟發展，實際亦決非偏重農事。工商業在中國歷史上，遠從春秋戰國以下，早有高度發展，而且綿延繼續，從未中斷。並有逐步升進之勢。即就城市言，西方歷史上有所謂近代城市之興起，此乃西方歷史上一大事件。因於城市興起，而有工商業中產階級興起，近代西洋史從此轉機，現代科學亦由此新機運中產出。但中國城市，遠從春秋戰國直迄現代，往往一城市綿亙踰二千年以上，其繁榮情形亦始終不衰。所與西方城市不同者，中國城市除為工商業中心外，同時又為一政治中心，各隸屬於中央。故在中國歷史上，要舉出純與西方中古時期相同之情形，實不可得。若此後因於新科學之利用，新的工商業興起，只是給社會增加繁榮。若謂將對傳統社會有激劇衝突，激劇變動，似近杞憂，未符情實。

因此，此一問題，應變為下二問題。一、如何依照中國傳統文化，在科學發達，新的工商驟興之下，來調整中國社會。二、中國社會應如何調整，始可使新科學有突飛猛進，新的工商業有發皇暢遂之新機運。此問題主要屬政治，亦可說仍是一歷史機運問題，非文化本質問題。

二、就精神方面言

中國人一向重視現實與應用，亦可說重視事實與證驗。此一點，亦即是中國文化的精神。因此在中國文化體系中，不僅宗教不發達，即哲學亦不發達。中國人一向所重，乃在道德與教育，教育之重心則仍是道德。故我常說中國文化精神之最主要者，即為道德精神。道德非宗教，非哲學，亦非法律命令，道德乃是一種人類之躬行實踐，經歷長時期經驗，獲得多數人之共同證認而成立。故道德不能遠離了躬行實踐，由純理智之推衍而創生。《論語》說：人能宏道，非道宏人，此言道德乃由人生實踐產生，亦由人生實踐發展。離了人生實踐，道德便不存在。《中庸》說：言顧行，行顧言，君子何不慥慥爾。中國人一向所理想之君子，必是言行相顧，相引而益長。中國人不喜憑空建立一套哲學，或憑空發揮一番理論，中國人認為離開了人生實踐，即無真理可得。真理產出於人生實踐中，並不是先由信仰或純理智之推衍，先認識了此真理，再回頭來指導人生，那即是由道宏人了。中國人只是實事求是，在躬行實踐中求體悟有得。此是中國文化精神，即如《論語》開始第一章，學而時習之，不亦悅乎。此一語，正從孔子個人躬行實踐中體悟得來。並不是孔子純從理智之推衍而窺見了此真理。因此，只此一語，便可獨立存在。此一語，並不需要在某種思想體系中而始能成立者。孔子此語，只是一番人生經驗，後人亦只有各憑自己之經驗，來體悟此學而時習之一事，確是可悅，便夠了。若專從信仰，或理智推衍，即無法體悟得此語。我們正當用此方法來讀《論語》，《論語》好像只是幾許格言，分散不成條貫。但我們若把《論語》

全書融會貫通，自見孔子思想也自有一體系。只是孔子此一番思想體系，主要建基在孔子之人生實踐上。孔子亦是言顧行，行顧言。必待行有證驗，而後言始成立。由此推之中國其他思想家，其實都與孔子無甚大區別。因此在中國思想史上，乃不能有如西方哲學般之發展。

其次，中國思想，極重天人合一。因人類處於大自然之中，人類一切行動事為，不能不顧及大自然，亦不能不與大自然期求一和會合一之道。此即中國人之所謂天人合一。但中國人之所謂天，每主即於人見天，每主即於人之身見天，即於人之心見天。因人即自天來，故天即在人身上表現，即在人心上表現。除人外，尚有物，物亦自天來，故中國人又主即於物見天。因萬物莫非由天來，故亦即在物上見。但如此說來，除卻了人與物，是否更另有一天之存在呢？孟子說：莫之為而為者謂之天。此語最道出了中國人心中天字之真體認與真意義。中國人心中之天，乃是一最高不可知境界，而實隱隱作為此一切現實可知界之最後主宰者。換言之，一切現實界種種事象，或由人道起，或由物理生，此皆可知者。而除此以外，尚有不為人類所能知者，中國人乃謂此為天意或天命。而在西方之宗教與哲學，則或由信仰，或由純理智之推衍，而確言天為如何如何之存在，此乃雙方一絕大不同之點也。

上面所講中國思想上之兩項主要態度，即主實驗與確認不可知，卻與西方現代科學精神甚接近。科學知識，正亦重視實事求是，重視證驗有據。科學知識亦為可以分割而各別存在者。科學知識正貴逐步證驗，逐步推進。科學知識正貴從一些可證可驗，各別獨立存在之逐項知識中，來再求會通。科學知識亦不是由信仰，或由純理智推衍，而先完成一大體系者，科學之體系乃亦由逐步證驗，而逐步推擴改進者，因此科學知識必有一限度，在目前科學知識之最高限度外仍有一不可知境界，此一境界，正與中國人思想中之所謂天相近。因此我敢說，中國人之思想態度及其道德精神，實與西方宗教哲學之與其現代科學之距離，更較接近。由此言之，又安得謂中國傳統文化精神道德精神，乃與西方現代科學精神相衝突而不能並存乎？

如上所講，竊謂科學任務應可分為三方面，一、格天。二、格物。三、格心。西方現代科學，於格物方面成績卓著，但在格心方面，則似尚有缺。西方現代心理學，乃屬自然科學中一分支，乃從物理學生理學方面來探求心理。然其間終是隔了一膜。最近西方心理學亦在逐步推進中，但仍不能脫離其原始規模，最多亦只是著眼在每一人之個體身上，常是把人離開了人圈子，離開了日常群體生活而為之特別安排一環境而來探求其心理現象。其實人心之靈，非投入人圈子，使其外於現實的群體生活中則不易見。中國文化傳統，於此方面，能直接注意到實際的活的人心，其成就似較西方現代心理學遠為超越。中國人自有一套心理學，乃在現實的日常的群體生活中，經歷潛深的自我修養，即實地用證驗工夫體悟而得者。其另一途，則從曠觀歷史以往情實，與社會人群種種繁變而會通得之者。此兩途會并合一，而成為中國人所特有的一種心性之學。此種心性之學固亦重於反省，但非反省二字所能盡。固亦存有主觀，但亦不能以主觀二字為訴病。中國的此種心性之學，仍是注重在躬行實踐與歷久觀察，此與西方唯心哲學家之以純理智之推衍來言心者甚不同，亦不當目之為是一種神秘主義。中國傳統文化，關於人倫道德政治社會一切理想與措施，乃悉以其所認識之心性之學作基礎，亦可謂中國之文化精神與道德精神即以其心性之學為中心。而此種心性之學，則實具有現代之科學精神者。

我們亦得謂西方現代科學，其勝場屬於自然界，其建基在數學。中國傳統文化，依照上方所講，亦當目之為是一種科學，至少乃甚接近於科學者，其勝場則屬於人文界，其建基則在心學。近代西方學者，亦主張自然科學之外，應有社會科學即人文科學，謂人文科學之基礎，應建基於歷史知識。歷史知識正為中國人一向所重視，史學在中國，亦有極長時期之發展，其成績乃非其他民族可比。然究極之，史學只是已往人事之記錄與解釋。雖可以鑒往知來，在人文科學中應占一重要地位，然究不比心學在人事上更直接，更主動，更積極，更把握到一切人事之主要動機及其終極嚮往。中國心性之學，正所謂明體達用，其一向受重視，尚遠在史學之上，然我們亦不妨說心學與史學，乃為中國傳統學術中兩大主幹。中國文化在此方面確有大貢獻，而格物之學則終較西方現代科學之所得為淺。故西方現代科學傳入中國，正於中國傳統文化有相得益彰之妙，而並有水乳交融之趣。格物之學與格心之學相會通，現代科學精神與中國傳統道德精神相會通，正是中國學術界此下應努力嚮往之一境，亦是求中國文化進展所必應有之一種努力也。此種努力不僅可使中國文化益臻美滿，並可為人類新文化創闢一大道，對人類和平幸福可有大貢獻。

再次言格天之學，此項學問，應由格心格物之學兩面湊合而逼近之。西方現代科學，本由天文學開始，而轉入物理學。現在格物愈深微，西方科學已進入太空時代，又將轉回到天文學上有新發展。似乎格天之學，乃偏近於自然科學，而西方成績，亦遠超乎中國之上。但若就我上面所講，人類知識總有一限度，依中國人觀念，就其不可知者而歸之天，則西方格天之學，其效用只在把天之不可知之範圍要求縮小，範圍愈縮小，則天人之分際愈分明。此乃屬消極反面者。而中國人向來格心之學，因於認為心亦是天，故格心愈深，則對於天之認識亦將隨而更深。同時照中國人意見，物亦是天，則格物愈深，亦即對天之認識更加深。此乃屬積極正面者。如是兩方面逼進，格天之學，自會更有新境界發現。故格天之學，必有賴於格物與格心，而格心之學則有賴於治史。而此天與物與心與史之四者之融凝合一之極大理想，則只有在中國思想中早有存在。故西方現代科學，實乃對中國傳統文化傳統理想有充實恢宏之作用，而西方現代科學之傳入中國，專就精神方面言，必具如此認識，乃可以別開生面，更有進展也。

其次有一問題，連帶而來，即關於科學家之人文修養之一問題。科學家終是一個人，而且人的涵義，並非科學家三字之涵義所能盡。因此每一科學家決不能忽略了他的人文修養。西方科學家，同時亦需在西方社會做一人，則同時不能不有西方社會中之一套人文修養。所以西方一科學家，往往同時亦信仰宗教，此項事實，看似衝突，而實不衝突，因西方人在人文修養之立場上，不能不信宗教。信宗教之外，尚有一項，厥為奉法律。信宗教、奉法律，乃是西方社會人文修養之兩大項目也。而在中國傳統文化中，既不重視宗教，亦不重視法律，因此，信教與守法，並不能即成為中國社會中一個理想之完人。中國傳統文化，既是一向偏重心性之學之修養與實踐，因此中國社會，最重人格修養。而達到一種人格完成之理想境界。若使將來中國之新科學家，對於中國傳統之人文修養有缺陷，不能到達此種境界，則將使中國社會專以功利與實用之見解來重視科學，此實有失科學之精神，而科學之在中國，將終不得其滿意之發展。故將來中國之新科學家，應如何重視人文修養，如何同時到達完成一中國傳統文化中理想之人格標準，此事十分重要，應加倍注意也。

惟我敢深信，中國傳統文化中之道德修養，其精神決不與西方現代科學之探討精神相違背。故一位理想之現代科學家，同時極易成為中國傳統文化中所理想之道德完人，而實惟科學與道德之二途會一，始可為將來人類創造新文化。近人多主於科學知識之上，必再加以哲學之綜合，但哲學乃一種純理智之推衍，其成績僅在理論方面，實於人生實際尚隔一層。因此一哲學家同時不必是一道德完人。而一切哲學亦並不即能成為人類之道德，復有多人主張以宗教補救科學之偏陷，但宗教與科學間，一時尚難融和。只有道德可以與科學相成相足。當知宗教雖亦重視道德，而宗教主要在信仰，信仰究與道德有不同，科學可以國際化，道德亦可以國際化，而宗教信仰之互不相容，卻成為人類當前一大問題。蓋宗教不能統一，同樣有一上帝，或信耶穌，或信穆罕默德，西方宗教上之耶回之分，至今不能會合相通，即同信一耶穌，或屬新教，或屬舊教，亦至今不能會合相通。豈惟不能會合相通，宗教流血之慘劇，豈不赫然在人耳目如前日事？而所以解其結者曰信教自由，信教自由乃屬道德範圍。如純由信仰立場言，在一個虔信者之心中，自不願有異端存在。但在道德立場言，道德建基在人心，人與人對面相殺，終非人心之所安，於是只有信教自由之一道，此一道乃為異信仰之雙方所同能接受，是即道德可以解決宗教信仰問題之一個最具體之好例，因其在人類歷史中已有已往可證驗之成績可睹也。

人類道德，不能建基於宗教，若一本宗教信仰，則異信仰者必有互不相容忍之苦痛。人類道德，亦不能建基於哲學，因哲學思想正貴有百家爭鳴，而人類道德則必求於普遍共認。故人類道德，必建基於人類之心性。任何各民族，各社會決不能沒有道德，但多不著不察，而心性之學，則只有中國，乃達於甚深微妙之境界。在古代，如孔孟與老莊，在中世，如佛法傳入後之台賢禪三宗，在宋明，如程朱陸王，此皆於心性之學，有甚深窺見，有甚大造詣。縱其相互間，亦有出入異同，然要言之，總不出兩途，一是歷史與人群事變之曠觀玄覽，一是一己內心之潛修默悟。

觀於外，可以證於內。悟於己，可以推於人。中國的心性之學，則確然有科學基礎，乃及歷史證驗者。

今試再專拈一節論之，孔子有言，知之為知之，不知為不知，是知也。故人類知識最正當與最可貴之處，正在其同時知有所不知。知與不知之謹嚴分別，此亦科學精神之主要一項目，而同時為中國傳統道德之所重。孫中山先生提倡知難行易之學說，行易鼓勵人實踐，知難則警戒人謹嚴，保留此一知與不知之分寸與界線。最近中國社會，因於太重視科學之故，遂致凡屬自己所不知，或所欲排斥者，即一切排斥之謂不科學。乃致對中國人一向所重視之傳統道德與心性之學，亦斥之謂不科學，對於中國文化傳統與思想傳統，亦斥之謂不科學，不知此不科學一語之本身，卻真是不科學。凡屬現實，則皆應在科學家探討之列，凡所不知，則僅屬我之所不知，卻不能因我之不知，而遂謂其無可探討，與不值得探討，科學精神，決不如是。

真屬一個有人文修養之科學家，惟當專一精心探討其所不知，卻不應鄙夷其不知，而以不科學斥之。然人類之所不知者，實遠過於人類之所知，而科學家之探討求知，必貴於專一。如是則天地之大，萬物之繁，科學之分門別類，愈入愈深，愈分愈細。乃至科學家之間，亦成為互不相知，而綜合一切科學所知，仍遠小於其所不知之範圍。如是則科學知識將成為支離破碎，各有門戶，各有壁壘，其有利於人生者，勢將連帶引生出有害。因此科學家首先當謹守知之為知之，不知為不知之明訓，同時則於其科學範圍之專家探討之外，必具一番人文修養，而人文修養則必可相通共認者。如是，始可於同一文化中有相悅而解之樂，亦可於各自探求中，有百川滙海之效。

鄙人於科學乃一門外漢，此番演講，亦恐多有不知以為知之嫌。其用意亦僅在提出此問題，以供關心此問題者之深入研討。有疏謬處，則惟請諸位之原諒。

中國文化體系中之藝術

我很抱歉，藝術系要我作講演，已有好幾次，至今才能答應來作第一次的講演。今天的題目是「中國文化體系中之藝術」。

中國藝術代表了中國文化的一部分，到底在整個中國文化體系中，藝術的地位和意義是如何，它在什麼地方代表著中國文化呢！

中國文化，簡言之，乃以人文為中心。人文二字，指的是人群相處的一切現實及理想。中國文化之表現與成就，都圍著這人文精神作中心。故此中國文化體系能融通為一，莫不圍繞此中心，而始見其意義與價值。換言之，中國文化亦可說是以「人生作本位」。人生兼指個人人生與大群人生言，而這兩部分的人生自亦需融通為一，可不詳論。此下我們將根據此講法，來引伸下面所講；

同時，亦以下面所講，來證明上面這講法。

西方文化，比較與我們有一點不很相同處。人生本在宇宙自然之內，且為宇宙自然中極微小之一部分。他們西方人，好像偏重於先向外去探究自然，在對自然有認識了解後，再回頭來衡量和決定人生之意義與價值。如宗教，如科學，莫非先向外，然後再轉到人生方面來。在中國則先看重「人」，再由「人」而擴充到外面去。

古代希臘人，將宇宙分作真、善、美三方面，科學求真，道德求善，藝術則求美。這種三分法，逮至近世如康德，乃至最近，似乎無大改變。中國人看法，與此不同：似乎中國人認為，凡是美的，則同時亦兼真和善；而凡是真的、善的，同時亦兼美。換言之，在此天地間並無分別獨立的美，亦即是說，沒有離開真和善而分別獨立的美的一世界。所以在西方美術可與科學宗教三分鼎立，而各有其專門探討的領域；中國則仍是融通為一，真善美應該同屬一體。這一觀念非常重要。中國人看事物，往往不注重分別觀，而更注重融通觀；凡合乎中國人理想者，都見其相互融通而圓滿具足。要講中國藝術，亦須由這一點入手；即講文學、哲學，乃及其他，亦無不然。這是我今天所講，要請各位注意的第一點。

在宋代理學家中，有周濂溪作太極圖，此圖乃是代表宇宙之全體者。在一體中包涵絕對相反之兩面，一陰、一陽。絕對相反之兩面而卻凝成為一體。既屬如此，則真善美並非對立，其在一體中，自可不必強為劃分可知。

宋儒又謂「萬物一太極，物物一太極」。整個宇宙是一太極，而在此宇宙中之任何一物，亦同為一太極。此謂任一物之在宇宙間，其所表現與完成者，與整個宇宙之所表現與完成者，同是完整之一體；在意義與價值上，雖不能相等，卻還是相同。換言之，凡在此宇宙內，不論其是一人、一禽獸、一草木、一水石、一桌椅、一碗碟，乃至一微塵……不論其有生無生，有情無情，同表現在此宇宙之內而達於一完成，即不能相反，而只是相同。倘使此宇宙間之一切表現與完成者，均與太極不相同，則何能集合而成為一整體之太極！故說：個人人生即可代表大群人生，並可代表宇宙大全體，此即是物物一太極，即可代表萬物一太極。宇宙是一大天地，個人是一小天地，大小固不相等，天地卻不相異。此乃從人本位講。倘若換以一禽鳥、一蟲豸、一草一石，乃至一微塵，各可如此講。現代物理學家言，一原子之組織相似於一整個宇宙之組織，亦可謂是物物一太極。此一層，乃是中國人的宇宙觀及其人生觀，亦即是中國人之哲學。這些哲學觀念亦與前講文化體系一般，都是融通為一，即中國人所謂之「天人合一」。

現在依上述兩點來談中國的藝術。我對藝術是門外漢，但不妨從門外來看門內，也不失為是一種看法。其他暫不講，單來講繪畫；也許會講得過於空洞，或過於高遠，但總可為諸位學中國畫者作參考。

說到繪畫，亦有兩方面：一是畫家其「人」，一是所畫其「物」。誰在作畫？畫的是什麼？我之所畫，不即是我，畫家與其所畫應有分別。但依中國人理想，則此二者仍當融通為一。若說：「因你能畫，故稱為畫家。」此是一說法。但亦可說「因你是一畫家，所以能畫。」這兩句話所說意義不同，前一句話的價值偏重「物」、在外面，指所畫言；後一句話的價值偏重「人」、在內面，指畫家言。諸位學畫之目的，究在求為一畫家乎？抑求能畫一幅畫而已乎？此處所謂能畫，依佛家說法，則是所畫。能所應是合一，而實是能為主而所為從；應是先有能，始有所。若說學畫，重於所字，則在我們注意怎樣去學作畫的一切技巧與方法。若說成一畫家，重在能字，則試問我們於怎樣學畫之外，如何又有另一條途徑去修養成就為一畫家呢？這道理看似很難講，其實卻是簡單易明。猶如說到一政治家，請問是否一定要跑上政治舞臺從事政治活動，做大官，才能或便能成就一政治家的呢？當知跑上政治舞臺，從事政治活動，做大官的，並不即是政治家。而理想的一位政治家，卻可以不上政治舞臺，不從事政治活動，不做大官，而人人想望他應是一政治家。此一人跑上政治舞臺，從事政治活動，做了大官，才始可以有理想的政治事業之表現與完成，因他已先是一政治家了。至於教育家亦然。我們不能說只要從事教育工作的便都是教育家，此中道理，從深處講，似乎不容易；若從淺處講，卻人人可明白。

無論教育、政治、藝術都是人的事業；事業必有所表現、有所成就。而表現、成就的，都在外；在那些表現成就之後面，則必有一個主，主則在內不在外，這即是此人。今我試再問，假定此人是一藝術家，他一生畫了千幅名畫，是否把此千幅名畫加在一起，就等於此一人了呢？這裡卻就大見有問題。如說孫中山先生和華盛頓，是否將其一生豐功偉業擺在人面前的加起就等於一個孫中山、一個華盛頓了呢？當知此說斷乎不是的。中國傳統文化主要看重人，故謂「一位政治家完成絕大政治事業，一位藝術家創造絕大藝術作品，這些只是餘事。」所謂餘事，乃是指其完成為一大政治家大藝術家之後，偶然有所表現，而在其人論，則只是些多餘的。因此種表現與成就，是要碰機會的，即是說，須在某種機緣配合之下，才可以有此表現和成就。若無此機緣，無此表現與成就，應該仍不失其為此人。如若諸葛亮不遇劉先主三顧草廬，不出來做事，此一諸葛亮之價值應該並不會比出來做事的諸葛亮低了些。而孫中山華盛頓投身革命，開創中美共和，依照中國人人本位的文化傳統觀點來看，這些也都不過是餘事。在孫中山與華盛頓，他們平日志趣之內蘊，與其人格之積養，始是主要的。其碰到機會而有所表現與成就，則只能說是餘事了。一位藝術家亦然，所畫是其餘事，此一位畫家的平日之志趣內蘊與其人格積養，即說其人之本身則是主。事業之表現，成就在其人，而人的圈子比他的事業圈子大得多。中國文化理想重人，以「人」為本位，人之價值不能即以其事業之表現與成就而定。由此遂講到人的品格上。品格有高低，有時與其事業之表現與成就之大小，並不定相稱。

品格由於天賦，但亦由後天修養而來。今只就繪畫論，中國論畫有所謂畫品，如神品、妙品、能品、逸品等。當知畫品正從人品來；反之，卻不能說人品仍從其畫品來。試問其人只是一個鄙俚俗人，他如何能畫出一幅當得上逸品的畫來。此刻諸位初學作畫只望能像一幅畫，可不懂得什麼叫畫品；但作畫而進入高境界，則不能不論品。而畫品與人品，最後還是相通合一，這一層大家應該特別注意。

中國人論畫，又重「氣韻」，南朝謝赫六法，首言「氣韻生動」，此氣韻生動四字原本指人物畫而言。下及宋明以來，對山水、翎毛、花卉等亦講究氣韻了。現在我請問諸位，欲求畫中人要有氣韻，而畫家本身其人沒有氣韻，則豈能辦到？故此問題又要回復到畫家「人」的身上了。人生在大自然間，儻使自然只是一塊然大物並無氣韻，人生其間又何來有氣韻！故此仁者樂山，智者樂水，一山一水，一花一草，都有其活潑生機，亦即都有氣韻。塊然大物有氣韻，一花一草亦有氣韻，此亦所謂萬物一太極，物物一太極。畫家要能了解到此，自然其一筆一墨都能表現出天地間的氣韻生機，而此畫家之胸襟境界以及其人本身之氣韻，也就不問可知了。

以上所論，只說要學藝術，得先要學做人。人的品格是大前提，筆墨巧技乃是餘事，故在超乎講究畫法之外，該是另有一套修養。茲且舉兩個故事來講：㈠《莊子》載「宋元君將畫圖，眾史皆至，受揖而立，舐筆和墨，在外者半。一史後至，儃儃然不趨，受揖不立。因之舍。公使人視之，則解衣槃礴羸。君曰，可矣。是真能畫者也。」又㈡北宋孫知微欲在某寺壁畫水石，構思經年，不肯下筆；一日，忽倉皇入寺，索筆墨甚急，奮袂如風，須臾而就，畫成，水勢洶湧，傳為名作。此兩故事，初看若不相同，然同可說明在畫家作畫前必有一番心靈境界始有所謂神來之筆。照用現在心理學名詞，前者是「放鬆」，後者似是「緊張」；前者是滿不在乎，後者似是精神集中。其實此兩境界相反、相成，只可說是同一境界之兩面。在佛家所謂提得起、放得下。當知此等心靈境界，不是無端忽來的。近人好言「靈感」；靈感也不是人人可有，時時可有的。怎樣才能有靈感？怎樣才能下筆如有神？這在講究畫法技巧以外，另是有修養。畫品即是人品，畫的境界，即是人的境界。可知修養成一畫家與畫成一幅畫，其事廣狹深淺大不同。諸位體悟到此，始能深入畫家三昧。

論作畫又有兩途，一「寫生」，一「寫意」。中國自宋元以後，特別喜歡講寫意。現在我替「寫生」和「寫意」這兩個名詞下一解說——寫生是寫外物之形象；而寫意則是寫內心之情趣。倘若作畫，僅知寫生，不知寫意，照中國人看法，只是達到畫之「技」，而未臻乎畫之「道」。但若僅求寫意，不能寫生，則他可以寫一首詩，或寫一篇散文，但不能成一幅畫。故知一位理想的畫家要能寓寫意於寫生之中，由寫生中來寄意，藉外物形象來表達畫家內心情趣，使寫生與寫意、即人與物融通合一，這也就不容易。

今試約略闡釋此中門徑。諸位當知在作畫寫生之前，必先要有一番「觀」字工夫，不觀又何以能寫，但觀的工夫卻大有不同。如諸位到郊外去學習寫生，豈不在寫生時即有了觀，此固不錯。但中國人一向對此觀字卻甚為看重。我們須能觀天、觀地、觀人、觀世、觀萬物。宋儒邵康節著《觀物內外篇》，大有發揮。這不是件易事。諸位須先能觀生，然後才能寫生，而觀生則是一種大學問，包括觀天觀地觀人觀世觀萬物都在內。要能觀其大、觀其全、觀其通、觀其變。孟子說：登東山而小魯，登泰山而小天下；又說觀乎海者難為水。觀山，不可限於一邱一壑，觀水，不可限於一波一折。而且觀山不可限於山，觀水不可限於水。如是說下，便有無限修養，無限妙境。

因此中國人寫生，不如西方人般站定在一角度上，又拘束在一個時限內去寫。應求能超越時空限制，詳觀其正、反、前、後。多方面去觀了，又須長時期去觀，又須能觀其大、與全、與通、與變，如此成竹在胸，乃始落筆。所以中國畫沒有陰影，陰影必是在某角度某時限中所有。中國人作畫，主張先得其全神貌，然後在全神貌中描出其一情態。此一情態，才是活潑如生。此亦是萬物一太極，物物一太極。中國人畫山水，決不是站在某一角度去畫，所以在一幅畫上，可以畫出群山萬壑，可以畫出千曲百折。如此卻是畫的真山水。我們不能只看小天地，應放開眼光懂得看大天地。又必放進歷史時間，從悠久變化處去看，如是才能體會深刻。換言之，外面物象，並不易看，須要從多方面及長時間去看。如是始能「超乎象乎，得其環中」，這是說要跳出事物的囿限圈套之外，而後才能默會深察事物內在的神髓。宋人詩云：「道通天地有無外，思入風雲變態中」，這才是達到了觀大、觀全、觀通、觀變的最高境界。中國人寫字、作畫、作詩、為文，以至參禪學聖，都是同此一道理。畫家說：「外師造化，內法心源」這兩句話，要能把內在的心源和外在的造化融通為一，那就是中國畫學理論中之顛峰了。

如是般的由觀而寫，寫生與寫意自可相通合一。正為萬物一太極，一物一太極，所以無論一花一木，一鳥一蟲，鳶飛魚躍，翠竹黃花，道無不在。藝術家筆下一些小天地，小花草，卻能令人欣賞到天地之大，草木之繁。縱使是一門外漢，亦能目擊道存，不言而喻。所以在一畫家之專門筆墨技巧方面，可能不容易獲外人欣賞，但此畫家在其畫上所表現出的局度氣韻神態生意方面，即是他所能獲得的道通天地、思入風雲的更高境界，卻可以不愁人看不懂。近人又常說，不得不降低自身的畫品，來求迎合俗人的口味。其實，作品真好，則不愁沒有人欣賞！那些一味迎合俗好的畫家，仍見其觀人觀世之不深。

再講，中國畫不重距離，不像西洋畫注意比例透視大小等。此亦其不得已，而亦有其所當然。如畫泰山，若要畫出其全景，則決不能站在一限定的角度去畫。須得縱身而觀，須得聳身淩空，從高處來看其全，如是乃可由山腳畫到山頂。否則眼前一拳石，便把全山視線遮掩了。當知泰山本身本沒有此遠近大小之別，這是畫家在限定的角度下之一種主觀。須把此角度移動，須把此主觀融化，須能從泰山本身來表現這泰山。不然的話，則會徒歎「不見廬山真面目，只緣身在此山中」。

我在羅馬聖彼得教堂，曾看過一幅在文藝復興時代的名畫。那是一幅大壁畫，人物攢聚，濟濟一堂，氣魄宏大，局度恢張。置身畫前，使人亦如神遊其境。但若依照遠近大小比例，則決不能畫出此景象，而此景象乃是一種真景象，須是淩空高視，始能攝取此一景象之真。此一畫之畫法，卻與中國人畫法不謀而合。我又曾在泰安嶽廟，看過一幅宋真宗封禪圖的壁畫，大殿三面壁上，全是此一幅畫，千人萬騎全行列至少有數里之長，畫中不僅有人物，並有外景山川樹林道路等等，活像是用電影機連續不斷拍攝下來一般。試問又如何能站定在一角度來畫出其遠近大小之比呢？這正所謂徒見其所見之不廣而已。諸位要成一畫家，至少應能懂得縱身而觀，懂得觀其大，觀其全；又能進而觀其通，觀其變。如此般來觀天地、觀人觀世、觀萬物，再落筆作畫，那就知作畫實僅是一餘事了。

我們從此又知，中國人畫小幅，實是從畫大幅脫化而來。宋人畫冊頁，也是由以前的大壁畫演變而出，所謂「尺幅有千里之勢」。又說「咫尺之圖，寫百里之景」。若懂得了此層，又知如元四家倪雲林作畫，寥寥幾筆，一土丘、一牛亭、一樹、一石，而自有天地，自有氣象。由大幅可以縮成為小幅，自然可以由繁筆減成為簡筆。落墨不多，而意味無窮。

最後還有幾句話要說，中國畫家稱梅蘭竹菊為四君子，所謂君子，其中自寓有人格修養之意義存在。何以千卉萬草之中，梅蘭竹菊四者，獨得稱為君子？我們畫梅蘭竹菊，當然不僅要畫得它像梅蘭竹菊，還須畫得它像一君子，或說像一高人雅士。人中何以有君子小人之別，何以有高下雅俗之分？此一見識，也就不容易，非有大修養，無法與他討論到此。此中有胸襟、有氣度、有風韻、有格調。諸君試從此參入，也可漸有所窺見。

或許諸位認我上面所講，不是在講作畫，卻是在講做人。但我們的理想，並不是只要培養出一些囿於一曲，僅能在藝術上依樣畫葫蘆的畫匠，而是要培養出一些大藝術家來。若真是一個大藝術家，則彼之品格，必然是卓然獨立，與眾不同。此必須有大體會，大修養，不是憑空可以獲得成功的。我盼望諸位以後多下工夫，朝著這條大道去開創中國藝術的新天地，使諸位將來成一畫家，也是中國文化體系中理想一畫家，而其所畫，自然也是代表中國文化的理想藝術品了。

從中國固有文化談法的觀念

中國固有文化思想，以儒家為正統，而以孔、孟為其代表。法家以申不害及韓非為代表，向不甚受重視。迄至近代，因受西方思想影響，國人始提倡法治並尊重法家，如梁任公所著《中國六大政治家》，譽管仲、商鞅、諸葛亮、李德裕、王安石、張居正六人，均為偏重經濟與法治者。惟重「法治」與「法家」思想並不相同，中韓法家乃是一種政治思想，認為一切政治均應以法為主，其所謂法則指狹義之刑賞而言，掌握此刑賞之權者為君主，君主憑藉此刑賞之權以為控制，此乃利用人民好賞惡罰之一種手段，法家思想大致如此，此乃以刑賞之權為治術。故當時又分申不害為術家，韓非為法家。其實此種分別不關重要，要之是以刑賞為法，以法為治，則無大別。儒家亦講法，法本於道，法乃為治之道，非為治之術。治者平也，治字本義為水平，法字本義亦相通。為治者須使社會上下得其平故貴立法，非如法家之以刑賞為控制，乃是所謂治國平天下一切皆貴有法，足見一般人所謂儒家不談法之說為謬。

中國第一部法律書乃出魏文侯時李克所著，李氏乃孔子門人子夏之弟子，是為孔門之再傳弟子。第二位談法者為魏武侯時之吳起，吳氏乃孔子門人曾子之弟子，亦為孔門再傳弟子。第三位始為商鞅，商鞅本魏人，後事秦為秦變法圖強，其所變法則承襲李吳而來。故當時西方秦國變法乃繼東方魏國而起，足見中國歷史上談法治乃自儒家始。申不害韓人，時代稍次於商鞅，韓非亦韓人，乃在戰國晚期。韓非曾受學荀況之門，然則法家亦與儒家有淵源。太史公謂申韓，源於道家，蓋是雜采儒道而均不得其精義。

近人受西方思想影響好談法治，而僅知有申韓，不知孟子曾言：「上無道揆，下無法守。」明以道法平提，道猶如水流，法則猶其隄防，兩者相輔而前。揆度也，道之審度之權在上，釐定大計，定而為法，使在下者有所遵守，而天下治。孟子又設想舜為君，皋陶為士，即當時之司法部長。設舜之父瞽叟殺人，皋陶欲治之罪，舜當如何處理。舜若依皋陶入父於罪，則有悖於父子之大倫。苟欲順父子之情，而皋陶守法不屈，又不能強其枉法以從。在舜實為進退狼狽，欲求兩全，不使皋陶失職，則惟有偕父潛逃遠避海濱，自己把君位丟了。由此可見儒家對法重視之一斑。

中國人重道，猶言道路，非徒尚理論空談，須能人人由之。故講道則必言禮，禮即人生中一切之規範，乃是道之見於日常人生而使人有所遵守者。又曰：出乎禮則入於刑。蓋禮是導其如此，刑是禁其如彼，兩者正相反，但違禮不即入於刑，其間尚有一段距離與空隙，而法字則同時兼有此兩義，故曰禮法，又稱刑法，則刑雖在法之內，其範圍則較狹可知。孔子有言：「道之以政，齊之以刑，民免而無恥；道之以德，齊之以禮，有恥且格。」前段乃略如申韓法家之重刑法，後段乃為儒家所重之禮法，此乃禮治與法治之別。故儒家的政治思想乃主合道法而為一，亦即是納民軌物之謂也。

漢高祖與民約法三章，曰：「殺人者死，傷人及盜抵罪。」抵者相抵，亦有平義，此三章乃中國言法之最起碼之始點，實則其言太粗略不能認以為備。如子殺其父，若謂法律之前，人人平等，則所謂殺人者死，初不因子殺父或父殺子而有異，子既殺父，則殺子即可抵罪。然衡諸中國固有之倫理道德，則子殺父，臣弒君，均被目為大逆不道，與普通殺人迴異。欲論法律，必先了解法律在整個人生中之意義及地位。如羅馬法與日耳曼法所以有不同，非僅法律條文之不同，實因其歷史背景及社會人生理想有不同而致此，故學法律者必明及法律條文之外，應知法律與整個人生社會之關係，始謂之通人。

法律之最大作用即在保護人之利益，而利益中最大者則為財產利益，人身與生命則尤是財產利益中最大者。蓋必有此，而後始有其他財產利益之可言。而法律之所保護，則不僅保護被害人，並應同時保護加害人，雙方既均受法律之保護，故法律貴得「平」。然加害人所加害者又可有兩方面，一為害人，又一為害道，如子殺其父，以言害人則父亦一人，子亦一人，一人殺一人，與一般殺人無何差異。然若言害道，則所害者實大。其受害者可以遍及全社會乃至後世。在法律上父子雖同為人，在道義上則一為父一為子，地位絕然不同，當非僅「殺人者死」一條文所可概括，從此研求下去，情形甚複雜。殺人者死僅一死條文，而殺人則為一活行為，殺之情節萬有不同，故殺，誤殺既各有異，法律亦無法一一為之列舉而無遺，故必就事定判。如言故殺自為最正式之殺人犯。然在古代有積意存心報殺父之仇之一項，子為父復仇，同是殺人，但在倫理上言則亦是孝道，衡之於法，則殺人者死，固為死路一條，揆之於理，則中國古人咸認此種情形可邀寬減之輕刑。因此，刑之從輕從重，其標準乃在一一揆之於事之情，而事之情之所以有不同，乃在事象後面有其心理之不同所致。如謀殺，除殺人一行為外，亦尚有種種之計謀相異，故判法者應由「殺人者死」之條文進一步去理解其所殺之人之不同，與其殺人之事之不同，更進而研究其殺人心理之不同，此其繁重可想。若僅以一死條文而欲判斷天下事，則有時會判不下。故知定法難，守法易，而判法亦實難。中國歷代定法尚有律例之分，律是定法，例屬判法，「律」有不能包括的許多特別事情，須得活判，乃產生了所謂「例」。經著為例，則嗣後類此情形者均可援例而判。執法者苟認其事不合於某條之律，則適用某例而加裁判，其結果雖若有不合於律處，而卻反為合於理。

故例乃律之變，例愈多，適用範圍亦愈廣愈密。幾經演繹之後，後人又將前代之例著之為法，又復因應時變增加新例。要之，例所以補法律之不足，而使判案能得事理之平。例是在死法中寓法義，而義理深微，故學法者貴能為一通人也。

所謂「法律之前，人人平等」，此語有時會說不通。如子殺父與父殺子，父子在人倫基礎上有不同。即父與子之關係及地位有不同，即不能等量齊觀。其人有殺父之心，揆之倫常，乃為大逆不道，罪大惡極。即因其殺父之心與殺一通常人不同，故在法律上即不能與殺一通常人者同等處理。如幾年前，射殺美國總統甘迺迪之兇手，在美國法律界注重追究其有無精神病，應否予以輕減。然依中國古代法律觀點言，殺一國家元首，究屬非同小可，何況甘迺迪之生與死，不僅限在其個人生命上，即其國家安全亦與有關。甚且影響至於整個世界局勢，則豈能與殺一普通人相提並論？或人懷疑：此項意見，豈非在法律之前，因人之地位不同而遂使法律陷於不平等，實則不然。此因人之地位在基本上就不平等。及其至於法律之前，則並無不平等。只因犯法者所害大則應受重判，所害小則應受輕判，如是而已。再如一兒子被其父打傷而至法院控告，與一父親被兒子打傷而至法院控告，法官處置，當必有不同，此可斷言，此乃所謂斟情酌理，法律亦不能外於情理也，傷人如此，殺人何異？故此非一純法律問題，實為社會人生大道上一項大理論，大問題。理想所在，法律亦不能獨自脫絕也。諸位將來運用法律，當知法律之前面必有人事，人事遭遇亂端，法律始有其用，如若天下太平，社會無事，人民不上法院，則整部六法全書一個字也用不到豈不更好。故須知法律之外實尚有一個大天地，即我上面所說之道。除法守外，尚有道揆。不能單憑法律而抹殺了一切人倫大道。因此，所謂法律專家，若僅關閉於其專門知識之小天地內，而不知外面尚有一個大天地，則僅知守法，守法有時亦可出亂子，故必先通人事，而後始能談法律也。

殺人傷人之外，再說到盜字，漢文帝時有一盜入皇帝私廟中，偷走貴重之禮器，當時司法大臣張釋之治之以罪，文帝認其斷得太輕，不以為然。張釋之說：「皇帝要我判，我只能這樣判。」文帝說：「他偷的是宗廟禮器與一般物品迥異。」張釋之對說：「設若有一盜，偷掘皇室墳墓，盜其寶物，又應如何判處？」文帝啞然。足見司法獨立之精神亦素為我國所重視。同時，執法者除須於被害之人與事之間求其平，仍應於事與事之間求其平。故從事司法者，不僅須懂得條文上之法，又應了解社會上種種複雜的人事。而尤其重要者，是在執法者能求得能知得犯法者之情實，此則須在自己內心的修養上有工夫，如忍耐心，如謹小慎微心，如善探求深入心，善疑不輕信心，善斷不搖惑心，善思辨心，而求判得公正則更不易。如一個醫學院學生讀了七年畢業，不定能成為一個好醫生。一位學習法律者雖在大學中修了四年或五年的課程，復在訓練所接受一年至二年之訓練，撇開其法律知識不談，在其內心修養上尚難謂已能達於一較高之境界。蓋一司法官判斷是非曲直，動輒關係人民之生命財產，其內心修養之最高極致在能達於平。而人心卻又最不易平，雖欲勉力求之，仍難使其真正達到不偏不倚公平之境界。昔有一名儒與一子一侄同居，常思：兄嫂已不在，惟此一子，我應好好教養，視同己出，絕不能有絲毫偏差，遇自己兒子有病，他狠著心，不聞不問，侄子身體不舒服，他即噓寒問暖，百般撫慰，在彼乃欲力求公平而矯枉過正。抑且當其兒子病時，彼雖未去探視，卻輾轉反側，不能成眠，侄子不舒服，彼前往慰撫後，返到臥室，即已呼呼入睡，可見其內心實際上還是不公平，此乃彼所親口告人者，可見人之心理修養工夫之難盡。

中國人談修養，咸認應具智、仁、勇三達德，一位司法官，同樣應具此三德，缺一不可。不知不足以判事，不仁則囿於法律條文，難期得事理之平。再則犯罪之人，或因有特殊之背景，別人因畏於勢力而不敢為公正之判斷，此時即必須有足夠的勇氣，始克有濟。故儒家言法治，即必以道德為始事。諸位若認自己要成為一個優良的司法官，而崇尚申韓法家思想，此則必然大誤特誤。蓋沒有道德即談不到法律，猶如沒有生命即談不到健康。故我希望諸位均應具有大智、大仁、大勇的最高道德修養，來做一個真正通人事的司法官，應以中國固有文化的精神來推動中國的法律。中國社會向極重視執法判法之官，稱之為青天。小說中如《包公案》、《彭公案》、《施公案》等，較之西方偵探小說大大不同。偵探只是小才小知，非大德大行。司法所尤要者，乃在其道德上，更重要過其在法律知識上。其自身在道德中，乃始知道德，世道人心是大知識，好善惡惡是大修養。即如宋代之包公，小說戲劇，流傳社會，直到今天，何等受人崇敬。包丞時代之法律，當然和現代大有不同，但包丞之人格修養，及其受當時和後世之崇敬，實在足為我們司法人才之鼓勵和楷模。

中國文化與海外移民

中國在海外有許多移民，因此中國文化也隨了移民流傳海外。我認為在今天，若從這個角度上來研究中國文化，比較或更加有意義。但我個人對海外移民情況不太清楚，此層要請諸位先生原諒的。

我認為要研究一個民族的文化，有兩大對象，一是研究其歷史，一是研究其社會。要了解一國之文化，必先了解它的歷史及社會。也可以說今天的這個社會種種寫下來，便是歷史，反過來說，歷史的成績與結晶，即為社會。所以二者實為一事。

社會的種種，有許多寫在歷史上，也有許多不寫在歷史上，海外移民在中國歷史上寫下來的，並不算多。可是從海外移民實際情況，能用研究文化的觀點來看，倒可以明白這一個國家的大傳統。歷史傳統和社會傳統合起，便成為文化傳統。

中國歷史與社會所有別於他國者，乃由於中國具有五千年悠久之歷史。在今日世界上實找不出第二個民族，具有如此長的傳統。中國社會是一個龐大的社會，東北、西北、西南……凡有中國人在的地方，即成為中國社會。今天我到新加坡，不僅碰到的全是中國人，而且進入了中國社會。

但中國社會究是什麼呢？我們看，在舊金山、菲律賓、香港……等地，凡是有中國人在，也必有中國社會，有中國情調，中國風味。這個社會可能是一個家，一個村鎮，一個城，要之一切使我們感到這是道道地地的中國社會。但它究竟是什麼？我說是中國文化形成的一個混凝的特質，有時，這個分別，我們不一定能講出來。

至於我們的移民社會和國內的社會，究有什麼不同。我說廣東福建是在我們政府之管轄下，海外的移民社會，乃是在外國政府之管轄下。前者是在國境之內，後者是在國境之外。

所謂中國社會或移民社會共同之點又在何處？我認為有兩大特點可以說明。一、歷史上看，中國社會有其堅韌性，因其堅韌不易破壞，因此中國歷史，綿延迄今，已達五千餘年。二是適應性，中國社會可以生存於黃河流域，長江流域，珠江流域甚至在海外任何一個地方。例如，我們去臺灣，臺灣經過荷蘭人占領，日本人統治，然而我們在臺灣，看不見荷蘭與日本的社會，雖然日本統治臺灣，已五十載。今天的臺灣社會，全是中國社會，中國情調，中國風味——至其所以能這樣的最大原因，便是依靠文化。

中國之有海外移民，我認為有兩個因素。第一，其出發點是屬於經濟的，許多中國人，在家鄉生存不下，無法謀生，所以單槍匹馬，若落葉之飄於海上，流至海外，尋找生活，於是在海外成家立業，找定了飯碗。第二，出發點是屬於政治的，常常在非常時期，國家大亂，政治解體，於是有大批人民集體向外逃亡。例如今天中共當政，許多人逃至香港，新加坡——遠而及於美洲。這無非是逃難。這樣的集體流亡，在中國歷史上，實例很多，遠自三國時代，黃巾之亂，便有大批難民，逃向安南。

一個中國人，他為了經濟上的謀生，政治上的安全和呼吸自由空氣，流至海外，成家立業，有者且成巨富。於是一批人存在下來，整個中國社會隨著存在下來，這樣一個社會充滿了中國情調，中國風味，因為這許多中國人出去，身上都肩著中國文化。諸位不要認為中國文化專在幾個讀書人，或是研究文史哲學的人身上。在他們身上的中國文化，實在太淺薄，不能生根。真正的中國文化，具有堅韌性及適應性的，必是深深地印在每一個普普通通的中國人的腦中。血液中，是這一個民族這一個文化所產生的一個中國人。所以是中國人的情調，中國人的精神。這是歷祖歷宗數千年傳下來的一份寶貴遺產。一個人受了這種文化洗禮，才成為一中國人。人與人相聚而形成了一中國社會。這社會是由文化產生，不是由經濟產生。中國人移民海外，是為了經濟條件而來。他不讀書，不識字，但他出來時，身上是肩著中國文化的傳統，所以我認為在從今天海外這個中國的移民社會來看中國文化，比讀二十四史或更感親切，更有啟發之處。一個社會，必內有中心，外有外圍。其中心用作內部之團結，其外圍用作對外之防衛。其他國家民族出外，內面有宗教團結，上面有政府的政治力量隨在後面保護。例如西班牙、葡萄牙移民到外面去，他們船隻停泊，上了岸，在一個荒島上插上了他們的國旗，建起天主教堂，於是這個荒島，久而久之，便成了西國或葡國的殖民地。兩國的移民，如發生了爭執，便是兩國政府間之爭執。這種移民，乃是近代帝國主義殖民地式的移民。但我們中國人則不然。我們移民出去，其內部沒有一個固定的宗教，對外也沒有政府力量跟在後面，這是一個特別的現象。

中國移民出去既沒有政府保護，又沒有宗教聯繫。所謂政府，亦不外乎對外有武力，對內有法律。而我們的移民則沒有法律，我們遵守人家的法律，武力更不用講。這樣看來中國移民實在好對付。只要有飯吃，什麼都好。中國人真像是一盤散沙，但這一盤散沙，不久便自然而然地成了一個社會，他們有自己的一套。這便是中國文化的力量。中國移民，外缺保護，內乏組織，一點野心也沒有，僅為個人謀生，暫時避難。然而中國人民到了海外，發生了力量，形成了社會，這實在是我們文化的潛力，如無此種力量，中國人早已不能生存在這個世界了。在這個力量中，應該值得我們去研究。

中國社會之形成是由修身、齊家、治國、平天下這一套。但華僑在海外只有修身齊家。這個國是人家的，不是我們的。於是有人說中國人不愛國。其實中國人不是不愛國，中國人只是把國的觀念看得較淡，因在中國人觀念中，國的下面有家，國的上面還有天下，家和天下比起國來同樣重要。

所以可以說中國人在國之上還有天下的觀念。我從前在大陸，未出國門一步，不能真知道中國人的這個天下觀念。今天一到海外，到處看到中國人的天下觀念之表現。中國人沒有忘記了他的國家。他要回去，他們隨時都可有回鄉運動。去年大陸共產政府歡迎人民回鄉，於是在香港，一船一車的人，滿載而歸。但他們去了不久又回來了。他們回去僅僅是看看家人，重溫舊夢而已。香港許多老媽子，她們也曾大批回大陸，她們同政治毫無關係，她們更不知今日是秦，明日是漢，這是國民黨，彼是共產黨。她們渾渾不知。他們到了海外，是不會忘記家鄉的，但是他們回鄉以後，仍然要出來。這便是他們的天下觀念。

中國人的天下觀念我們可以在《論語》中看到「言忠信，行篤敬，雖蠻貊之邦行矣，言不忠信，行不篤敬，雖州里行乎哉」。或「四海之內皆兄弟也」。這些話所謂「言忠信，行篤敬」，便是說做人說話算數，行為當真，那末不論跑到天涯海角都行的通，都可以立足謀生，反之，如果說話不算數，行為不當真，即使不出門，留在家鄉也是不能立足。

至於「四海之內皆兄弟也」這個觀念，怎麼說是天下觀念呢？你看中國移民在外面，就以南洋來說吧，你是英國人，他是美國人……大家都是兄弟，都可以和平相處。因為中國人在國的上面還有天下。中國人把世界看作是人的世界。世界上全是人與人之間的關係，他雖是外國人，我雖是中國人，我盡我自己良心便吧。這個天下觀念，到了今天考驗之下，還是對，還是錯呢？

我認為中國人的天下觀念，是中國文化上下數千年來養成的一個擴大的心胸。中國人最大量，反正只要有飯吃，有人說中國人很現實，這也不差。只要人與人相處，大家講個「仁」字，於是你我不相衝突，法律也不能干涉我們。所謂「仁」字，最簡單的表現，便是中國人所謂的「一句話」。中國人與人相處辦事情，只憑「一句話」。

中國人的「仁」的態度，下可無法律，上可無宗教。因為中國人有了「仁」，這些便不重要。這樣一來中國社會是散漫的，它不看重政治，不看重宗教。老百姓也無求於政府。這種態度說明了中國社會具有兩個特點。

第一，生活上經濟自由。從民國以來，許多西洋回來的學生說中國社會是封建社會。我不同意這個說法，因為封建社會必須是經濟和政治合一。這是封建社會的一特徵。中國在戰國秦朝以上，貴族都有封邑，經濟政治操縱在貴族手中，這是封建社會；但戰國秦朝以後，政府不管經濟，田地可以自由買賣，政府僅抽賦稅。這是自由方式的農業經濟。至於鹽，鐵由政府經營，乃屬例外。

第二，信仰上思想自由。中國雖然是君主專政，但君主不能控制人民的信仰。中國從先秦到現在，只有一個政統但社會上另有一個道統。

這道統是什麼呢？諸位如果去中國內地，可以看見人家大門外掛著「天地君親師」的木位。這五個元素組成了道統。中國人的「天」，不是西洋人的上帝，天代表大自然，中國人認為宇宙間乃有人類生存，頂天立地的；「君」代表政府，「親」代表家庭，「師」是代表教育、文化、思想及心靈的薰陶。有了君、親、師，於是「天地」乃成為文化的外圍。

這個道統觀念實不是一個堅定的狹義的國家觀念。中國人還是看重人。回家鄉是看看人，重溫舊夢。中國人腦中有中國文化的感應，但這不是國家觀念，乃是文化觀念。英、美、法……等國人有他們堅定的狹義的國家觀念，而我們講「仁」，講「四海之內皆兄弟」，這是個大同觀念。

進一步講，中國人的大同觀念，實在是一種王道，外國人的國家觀念乃是一種霸道。西洋人來，他們的政治法律都隨而來——這是所謂帝國主義，不是霸道是什麼？中國人在外國，不加入他們的國籍，便有種種不自由，如旅行不自由，居住上不自由，財產上不自由——中國人便成為無國籍人民，但是儘管他們加入了外國國籍，他們心理總有些不高興，這是什麼道理，我說他們心理上仍眷戀著中國文化，仍有一套天下觀念，這是文化的力量。

我們中國人不論到什麼地方，總有我們的貢獻，這完全是因為有大同的理想，仁道的精神。然而處在今天的世界，我們吃虧了，因為我們的文化和別種文化發生衝突，這種衝突究竟怎樣，諸君當然比我更明白。衝突在那裡呢？這是他人不了解中國人的心。因為一個中國人，便代表了中國文化，西洋人的國家觀念與我們的天下觀念不同。西洋人重法，我們輕法，我們對法馬虎，但有情，他們重法但無情。可是今天我們吃虧了，你要長久住在此地，要享受許多方便，你就得要棄國籍，做外國人。而這一個外國，卻是從天下中封閉起來的。

還有中國人看輕國卻另有一番大道理，那便是王道，世界大同。因此中國人不講權利，只講仁。只要思想自由，經濟自由，大家有飯吃，便滿足了。這個道理看上去似乎很淺薄，但世界上各國人，如果都像中國人，不斤斤權利，那末今天還有什麼戰爭與罪惡可言。真是到了大同之世，這不是很好嗎？

千萬不要看今天中國遭受大難，處境艱困，而認為中國文化不行，你要打倒中國文化。這卻談何容易。

我到了海外，在海外社會看到中國文化，纔對中國文化更有信心。《易經》上說：「可大可久」，我們的文化我們的社會也是可大可久的。在今天這個多難的大時代，我認為我們五千年傳下來的中國文化，還是大有可用之處，我們憑著必忠必敬的言行，憑著仁愛，憑著我們的文化的堅韌性與適應性，我們必可以克服困難，不僅是自己當前的困難，而且是世界人類的困難都可用我們的文化去克服。

「禮失求諸野」今天在海外仍能找到我們中國文化，真是了不起，我認為在海外的華僑們，處此大時代，負起我們中國的文化使命，責任尤重大，我們應該如何使它可大可久。「天之將降大任於其人」這有待於我們僑胞之自覺與自負。

華僑與復興中華文化運動

我對這個題目，想分下列四點來說：

一、西方殖民與中國華僑之分別

首先把近代西方殖民與中國華僑作一比較。近代西方殖民有兩特性，一是帝國主義的武力擴展，一是資本主義的經濟剝削。他們的殖民，往往由一個大公司大行號組織成，有龐大的經濟背景，又有國家武力大砲戰艦為後盾。住下以後，並有他們社會的宗教法律為助。他們的殖民，每到一地，都是高高在上，和僑居地的人民對立。爭奪領土和保持主權，為西方殖民必然附帶的條件，最高希望，是其國家憑持殖民勢力來統治其殖民地。其次則從殖民地剝削來增加其國家之財富。反觀我國僑民，跑到國外去，性質便迥然不同，中國「僑」字的意義只是暫時移居，或說是寄居，如東晉南朝時之僑郡，便是暫置的非永久的，直至明代以來的海外僑民，都是這樣，只是暫居，不作久計。他們往國外，都屬私人行動，政府只採放任主義，不加干涉，亦不特別加以保護。其目的只在向外謀生，因此中國海外僑民，開始大部分都是貧窮的人，雖是一批批的去，實際則都是單鎗匹馬，並無組織。他們到了國外，只求投入於其僑居地的社會，幫助當地人開發、生產，由此來獲得其個人或其小家族之生存，因此我們華僑和其僑居地社會是融成一體的，對其僑居地有助益，無損害。不像西方殖民，是以一個有組織的團體來插進當地社會，而始終保持其與當地社會之對立。我們的僑民，既沒有國家武力作後盾，亦沒有為祖國擴張領土的野心。我們的政府，對於這些僑民，幾乎也可說任其自生自滅，不會為僑民爭地位而有意去干涉到僑居地之政權。

二、西方殖民與中國華僑背後之文化性質

進一步講，西方殖民正代表著西方文化之一部分，而中國僑民當然也代表著東方文化之一部分。近代西方的帝國主義或資本主義，不是政治侵略，便是經濟剝削，即連宗教也近似帶有侵略性。他們殖民所到，便連帶要求其僑居地的人民也來信奉他們的宗教。中國人卻不同，關起門來，

只教導他們自己的子弟，克勤克儉，成家立業，和平相處，與人無爭。絕不像西方人，一面宣傳教義，一面並要依照他們自己的法律來裁判一切。中國僑民到處，必相戒遵守其僑居地之法律，不要求以自己法律來管理。這些相異，都是由雙方文化不同而形成。但中國僑民雖沒有攜帶武力和經濟而去，久而久之，也等於是攜帶著自己的社會而去。僑民出國，仍然保持著一個中國的家庭，乃至一家族或宗族。年輕人在國外立定了腳，往往要回祖國來結婚，年紀大的人隔了一時期，常要回國來祭祖掃墓。在每一僑居地，各設有許多「宗親會」及會館等，這便是把我們國內的鄉土風俗也帶到了國外去，因此中國僑民去海外，固然是憑仗個人努力，同時也憑仗中國的社會背景，有宗親會，有會館，互相接引，互相幫忙，互相照顧，互相救濟，雖說無組織，也如有組織，只是與人無爭，居心善良，與西方殖民不同。西方人做生意，有大商號、大銀號與國內息息相通，好像在其國內伸出一條吸血管到各地，專來吸食各僑居地的膏血，這些話像過分，實不過分。中國國內政治和國外僑民是分開的，政府不在特別關切僑民，僑民在國外，只是「適者生存」，也不要求政府武力支援。同時，中國人不但在國外，即使在國內，相互間若干紛爭往往不需要法律解決，只要有族長、鄉長調解就算了。在僑居地他們設有家族祠堂、鄉土會館，便可為他們解決紛爭，也不想來侵犯其僑居地之法律傳統。

三、世局變動影響華僑之處境

但世局始終在動盪中，近一兩百年來的世界，可說是全由西方文化在領導。可是從第一次第二次世界大戰以來，西方文化開始走下坡，將來如何，誰也不知道。但只看兩次大戰以後，許多西方殖民地紛紛獨立，這是一個很大的轉變，不僅亞洲方面如此，非洲方面也如此，這在事前確實是有些想像不到的。這些殖民地一個個獨立起來，正可說明了帝國主義趨向沒落，和資本主義遭受反抗。換說一句，西方的殖民政策是開始失敗了，這些殖民地在他們獲得政治獨立之後，接著想要經濟獨立，文化獨立。這一切，可說都是各殖民地的人民，對於西方殖民政策，及其帝國主義和資本主義之一種惡感之發洩和反抗。

從另一角度看，即如西方共產主義的崛起，也可說是針對著他們資本主義的一種反動，在西方文化內部自起衝突。總之西方文化是在受各種反抗中。同時，由於新興的獨立國家愈來愈多，聯合國已形成了一個不能由幾個大國來完全控制的現象。

但在這種大變動之下，我們的僑民卻是首當其衝，而且較之在西方殖民地時代更難處。今天我們的各地僑民，不但受了西方文化的壓迫，亦受了各個新興國家（即僑居地政府）的壓迫。他們把華僑和西方殖民一律看待，甚而更加對僑民討厭，因為西方殖民比較是少數，亦可以撤退，只要他們的大公司，大銀行機構依然存在，依然可以繼續他們的經濟剝削。這些新興國家，如果遽然失去了西方資本主義所留下的銀行或商號，一下子他們也不能生活下去，所以西方人雖已退出了，但西方這種經濟侵略的力量則還是存在著。而中國僑民則急切不能退出，因中國僑民本是投入了僑居地的社會與之融合為一，有住了二三代以上的，他們久已依存於其社會中，退則無路。但平心而論，如果中國僑胞一旦退出，這許多僑居地的新政府也一樣要癱瘓要崩潰。但那些過去的殖民地區，不能如此般深思熟慮，他們只認為他們如今是獨立了，西方人肯退出，中國人卻不肯退出，因此對我們僑民難免感到更討厭。過去受西方壓迫更甚的，他們的獨立思想也更偏激，像有些非洲人說，他們需要一個上帝，但不需要一個白臉孔的上帝，他們只要一個黑臉孔的上帝。其偏激之情可想。雖然各地情況，不能一概而論，但從前西方殖民主義者除了經濟侵略之外，還有文化侵略的意義在內，這也是不可否認的。所以許多新興國家獨立以後，他們也需要文化獨立，需要他們自己的語言，自己的文字，排除一切外來的，但事實上，他們根本也就因為接受了西方文化才有今天獨立和自由的一套想法。論其實情，他們仍是在追隨著西方文化而向前。由此言之，今天我們華僑的處境，仍是面對著一種變相的西方文化而受壓迫。

四、華僑與復興中華文化

因此今天我們僑民在各僑居地所受的種種壓迫和痛苦，進一步講，還是一個文化問題。亦可說，世界人類當前一切問題，也都從文化問題開始，因此我們要解決世界上當前一切問題，也要正本清源，從文化問題上來謀求解決。我們今天要解除海外僑胞的困難，也還應從文化方面著眼。我今天的講題，也正是華僑與復興中華文化。

我們用最粗淺最概略的說法來講，西方文化乃是一個勢力的，崇尚權力勝過了崇尚道義。東方文化是一個和平的，崇尚道義勝過了崇尚權力。從前西方殖民政策，正是代表勢力，代表權力，我們的海外僑民，則一方面代表道義，一方面顯示和平，這即是東西文化不同的證明。當然我們今天要來談文化復興，不可能在一天兩天一年兩年內見效果，使我中華文化發生影響來解決我們各地僑民的困難。但從前東西雙方文化勢力距離很遠，中國文化深受著西方文化之壓迫，似乎無可翻身。如今西方文化已趨下坡，東方文化則日見抬頭，只要我們努力復興，雙方的文化力量，不特可以拉平，也確可期望東方的高過了西方的。這也不是一種民族私心，我們只希望和平與道義能勝過了權力和財富，此乃有關全世界人類幸福前途，事在人為，我們對自己的文化傳統不能不抱此信念。

我們再看中共盜據大陸以來，尤其是最近他們的所謂「文化大革命」，把自己文化徹底摧殘，深一層來探討，也不能不說是受了西方文化的影響。馬克斯、列寧不還是西方人，共產主義不還是西方思想中的產物嗎？今天國內一片大動亂，我們也可說是一種東西文化衝突。若根究到其內部深處，正為有中國文化潛力在發生作用，在要求復興，在和中共所接受的一部分西方思想作殊死的衝突。不過我們身在國內，反而不易十分覺察到東西方文化之異點，與夫中國文化之可愛。一旦身處國外，那就不同了。近代這一百年來，最能意識到祖國文化之可愛，而熱忱要加以維護的，轉而是在國外的僑民，更真誠更強烈地勝過了國內的同胞。即如新加坡僑民對於祖國文化的愛護便遠勝過香港，禮失而求之野，中國文化保留在各地僑民身上的實正多。

但正為此，今天各地僑民普遍地遭遇到幾個很大的問題。第一便是國籍問題。我們平心而論，假如我是一個新興國家的人民，看我們華僑住居在他們國內，生活在他們社會裡，賺他們的錢，還硬要保存著我們自己的語文和禮俗，不和他們同化，設身處地想，也難怪要受到他們的歧視和排斥。但換一面講，有些僑胞在外國住久了，兒子討了洋媳婦，女兒嫁了洋女婿，他們的孫子一輩，便再也不能講中國話，識中國字，甚至再不像是一中國人。這種現象，在老一輩的僑胞心裡面，也委實難過。但當地人的眼光看來，如此纔覺你可親。說到這裡，可見國籍問題是一個嚴重的問題，值得我們僑民慎細的考慮和研究。

其次便要談到僑教問題。要叫我們僑民還能保留為仍是一個中國人，其事端賴教育。但我們也該平心想，在同一國家之內推行著兩種教育，其事自為一般新獨立國所不願。而且要推行僑教，在我們僑民本身也有困難。剛才馬樹禮先生所講，歐洲僑民的第二或第三代，由於沒有受過祖國的教育，在他們腦子裡根本沒有「中國人」三個字，可見僑教問題之重要。但如無困難，其情形也不致如此。此刻再從另一面講，在這種困難情況之下，而我們要來談僑民復興中華文化，像要準備把這個責任也放到僑民身上，這不是很困難了嗎？尤其有些僑民已經轉換國籍，當然該受他們的教育。在這方面，我們各地僑民究竟應抱有如何的態度和採用如何的對策呢？但一般說來，我認為「文化」只是人生，或可說是人生的結晶。人生最重要的還是在人的心裡。我們要注意某一民族的文化生活方式是否能深入另一民族的人心，這事極重要。像我們縱使英語講得很好，但在英國人眼裡看，並不即會認你是英國人，因為你並沒有在他們的文化深處受到陶冶。如此說來，若有某一民族，存心要接受另一民族的文化，而其實際，則仍不免要被此另一民族所歧視。這實是一件甚為痛苦的事。從此講入深處，文化背景的深處有民族性之存在，此事更難急切求轉變了。以前我們僑民出國，多數是一字也不識，可是直到如今，在僑民社會裡面，還是存在著許多中國色彩，保留了中國文化傳統，這即是有民族性的潛勢力存在之一證。我想我們不該把文化看得太狹義。無論語言、文字、思想乃及人生各方面，一切都包涵文化在內，而其中最重要的還是一個「心」，說到深處便是性。

說到「心」，主要可從人情風俗方面來看。如倫理、道德、信仰、習慣，求其根源，都是心的表現，也都是民族性的表現。當然不必說到一民族嚴格的禮教，只要有深植人心之所在，這即是一民族文化內在之深處。最重要的如家庭，父慈子孝的倫理觀念，推而遠之，如處世接物的道理，深一層說到身心修養，都有文化精義涵蘊在內。你加入了外國國籍，做了外國公民，似對這些是並不妨礙的。你保留著這些，應該不會妨礙你做任何一國的公民的。我們此刻來談復興中華文化，無論海內外同胞，對這方面都該深加注重，這是我們文化精神和文化基本之所在。我可以斷言，中國人這一套人生道理文化精義，應該到處行得通。

再退幾百步講，譬如我們的飲膳方式，也可代表一部分中國文化，現在不是全世界受人歡迎嗎？我在抗戰時，在重慶講學，曾和一位達官長談，他不贊成我講宋明理學，我說，你理想上的人生究該如何？他說，這事太大，談不上，他待勝利後，只想準備到巴黎去開一餐館，他認為一定會發財。他說他的餐館不僅一切飲食，一切餐具，全要中國的，甚至餐館內部的一切裝飾佈置，都要道地中國化。他說只要我能使外國人進到我的餐館，就像到了中國人家中一樣，如是便保證會發財。我卻很贊許他的見解，其實這也就是在宣揚中華文化了。要開中國菜館，還該注意中國佈置，使來客更能深深欣賞到中國風味。當然如此設計，該包括了中國許多的藝術在內，這也便是中國文化呀。只要我們自己懂得愛護，懂得珍重，同時便即是宣揚。宣揚藝術，便即是宣揚文化，而無形中也會提高我們僑民的地位。中國人喝茶便和西方人喝咖啡不同，不是茶和咖啡之不同，乃是其深處風味之不同。以前梅蘭芳到紐約演中國京戲，外國人也懂欣賞。據說梅蘭芳演打漁殺家，在座的許多美國老太太們，便大為讚許，說他們能有一女兒如劇中演出的一般，豈不好？他們並不能真懂欣賞到梅蘭芳之劇藝以及中國平劇之妙處，卻從此欣賞到中國人的倫理道德。試問身為父母的，那一個不希望自己的子女孝順。當然是人同此心，心同此理，所以演平劇這也就是在宣揚文化呀！又如今天在海外的僑胞，男人穿長袍的固是很少，乃至絕不易見，可是女人逢作客參加集會，多數還是喜歡穿旗袍，外國人見了也總是讚不絕口，這也是中國文化呀。現在很多新興國家的人們，他們在殖民地時代悶著一口氣，獨立以來，趾高氣揚，我親眼看過許多非洲人東南亞人穿著他們鄉土服裝在英美法各國大都市招搖而過，在學校裡逍遙自得，故意要表示他們的特點。中國究竟是個禮義之邦，人人都懂謙遜為懷，一面也是好學心切，盡量把自己的一套藏起，來學別人的。其實中國的一套也並不壞，大的如中國人的倫理道德，家庭制度，以及待人接物處世禮貌。小的如藝術方面，無論音樂、繪畫、戲劇、園林建築、家庭佈置、服裝飲膳，凡屬人生之各方面，中國文化傳統中，都有一套極優美極高深的特點。我們該要拿出自己這一套來，這便已是在宣揚文化。而且只要能這樣，我們華僑在國外的地位也只會增高，絕不會降低。只是羞慚，只是隱藏，只是學步他人，自己一點本色也沒有，這樣也不會更受人重視呀！

關於華僑的教育問題，我個人私見認為可分作三部分來講。一部分是幼年教育，最主要能教他們講幾句中國話，認得幾個中國字，這事似乎並不難。尤其是現在錄音機唱片這樣普遍，正可利用。現在外國人運用科學設備來學習中國話，只要三幾個月時間，就可說得上口，並且也認得了不少中國字，那有中國家庭的子女而不能學講中國話學認中國字的。剛才馬先生說歐洲僑胞散居各地，寥寥十幾個學生開辦一個小學很困難，不像樣。其實也不一定要辦現代式的小學，我們該要變通。東家西家都有小孩，可以請一位先生，有空就補習幾小時，如果幾家湊起來，也可以辦一所私塾。「真金不怕火燒」，只要我們僑胞真正看重自己祖國的語言文字，這問題不是不易解決的。而且將來這些孩子長大之後，能說幾句國語，認得幾個中國字，無論在國外，或回到祖國，也方便，也可派用場，這不會是一種浪費。其次關於成人教育，我認為也不必定要辦現代式的中學或大學，甚至研究院。我們不要太拘於現代的形式，我們該知有變通。中國傳統文化是更不重成人教育的。以前宋明時代，有講學制度正可模倣。不管他三十、五十、或七十歲，識字或不識字，在以前宋明講學制度下，都可來出席聽講，較之西方教會傳教更活潑，更方便。只要用講學方式來教導他們懂得一些中國文化精義便好了。在中國以前又有結社制度，此亦大可提倡。如臺灣同胞在日據時代，各地都有詩社，在外國權力統治下來保留中國文化，正是一好例子。像這樣的講學和結社，我們儘可變通行使。在中國舊傳統裡又有書院制度，也可變通運用。各地僑胞在某幾個家庭中便可辦一小小的書院，收藏一些書籍，各家子弟多可來利用閱讀，共同傳習。中國人有一個最偉大的好德性，便是不忘本。我希望海外僑胞都能模倣中國舊傳統裡地方誌的遺意，來編纂各地的僑民史，還可模倣中國舊有家譜制度，來編纂各地僑胞的宗族志。那些都不要太講究，不要大規模，都可以辦。只要能知變通，只要我們從可能處肯認真去做，那就是復興中華文化宣揚中華文化的工作。如辦學校不一定要辦得合乎現代式，講學也不一定要現代式，編書也不一定要現代式。只要得其精義，變通來做，不背現實，不講門面，儘可行，儘有用。我希望僑政學會能夠精選幾種必讀書分送到各僑民地去，把古書翻成白話固可以，同時也可進一步把若干書翻成各僑居地的各種語文，有些年輕僑胞不識中國字，他們總會識得他們當地的文字。我們多翻出幾國文字，正可借此向各該國家灌輸中國文化。不獨供僑胞閱讀，也可給當地人瀏覽。近代一般中國人喜歡看外國小說，難道外國人全不喜歡看中國小說嗎？我們為什麼不肯把中國經典和中國小說之類多多翻譯為各地文字來宣揚呢，如《三國誌》，如《水滸傳》、如《紅樓夢》都可翻譯。還有一層，我們僑胞到了國外，當然有很多新刺激，有很多新學識，和我們老在國內的不同。他們在國內也曾吸收過中國文化，這些人也正是我們中華文化的新血輪。在這些僑民當中，正可以產生一種中華新文化的胚胎來貢獻祖國。國內青年需出國進修，僑胞青年也可回國進修。僑胞可以請國內學者到國外去講學，國內也可請國外僑胞返國講演。我覺得復興祖國文化，不僅也是華僑的責任，同時也與他們前途有關。今後只要在此方面努力，將來僑胞處境也決不需像現在這般悲觀。而且宣揚中國文化，還和世界人類幸福前途有關。這是本人很粗淺的一些看法，今天借此機會來請各位多多指教。

五十六年十一月二十一日在中國僑政學會講詞

中國社會的禮俗問題

今晚我講「中國社會的禮俗問題」。諸位都是受過最高文化洗禮的學者專家，我所講淺薄，得請諸位多多原諒。

禮俗便是一種生活。一人有一人的生活，社會也有社會的生活，人可以沒有政治生活，卻不能沒有社會生活。換句話說，要有健全的社會生活，才能有健全的政治生活。中國歷史上，好幾次被外族侵淩，由他們入主中原，控制了當時的政治，但我們依舊生活在我們的社會生活中，並拿這些來同化異族。大家說：我們是以中國固有文化來同化異族，其實中國固有文化大部分即在我們的社會生活裡，故要了解中國社會，就當先自了解中國文化。反過來說，也可說我們要了解中國文化，就得了解中國社會。中國社會有它的構成因素，絕不是鬆懈的，而是極富堅韌性的。

造成這個堅韌性的因素，就在禮俗上。所以說要了解中國社會，必須了解中國文化，又非注意到社會禮俗不可。

中國人所謂禮，非用任何民族語文所能翻譯恰當，因中國所謂禮之內容極特殊，完全是民族文化的醞釀成果。從歷史上看，禮可有三方面之轉變：最先是宗教的，禮之一字，左邊是神，右邊是俎豆祭物，是對神的一種虔敬和畏懼，故帶有濃重的宗教性。後來周公制禮，社會生活方式有其擴大和改變，禮的宗教性少了，而含有較多的政治性。再到孔子，來講禮樂，禮中的政治性漸沖淡，而社會意義更加重，禮多已反映到社會各項實生活方面來。這是中國禮的三階段演變。

原來中國禮在宗教上的意義，也不是一種教條般的信仰，而是大家共同遵守的一種生活方式，所以能因時制宜，因地制宜和因人制宜，隨著時代地域和看對象而變化，這樣才能適合人生要求和社會要求。又因中國歷史久遠，地方龐大，因此人性趨於複雜，需要民族融和，不得不有賴於禮。禮為大家所公認，便變成了「俗」，古人說「入鄉問俗」，其實俗也就是「禮」，不過禮像是嚴肅制定的，而俗則是自然化成的。但大部分相融通不易分割。如，閩、粵、江浙各省各有不同的「俗」，明清人和唐宋人和秦漢人也有不同的「俗」。但其間儘有不同，總之俗乃是由「禮」蛻變而來，禮亦是由俗規定而成，二者還是一個源流，只其表現有不同而已。故可說禮俗乃是文化精神之一項，此種精神之所以能無遠而勿屆，歷久而永存，不是由它附麗在政治上，而是由於它寄寓在日常生活中。

今論中國禮之對象，先說對鬼神之禮和對死人之禮。對鬼神外乃至對宇宙大自然各現象，都有不同的禮；而大體上則可相通合一。對死人的禮，實際是對過去世界之追思，即為對現在世界之憧憬。對死人，可以牽連引申到對鄉土，「敬鄉觀念」在中國人心中是占極重要的地位的。在農業社會裡，安土重遷對於自己生長和作息的鄉土，總有一份敬愛的心情，這不僅是對土地之依戀，而是寶愛自己生長的社會。再於由敬鄉觀念而產生了善鄰觀念，由本鄉到近鄰，由近鄰推廣到遠鄰，乃至到全世界，於是產生了天下大同世界一家中國一人的觀念，而建立和貫通這觀念的，便是「禮」。再次便是人對人之禮，無論對過去的死人乃至現在活著的人，不論遠近親疏，都事之以禮，拿一個禮字來維繫彼此間的休戚相通，所以「禮」之一字作了中國人日常生活的主宰。降一級則稱為「俗」，故禮與俗同為中國人看重。

就所分析，中國的禮實是一種生活，其間又可分為三方面來講。一是宗教生活。有人說中國社會裡找不到宗教，這是不正確的，中國的禮即是宗教，也可說中國的宗教即是禮。次是社會生活。有人說中國社會是一盤散沙的，是自私自利的，似乎看不出一種群體生活的跡象之存在，這也是不正確的，因為在中國文化中，社會的生活即是禮，也可說禮即是中國的社會生活。最後則禮在政治生活中之所表現。如天子祭天地名山大川，即是代表一個社會大群對自然界現象所施之敬禮，黃河、長江、泰山、華山，凡屬可以表現自然界之偉大性的，都成了禮的對象。又如無論在大城小邑，都建立有城隍廟，城隍即是城池之神，歷代都明定祀典，此便是重視鄉土之一例。又如全國各地都有「福德祠」祀土地神，在南洋也有「大伯公廟」，同樣是崇敬一位在想像上主管土地之神祇，認為我們既生長在這土地上，冥冥中有他作我們的主宰，便要對他表示敬意。把城隍和土地神作為崇拜對象，也如把國旗代表我們的國家，我們要對國旗敬禮。中國舊俗，則以城隍和土地神來代表地方，所以我們也要向他表示敬意。中國人信上有天，下有地，各有神作主宰，生於斯，死於斯，上敬天，下敬地，便構成了中國的宗教。

在昔日中國是個農業社會，對五穀、對農桑、對繅絲織布，由飲食衣著，推而至於醫藥，都各有其神，神農后稷、軒轅、嫘祖等，都成為特領某一生產部門之神。及至教育，乃有「至聖先師孔子」，凡被認為某一部門生活之創始的，即都尊奉為這部門之神，給以敬禮，永作紀念。則到今天，如發明電燈電話，如發明火車飛機，依照中國人禮俗，亦該尊之為神，給以敬意，俾能永不忘他們對人類社會生活之貢獻。

這樣說來，一切自然現象和人事安排都有神，中國豈不成了一個多神教的國家？這又不盡如此。照中國人看法，天地萬物雖說各有神，如天有神，地有神，甚至一切自然界現象和樹木花石都有神，這也只憑自己良心，對他們表示敬意，定一份崇拜之禮以資永遠不忘。以此中國歷史上的各種神，都是對社會人生有貢獻，對文化學術特別有創作的人，就把自然同人文打成一片，均給以禮的待遇。所以孔子說到禮同時常說到仁，要把天地人合成一體，把人文和自然融洽相通，禮是中國人之一種心理教育，即道德精神之教育。無論是一種自然現象或是人事，行只要在道德意義上足使我們感動的，我們都以神視之，永遠紀念。

在中國人的道德精神上，最重忠義二字，歷史上，極富有關忠義的記載，忠於民族，義動山河之事，史不絕書。如同岳武穆（飛）被害於風波亭，後世視為忠於民族的特例。前於此而以義見稱的有關壯繆（羽），近代以關岳並稱，作為民間崇拜的「武聖」。據陳壽《三國誌》正史記載，劉備關羽的關係，乃是建立於兩人在其共同生活上之一種義的結合。當時劉備雖然擁有「皇叔」頭銜，實是一個窮光蛋，到處過著流亡生活，關羽卻艱苦與共，甚且赴湯蹈火亦在所不辭，兩人之間實非君臣，而是構成了一種義的結合。曹操亦復尊重關羽為人，多方結納，而關羽不為心動，見利不忘義，這即是中國禮之至高表現。曹操又使關羽舊友張遼，來勸關羽，關羽只表示對曹操一番相待之情義必有以報答。張遼看到關羽意態如此堅決，心想如果直報曹操，曹操或起殺羽之念，徒然害死了朋友，但自己也不能說謊，結果還是直告了曹操，曹操反而益發心儀其人。後來關羽為曹操殺了顏良，總算報了曹操以禮相待之恩。曹操封他侯爵贈賞他許多金珠器物，關羽一一封存，還是一走了事。至今全國各地都有關廟，來紀念這位重義的人。我曾到過安南，看到各處咖啡店都供有關羽像和孫中山像。臺灣也是一樣，民間到處掛有關公神像，連香港警察局裡也掛了關羽像。大家只是口裡喊打倒偶像，破除迷信，但像崇拜關羽這樣的「迷信」卻不易破除，因為這種迷信，事實上也不易造成。當然在關岳以前，我們歷史上也曾有不少類同的民族英雄人物，但因相隔年代太遠了，使我們不能跟他們太親切，所以無形中也淡忘了，將來若干年後，也可能更有其他偉大人物來替代關岳，同樣取得後世之禮遇。

再說，我到臺灣後，聽說往時高山族每年要舉行一次大慶典，殺了人，把首級來祭神。有一吳鳳，他會說高山族語言，政府命他作通事，他向高山族勸告，不可殺人祭神，高山族人認為祀典非殺人以人頭祭不可。吳鳳勸他們只使用一個人頭，餘外保存起，留待後來用。如是過了幾十年，舊存人頭用盡，山胞又要殺人，吳鳳無法勸阻，教他們明晨見有穿紅袍人過，可殺了他。原來吳鳳已打算自作犧牲，次早出走，果被山胞殺了，山胞一看殺死的人正是他們素所敬愛的通事吳鳳，從此便決定不再殺人祭神，又建廟來紀念他，封他為「阿里山王」，香火縈繞，迄今不衰。這便是中國人之宗教，也即是中國人之社會禮俗。我住九龍沙田有一所「車大將軍廟」，香火甚盛，經訪問後，乃知清廷割讓香港，車大將軍率眾起義，抗英不敵，以身殉之。後人乃替他蓋造這一所小廟，但已失其名，故只稱為車大將軍，這亦見中國社會禮俗之一面。我們不該專用迷信二字來抹殺了其中所寓之意義。

中國古代，在春秋時，民間如冠、婚、喪、祭、鄉飲酒、士相見，都有禮，這都是一種有規則的社會生活。姑以婚禮言，有所謂納采、問名、納吉、納徵、請期、親迎諸禮。今人則認為古禮出自父母之命和媒妁之言，一切不合理，但古代婚禮確也有它合理處。如親迎，由新郎自到新娘家，接新娘，同到男家，拜了天地，名義上已結了婚，再進洞房，行合巹禮，再出而拜見翁姑，再拜見女家父母。把這一連串的禮和現行禮相比，所謂文明結婚，例有證婚人、主婚人、介紹人和新夫婦先後在結婚證書上簽署，憑此婚書，纔證他們是一對合法夫婦。實則中國古代婚禮，直沿用到近代，也並非不文明，而且頗見為直摯而簡徑。男的親迎女的，不用媒人相伴，也不用家長主婚，更不用第三者來證婚，更不需簽署證書，預作將來法律爭論之準備。若必要排斥古禮索性學西方，到教堂成禮也還是一套。如今雜糅拼湊，半新不舊，非驢非馬，只成了一套俗禮。以上是說禮俗各有文化背景，各有歷史精神，非深通其意，卻不要妄肆批評，輕加改革。

又如在中國農業社會裡，天時節氣分得很清楚，有自然節，有人造節，附帶著便有許多禮俗。如過新年，如清明掃墓，如端午，如中秋，如重九等，在俗中都寓有禮。天文地理歷史人物神話故事融鑄合一，極富教育意味，而人生娛樂亦復多采多姿。今天則全摒棄了，卻競慕洋化，來過耶誕節，橘踰淮而為枳，中國既非耶教社會，亦非耶教文化，東施效顰，貌似神非。中國本號稱為禮義之邦，禮並不是約束人性的，亦非是虛偽裝飾的，禮既求對外和諧，同時亦求對內悅懌，故「禮」又與「樂」相配，中國自古即禮樂並重，此乃一種藝術生活之醇化。是故禮之實踐，對內要問：吾心悅懌與否？對外要問與人和諧與否。禮又必重敬讓，故常敬禮禮讓並稱。敬讓乃是對對方人格的尊重。禮之實質，乃是一種人類和平協調之要道，可見中國人講禮實是合情合理，使大家都獲一種圓滿快樂的人生。禮之發揚必有樂，此乃一種情感之節奏和發抒。西方宗教亦必附有禮樂，但宗教人生乃是人對上帝之一種信仰人生。中國人即以禮樂代替宗教，乃是人對人的一種和洽的藝術人生，禮失而求之野，禮成為俗，乃是中國文化最落實最成熟的結晶。我們則該從俗以返之禮，使禮必通俗，俗必合禮，成為一最理想的社會。

可是近百年來，由於海禁大開，跟西方多有了接觸，從古相傳禮義之邦的一種敦厚性格，便不免吃了虧，於是引起了國人全盤改革的運動，操之過切，把幾千年來相傳下的禮俗都破壞了。辛亥革命以後，更有人高呼打倒偶像，並進而否定了一切宗教，滿以為「膝不下跪」乃是自我無上自尊心的表現。其實，膝不下跪，不能即算是頂天立地，不能即算是至尊無上。任何事，破壞易建設難，打倒了一切舊的，卻急切沒有什麼來替代？即如過新年，原是中國社會一年一度一種最快樂的生活，現在卻弄得連過年也有新舊之分，大家不和協，因而大家不痛快。破壞了一切舊有禮俗，不能不說是我們近百年來一項挺大的損失。結果無禮無俗，大家的人生弄到無所適從。婚喪大事如此，一切日常人生都如此。即如穿衣一項，大家只求稱心，不求合「禮」，長靠短打，隨心所欲，結果既不合禮，也不稱心。大家不知如何才好。時至今日，一切物質文明都不難迎頭趕上，卻惟有社會禮俗乃是中國固有文化傳統和道德精神之所在，卻無法有所謂迎頭趕上。任何一切學說理論，思想意見，都不能憑空創造出一套新禮俗。大家的日常人生總該要給以一番安頓和快樂，但我們卻對此空缺，無法彌補。

日前我應南洋學會之約，在馬大中文系圖書館演講有關中國文化與海外移民之問題。我曾說到我們的海外移民，原本是由一些人單槍匹馬，跑到海外，他們都是孑然一身，並未帶有什麼政治或學術，財富與權力，挾以俱往。但卻帶有一套中國文化優秀傳統中的禮俗，纔使大家能和平相處，融洽相凝，創立了大家在海外各自謀生的機會和事業，所有中國一些禮俗，幸而在海外還能被保留，那是一番至可引為快慰的現象。此後如何因時因地斟情酌理，凡不合時代潮流與各別地方性的，隨事加以改革，凡有關於文化合傳統教育意義的良風美俗，隨事加以保留。只要能成禮成俗，少不了新的要提倡，舊的要改進，抱殘守闕固不可，標新立異也無當。例如我們會館組織之存在，此亦從古禮中「敬鄉善鄰」之遺風，演變而來，海外移民得此一組織，獲益非淺。那能輕輕便放棄了。今天我在貴地歐美同學會來講演，那是一種於古所無的，但可說是一種繼承中國禮俗的新發展，此種同學會，儘可與舊有會館與宗親會等負起同樣的重大責任，為我們移民社會作貢獻。總之禮俗無論新舊，都是有關日常人生，有關社會大群人生的，我們該注重其內在的文化精神與教育意義。這不是一項學術或理論的問題。在此日變日新之大時代中，還有一些不變的所在。社會可能革政府的命，而政府卻不可能來革社會之命。我們當可憑藉我們優秀的禮俗來鞏固我們社會之團結，在文化上，在教育上，有其莫大之使命與功效，如果一切摒棄了，先使我們社會內部不和諧，不合作，一個無禮不樂的社會，如何圖存，如何開新，所以禮必當重，俗不可忽，這是我們該大家警惕的。

以上所說，只是我一些管見，諸位或有同感。我所說只是一些舊的，如歐美同學會乃是一個嶄新的發展，諸位又都是學術專家，學得許多西方新東西，不妨把東西社會東西文化來相互比較一下，此下儘可有各項新發展。我來星埠為日無多，對此間社會一切禮俗所知更不多，但一到此間感到如歸故國，即在此一點上，備見此間尚保有敦厚遺風，故而特提禮俗問題來略抒管見，敬請諸位之指教。

中國民族之克難精神

中國文化綿延四千年，在全世界各民族中，擁有最悠久的歷史，因此其所經艱難困苦，亦特豐富，遠非其他短演民族可比。由此養成了中國民族特有的克難精神，常能把它從驚險艱難的環境中救出。在中國歷史上，這種事例，舉不勝舉。夏少康有田一成，有眾一旅，中興夏業，可算是中國史上最先的一位克難英雄。此下如春秋時衛文公，大布之衣，大帛之冠，復興衛國，又綿延了它五百年的國運。其次如春秋末越王句踐，十年生聚，十年教訓，終滅強吳。稍後到戰國，如燕昭王用樂毅，復興燕國，卒報齊仇，而齊亦有田單，困守即墨孤城，終亦收復失地。如此之類的歷史實例可稱俯拾即是。但這些尚都在中國民族還未凝成一大統一的國家之前，比較是偏於地方性的小範圍以內事。下到秦始皇創建統一政府，此後中國所經內憂外患，兩千年來，種種驚濤駭浪，更屬艱險，更屬巨大，但中國民族終能逐步加以克服，直到今天，依然在全世界各民族所有歷史中完整依然，屹立無恙，所以說到克難精神，中國民族之偉大表現，就今天而論，可說是舉世無匹。

現在要問的，上文所謂克難精神，究竟是那樣一種的精神？換言之，中國人慣常憑藉著何種樣的精神來克服諸艱？我們可以直截了當地說，主要的是憑仗著一股氣。氣不壯，氣不足，非難亦難，氣壯氣足，難亦非難。舊說稱之為一股氣，新說則稱之為一股精神。我們要克服困難，最重要的還是憑仗這一股氣。人生也只憑仗一口氣，沒有那一口氣，又如何克得難？宋末文天祥國亡被俘，在牢獄中寫了一首〈正氣歌〉，中間列舉許多歷史人物，全是在極度艱難的處境下發揚正氣，雖然在當時只是大節不移，臨危授命，但天地間只要有正氣流行，自然邪不克正，一切艱難只是由邪惡之氣所鼓盪，所激成，正氣發揚了，邪氣自然消散。這一種天地正氣，在《孟子》書裡則稱之為浩然之氣。浩然之氣由積義所生，至今在中國社會上還流行著「義氣」二字，我們可以說，義氣便是我們今天所要提倡的克難精神。

何以說義氣便是克難精神呢？這裡便應該先明白義字的界說與內涵。要明白義字的界說和內涵，先該明白得義利之辨和義命之辨。本來人的本性，全都是希望捨害趨利，捨失趨得，捨危趨安，捨死趨生的。但有時卻外面環境不許我們有利有得有安有生，四面八方，滿眼滿身，所遭所遇，只有害有失有危有死。這一種局面，正是我們之所謂難。最難的在於只見害不見利，只見失不見得，只見危不見安，只見死不見生，使人無可趨避無可抉擇。在此環境下，叫你轉身不得，無路可走。我們一旦遇此環境，一切利害得失安危死生的計較與打算，全用不上，那時則只有另作計較，再不在利害得失安危死生的抉擇上用心，因為在這方面用心也全成白費，於是我們只有另闢一道路，另作別一種的打算，只問我對這事該不該如此做，卻再不去問如此做了是利是害是得是失是安是危是生是死。這該不該如此做，便是一個義的問題。我該如何做即如何做，至於做了是利是害是失是得是安是危是生是死，那是外面環境的力量，現在則此種力量壓迫得太緊縮太嚴重了，使我無從努力，無可用心，則只有諉之於命，說這只是一種外在的命，根本容不到我去考慮，這裡便是所謂義命之辨。義只是盡其在我，只是反身內求，我究該如何做，至於做了後的外面影響，我只有置之不問，說這是命，非人力所預。《列子》書中曾有一篇題名力命。命是外在的，我一時奈它不得，力量在我的，我只問這番力該如何使便如何使。所以中國傳統教訓，特別看重知命。《論語》二十篇的最後一句便說不知命無以為君子，君子知命，便可不顧外面，一切利害得失安危死生，把一切打算，一切計較，擱置一旁，專問此事該不該，義不義，如此心歸一線，更沒有多打算，多計較，自然氣壯氣足，外面一切困難，也不覺是困難了。困難的在於謀利而不得利，轉反得害，喜得而不易得，轉反易失，求安而不得安，轉反得危，貪生而不見生，轉反見死，那纔是為難的局面。若我能把這一局面根本推在一邊，不去多理會，專一反身來問這刻的我究該如何，這便是所謂義命之辨，內外之辨。人能如此用心，自然只見有我不見有外面，只有我沒有外面，自然惟我所欲，更無困難可以阻擋，那外面儘多困難，也自然克服了。

但這是說到極端的話。外面環境很少遭遇到只見有害不見有利，只見有死不見有生的境界。惟其有利害可別，有得失可較，有安危可商，有生死可擇，人人遂一意在此上用心打算計較，卻忽忘了該不該，義不義。然而外面環境究竟是複雜的，變動的，我見為利而轉成為害，我見為得而轉成為失，我見為安而轉反是危，我見可生而轉反得死的，隨時隨處有之。人的聰明有限，外面變化，那裡能全部預見，全部肯定？如是則轉增惶惑，轉多顧忌，本來並不難，卻見荊棘叢生，寸步難行。何如你在並不十分困難的處境下，早當作十分困難的環境看。你早就不要在利害得失安危死生那些並無十分確切把握的計較上計較，那些並無十分確切憑據的打算上打算。你早就心歸一線，只問我此事該不該，義不義，更不要計較外面那些利害得失安危死生，豈不更單純，更直捷，更簡單，更痛快。如此你氣自壯自足，外面真實有難也不見難，何況外面真實並不甚難，你自多計較，多打算，心亂氣餒，反而不難也見其難。現在則心定氣足，義無再慮，義不反顧，那樣則轉而不謀利而自得利，不求安而自得安，不欲得而自無失，不惜死而自有生。這是所謂義利之辨。義利之辨，並不叫人捨利求害，只是指點人一條真正可靠的利害別擇的正道與常規。

人若明白得義利之辨，義命之辨，一切事都問個該不該，義不義，更不問利害得失安危死生，如此積而久之，自然心定氣壯，便見有所謂浩然之氣。孟子又說：「浩然之氣，至大至剛以直，養而無害，可以塞於天地之間」，何以說浩然之氣是至大呢？因為利害得失安危死生的計較打算，是人人而殊的，你見為利，別人或許是害。你見為得，別人或許是失。這些打算全是小打算，這些計較全是小計較。只有義不義，該不該，你如此，我亦如此，任何人都如此，這是大計較大打算。你一人在計較，不啻是為大眾計較。你一人在打算，不啻是為大眾打算。任何人處此環境，遇此事變，也只該如此計較，如此打算。心胸大氣魄大，面前的道路亦大，所以說是至大。何以又說是至剛呢？因為你若專為得失利害安危死生打算，本來如此打算見有利，若覺無利有害，你豈不要再作計較，再有打算？你若專為該不該義不義著想，不論前面利害得失安危死生種種反復，種種變化，你早打算定了，該做即做，不該做即不做，勇往直前，再也不搖惑，不游移，豈不是剛嗎。何以又說是至直呢？惟其心歸一線，面前只有一條路可走，便是義，四圍的利害得失安危死生全不顧，那條路自然直的，不是曲的邪的了。

利如此，害來也如此。得如此，失來也如此。安如此，遇危也如此。生如此，臨死還是如此。你如此，我如此，任何人到此境界，遇此事變全該如此，所以說塞於天地之間，正見其無往而不如此。若為私人利害得失安危死生打算，即一人一打算，一時一打算，你的打算與我不相關，此刻的打算與前一刻後一刻不相關，那真是渺小短暫之極，又何能塞於天地之間呢？試問那渺小短暫的打算處處隔閡，時時搖動，豈不要不難亦難。那種至大至剛以直而塞乎天地之間的大打算，豈不可以難亦非難，克服一切困難而浩然流行呢？

這種義氣，亦可說是公道，這是一條人人都該如此走的路道。照著這一條公道走路的人，便是有義氣的人。只有這種人纔可克服一切困難。換句話說，正因人不肯照這一條公道走，沒有義氣，所以纔有種種困難發生。可見只要人人照此公道走，人人知重義氣，一切困難也就自然消散，自然克服了。中國人的傳統文化，中國的社會風尚，正因為一向就看重這一種公道與義氣，所以遂養成了舉世無匹的一種克難精神。

但這一種氣，卻貴能「養而無害」，個人如是，全社會更如是。此刻我們的國家社會正遇到空前大難，這一種大難之來臨，正為人人先失掉了正義感，人人不照公道走，人人都從自己個人利害得失安危死生上計較打算，社會沒有公道，沒有正義，各個人的利害得失安危死生，那能一致？人人為自己打算，不為公正道義打算，人人在目前環境上計較，人人認為自己可以創造自己的命運，把握自己的前途，結果則前途愈窄，命運愈慘，大難當前，莫之奈何。那些全是邪氣，非正氣，全是私道，非公道。此刻要回頭克難，只有大家覺悟，大家莫再在個人利害得失安危死生上打小算盤，作私計較。大家崇奉公道，獎勵正義。歷史上那些守死善道激揚正氣的人物，像文天祥〈正氣歌〉中所舉，皆當衷心崇拜，刻意推敬。社會上朋輩中只要是守公道奉正義的人，吾們都該竭力敬重，加意闡揚。只有大的剛的直的可以發生力量，打破難關。一切小計較，陰柔氣，歪曲相，都該掃除。如是由一人推到十人百人，由一團體推到十百團體，社會正氣日張，公道日宏，一切難關，無不可以打破，無不可以克服。人心感召，極快速，極堅強。捨此之外，更無其他妙法奇計，命運永遠將擺佈人，捉弄人，人人只得面對著害的失的危的死的路上一步步的挨近。這是當前事實，明白告人，還不值得我們的警覺嗎？

這不是一人兩人的責任，卻是大家的責任，所謂天下興亡，匹夫有責。我們要提倡克難精神，只有發揚民族正氣。

知識青年從軍的歷史先例

知識青年從軍，似乎是一件嶄新的運動。但在歷史上則很早便不乏先例。當春秋戰國時，中國猶在封建時代，那時執干戈衛社稷的責任與光榮，為貴族子弟所獨占，輪不到平民身上，那時之所謂士，執御執射，是其本分。射猶如今日之放射機關槍與大砲，御則猶如今日之駕駛坦克與飛機。不習射御，便算不得一個士。當時亦只有所謂國士、都人士，全是些住居城市的貴族子弟，卻沒有所謂鄉野士與鄙士。直到戰國，平民軍隊始正式興起，但那時的貴族子弟，他還以當兵武裝為本分。趙老臣觸讋見趙太后，懇求把他少子補上黑衣之衛，這便是穿上黑衣軍服做一個趙國王宮的禁衛兵，趙太后笑他老頭兒也懂疼愛少子，可見那時疼愛他兒子的，便急要想法把他補入軍隊。直到漢朝，依然還是二千石的太官，才有補上他一個兒子去當皇宮衛隊的優遇。

此等暫且不提，專舉學術界事情來說，孔子的學生便無不習御習射。這無異說，在當時到孔子門下的，無一個不練習射御，一如今日之放射機關槍大砲以及駕駛坦克與飛機。孔子門下也著實有幾個真能臨陣出仗的，子路不用說了。當魯哀公八年，吳師伐魯，有若便在魯國三百名決死隊裡面，打算乘夜直撲吳王的帳幕。吳王聞訊，駭得一晚三遷宿處，吳魯也便此議和了，那時子有恰是廿四歲的青年。魯哀公十一年，齊師伐魯，孔子弟子冉有，擔任魯軍的左翼總指揮，樊遲做他車右，那時魯國執政季孫，嫌樊遲年輕，不贊成冉求用他來擔當軍隊中的重任，但冉求終於毅然地把他任用了，樊遲臨陣首先衝過戰濠，肉搏齊車，他的隊伍隨著湧上，殺得齊師大敗虧輸。這一仗，把孔子在魯國的信仰也恢復了，魯國人恭恭敬敬地再請流亡異國的孔子重返魯邦，尊之以國老之禮。那時的樊遲，則僅是廿二歲的青年。有若樊遲兩人，可說是中國歷史上青年學生從軍建績最早最鮮明的先例。

再說到墨子門下，他們徒三百人，都可使之赴湯蹈火，死不旋踵。那時楚惠王用著著名的機械工程師公輸般，要想試用他的機械化部隊與秘密新武器去攻打宋國，墨子卻私人獨自訓練了一支五百人編成的機械化部隊，攜帶著更多種性能更強專用在防禦工程的新武器，自動的去當宋國的義勇軍，那一支軍隊，不用說全是墨子門下一些青年學生，他們的司令長官，則是墨子門下最優秀最聞名的大弟子禽滑釐，那時他正是一個未滿三十歲的青年。

現在再說到秦漢時代。那時中國出了兩位震古爍今，最可誇耀的青年軍人，他們都在歷史上建有燦爛光明永不毀滅的奇蹟。一位是西楚霸王項羽，在國內革命史上有他煊赫的地位，一位是漢武帝時驃騎將軍霍去病，在對外抗戰民族鬥爭史上有他超卓的功勳，他們兩位都出身貴族，不用說都是知識青年了。項王初入軍隊，是一個二十四歲的青年，有名的鉅鹿會戰，項王破釜沉舟，把秦國章邯大軍整個擊潰，奠定了東方革命的基礎，從此項王便一躍而為東方革命聯軍的大統帥，那時纔二十六歲。霍去病初隨大將軍衛青遠征匈奴，那時怕他只有二十二歲，明年，再從大將軍出發，他率領著部下輕勇騎兵八百人，脫離大隊伍數百里，深入敵陣，斬殺匈奴二千餘人，又捕獲了大批俘虜，開始以校尉封侯，那時是二十三歲，此後屢以敢深入建奇功。元狩二年，匈奴渾邪王來降，武帝派霍去病去接，去病渡過黃河，渾邪王部下中途變計，謀欲逃去，去病親自趕入渾邪王營內，親見渾邪王，把他謀叛的部下斬了八千人，先送渾邪王來漢廷，去病親自督帶著匈奴降眾四萬人渡河，那時他是廿五歲。武帝為他屢立大功，特地替他修蓋一座宅宇，要他親自去看，他說：匈奴未滅，無以家為。直到他死時，還是一個未滿三十，二十九歲的青年。驃騎將軍霍去病，與西楚王項羽，真可說是中國歷史上無獨有偶的一對特出的青年軍人。項王叔父項梁，曾教項王兵法，項王雖很喜歡，卻不肯細心學，漢武帝曾想教霍去病以戰國時孫武、吳起們的兵法書，霍去病也不肯學，他說，只看自己策略如何，何至學古人兵法呢？他們兩人，在這一點上，性格也有些相近，他們都是自然生成的軍事天才。

現在再說到東漢。光武帝起初革命時，是一位廿八歲的青年，他是一個道地的書生，雖在軍中，依然脫不掉溫文儒雅的大學生派頭。直到歷史上有名的昆陽大戰，他以三千軍隊擊破了王莽大軍四十萬，同時革命隊伍裡的人，無不大吃一驚說：劉將軍平生見小敵怯，今見大敵勇，其可怪也。至今《東漢書》上記載的當時昆陽戰事，我們翻來閱讀，還是覺得有聲有色，所以從前有人說，倘使你犯了瘧病，只要一讀東漢光武昆陽之戰，包管把你的瘧鬼嚇跑，那時候光武正還未滿三十，是一位二十九歲的青年。此後在光武隊伍裡，有一大批往年的太學同學，那些都是剛出大學門的知識青年，尤其是年輕的鄧禹，當光武駐軍河北時，鄧禹一手拿著馬鞭，到軍門去求見，大談革命軍的進取方略，那時他正是二十二歲。此後漢光武派他獨當一面，率領軍隊，西入關中，那時鄧禹已是二十三歲了。在光武隊伍裡，還有更年輕的像耿弇，他初見光武時，正與鄧禹同一年頭，但他纔止二十一歲，比鄧禹還小一歲，那時他已在黃河北岸，附隨著他父親耿況的一支軍隊，與寇恂等孤軍轉鬥，打下了二十二個縣城，擊斬了王郎手下大將卿校以下四百餘員，以及三萬名兵隊。在光武艱困的軍事狀況下，著實貢獻了莫大的臂助。一個二十一歲的青年，便在軍隊裡立此偉績，實在是歷史上尚少先例的。

現在再說到三國，見稱為一世之雄的魏武帝曹操，他初拜騎都尉，受命討伐穎川黃巾，是他初次參加軍事生活的一年，那時他還未滿三十，他還是一個二十九歲的青年。他的兩個兒子，魏文帝曹丕與陳思王曹植，都是中國文學史上出眾的大文豪，他們都是生長軍中，弓馬嫻熟，自幼便是一位青年軍人，不必細表。劉先主三顧草廬，親訪諸葛亮於隆中，諸葛亮自己說，由是感激，遂許先帝以馳驅，自此那位自比管樂的南陽臥龍諸葛先生，也開始參加軍隊生活了，那時的他，恰恰是二十七歲。江東破虜將軍孫堅，開始來顯出他軍事天才的時候，還在十七歲的幼齡。他正式跟隨皇甫嵩討伐黃巾，是十八歲。他大兒子孫策，當他父親為黃祖所害，自己招募部下得數百人，那時纔十七歲，後來袁術正式授他部隊時，他恰到二十歲，待他二十一歲時，他便獨自帶領軍隊，進取江東，他死時僅纔二十六歲。他的弟弟吳大帝孫權，十五歲便隨兄征伐，策死權繼，纔十八歲。當時吳國有名的青年將軍周瑜，當他開始帶領著步兵二千，騎兵五十人的候，才只二十四歲，因此大家都呼他為周郎。孫策死後，周瑜與張昭分任吳國一切大權，那時纔二十六歲。赤壁之戰，魏武帝號稱八十萬水陸大軍，給周瑜打得落花流水，狼狽北走，自此奠定了天下三分的局面，那時的周瑜還只三十四歲。只因他青年將軍的聲名太過膾炙人口了，所以後來宋代大文學家蘇軾，在他有名的〈念奴嬌大江東去〉的一首詞裡，還說是周公瑾當年小喬初嫁，雄姿英發，疑心他是一位新婚未久的英俊少年，其實公瑾當時，距離他甜蜜的新婚生活，早已快近十年了，但是周公瑾到底不失為中國歷史上一位青年將軍。周瑜的好友魯肅，比周瑜長不到三歲，他開始軍隊生活，也只二十歲。而魯肅的後繼人呂蒙，當十五六歲時，早已偷偷的混入他姊丈的軍隊裡走上前線，給他姊丈發見，大吃一驚，呵他後退，但是呵不住，事後告訴他岳母（呂蒙的母親），終經呂蒙苦苦哀求，只得許他正式從軍。但他到底太年輕，嚴格說來，還不夠算是一個知識青年。因此後來孫權勸他乘軍務暇隙中急急讀書，孫權還說，他自己也是在軍馬倥傯中自修學問。呂蒙聽了孫權話，篤志向學，一日與魯肅談天，魯肅大為驚佩，拍拍呂蒙的背，著實讚賞他，說我以為大弟但有武略，不料你至今學識英偉，非復吳下阿蒙。到後來他便繼承著周瑜魯肅後任，做了吳國長江上游方面的總司令。白衣渡江，計取荊州的便是他。

其次要說到兩晉南北朝。那時是中國中衰時期，貴族門第方興，一輩士大夫，寄情玄虛，志在清談，知識青年從軍的故事，在那時，自然要比較落漠些，但也並非說絕對沒有，此處暫擱不提，且繼續說到唐朝。唐太宗李世民是中國歷史上數一數二的英武人物，在此不用細述。太宗自己說，朕年十八，便是經綸王業，北剪劉武周，西平薛舉，東擒竇建德、王世充，二十四而天下定，二十九而居大位，四夷降服，海內艾安。他真是一位歷史上極出色的青年軍人，又是歷史上一位極出色的青年皇帝，無怪他自己要說，古來英雄撥亂之主，無見及者。在他手下，最有名軍人，自然要推李靖李勣，兩人同時，李靖是一位老將，而李勣則是一位青年將軍，他本是一個富家子，但他很早就置身行伍，他說，我年十二三時為無賴賊，逢人則殺，十四五時為當賊，有所不愜則殺人，十七八為佳賊，臨陣乃殺之，二十為大將，用兵以救人死。原來李勣正式參加隋末大亂時翟讓的土匪軍隊，正是他十七歲那一年。明年他十八歲，便在李密手下，指揮著五千兵隊以及二十萬饑民，據守黎陽倉，殺敗了宇文化及。十九歲歸唐，兩年後，唐平竇建德，俘王世充，那時是秦王李世民為大將，李勣為下將，他們倆服兵甲，乘戎輅，告捷太廟，同時兩位青年將軍，恰恰同是二十一歲，真是稀世鮮有的佳話。貞觀三年，李勣與李靖同出擊突厥，勣降突厥部落百萬，那年他還未滿三十，還是一位二十九歲的青年。而李靖那年則已快近六十，是一位五十九歲的老將軍了。此後李勣享壽甚高，也成為唐初的一位老將，後世數說唐興名將，必然首推英衛，衛國公即李靖，英國公乃李勣。又有一位與李勣年齡差近，而名位稍遜，但亦為唐代對外建立大功奇勳的名將蘇定方，他亦在隋末大亂時，當十五歲的年齡，已能跟隨他父親出陣見仗，而且常先登陷陣。他父親死後，他代領其眾，以後他以六十九高齡西定葱嶺，以七十歲高齡東圍平壤，李勣繼之，以六十八歲高齡克平壤，虜高麗王以歸。他們兩人，同以十四五歲稚齡，即獻身軍伍，同時均以七十高年，還在為國家揚威異域，真可說是畢生以之的模範軍人了。同時劉仁軌也以快近七十的高年，與蘇李同在東北軍中，他大創倭兵於白江口，毀倭艦四百艘，海水為赤，這是東亞歷史上第一次中倭交戰，劉老將軍建此偉績，也該特別提及的。

現在再說到五代與北宋，五代時的混亂局面，只有周世宗是惟一的英主，在他手裡，算把這長期的混亂局面開始澄清，宋太祖只是因其成業。周世宗是一位二十四歲登極的青年皇帝，但他同時也是一位青年軍人。他即位那年，便親征北漢，打敗強敵，又把手下臨陣退避的一群驕將范愛能等七十餘人一一處死，這一來，把晚唐以來百年以上的軍伍頹風，一手整頓了。是年，他一面懲罰驕將，一面又淘汰羸卒，切實改取精兵主義，訓練新勁旅，從此數年間，南征李唐，大兵直達江岸，北伐契丹，克復了瓦橋益津等三關，可惜他享年不久，沒有在他手裡完成統一。他臨死，也還是未滿三十，一位二十九歲的青年。宋太祖是周世宗整頓軍旅時提拔起來的一位小軍官，他做殿前軍虞時，是二十八歲，但他開始從軍，則只二十二歲。若論宋初名將，自當推算到曹彬與潘美，曹彬是將門之子，他三十二歲時已在軍隊裡充牙將。潘美隨周世宗，也還未滿三十歲。此外宋代最著名的邊將是楊業，他是山西茂族，父為刺史，業弱冠時已在軍中以饒勇聞，其子楊延昭，常隨他父親，在軍隊裡做先鋒，當楊業死時，延昭也只是二十九歲的青年。

現在再說到南渡諸將。韓世忠十八歲便應募為軍，岳飛是一位貧寒好學的青年，他在二十歲時應募入伍，史臣稱他文武全器，仁智並施，為西漢而下不多見的大將才，他臨死也只有三十五歲。他兒子岳雲，十二歲便在軍中作戰，這恐怕算得是中國歷史上最年輕的一位少年軍人了，他臨死還只有二十三歲。吳玠也是南宋一位讀書有學問的名將，未到二十早已從軍了。和尚原之捷，他年三十九歲，他弟弟吳璘，同在軍中，同建大功，則只有二十五歲，還未滿三十。仙人關之捷，吳璘是三十二歲。辛棄疾又是南宋中葉一位有名的文學將軍，他開始從軍是二十二歲。宋末名將趙葵，和他哥哥趙范，都是幼年即隨父在軍，一面讀書求學，一面應戰接仗，將來都成為國家棟樑大器，這也是他們父親教育有方的功績。

元代武功赫弈，此已盡人皆知，當時的蒙古族是盡丁皆兵的，但漢族子弟，卻絕少當兵的權利。現在且說明朝，明太祖初在濠州從軍，那時是二十五歲，徐達初從明祖，是二十二歲，常遇春初從明祖，在二十六歲，徐常是明初兩員大將。李文忠十九歲便以饒勇冠軍，鄧愈十六歲便帶領隊伍，自成一軍，沐英十八歲便為帳前都尉，明祖麾下都是些年齡不相上下的軍官。湯和稍前輩，也只長明祖三歲，初在軍時，也還不到三十歲。明朝人的風氣，比較和唐朝相像，他們都慷慨喜功業，因此也更愛從軍，在兵隊裡過生活。有名的理學家王陽明先生，他十五歲時，寓居京師，便出遊居庸關山海關，私出塞外，與諸屬國夷人，角射校藝，因以縱觀塞外山川形勢，有經略四方之志。後來他一面講學，一面還屢立戰功，平漳寇，平橫水桶岡大帽痢頭諸寇，又平宸濠之亂，晚年又平思田，破八寨斷籐峽諸蠻，他是中國史上第一流的學者，同時又是中國史上第一流的偉人。現在要說到明代膺懲倭寇的兩位名將俞大猷與戚繼光，他們兩人都是幼年好學，而且一開始便有志於軍隊生活的，可惜手邊史料不足，無法詳細推算他們兩人的年齡，否則他們兩人一定是這一篇知識青年從軍先例中很精采的兩個例。

現在再說明末清初。一輩知識青年投筆從戎，從事革命與復興事業的，真是指不勝屈，姑舉其最著者。清兵下揚州南京，黃黎洲兄弟即糾合家鄉子弟數百人起義，號世忠營，那時黎洲已三十六歲，他仲弟宗炎二十八歲，三弟宗曾二十六歲，想來他的世忠營裡，一定很多年輕的知識分子。顧亭林從軍蘇州，年二十三歲，他的至友歸玄恭，也以同年投軍，王船山起兵衡山，年三十歲，毛奇齡投入毛有綸軍中，年二十四歲，魏叔子和他的朋友彭躬菴等在翠微峰，結寨自衛，年二十五歲，可惜他們在軍事上都沒有大成功。待他們軍事生活失敗後，回過頭來，卻都做成了中國史上近三百年來有數的大學問家，尤其是黃顧王三先生，他們的人格與學業，對於我們近代辛亥革命的成功，還貢獻了無限的影響。

現在要說到清朝，清朝始終是一個狹義的部族政權。滿洲八旗軍隊，入關創國，有他們特優的待遇，漢族綠營兵，則在不平等待遇下受歧視。清政雖較元代略寬大，知識青年從軍的故事，一樣的無可說。直到中晚葉政治腐敗，革命四起，那時纔有一般文人學者，中途獻身軍伍，來為清政權暫延一息，如江忠源、羅澤南、曾國藩、胡林翼、左宗棠、李鴻章諸人皆是。同時有許多知識青年，聞風響應，投入軍中，此處暫不細述。說到此等中年的文人學者，因時代需要，獻身軍伍，來為國家社會立大功建大業的，在中國歷史上，更多先例，但非本篇範圍所欲詳，也只有不提及了。

最後說到辛亥革命前後，那時一輩知識青年捨身投軍，從事革命建國工作的，更繁夥了，這是最近的歷史，人人應知，此亦不贅。

以上所述，只是就歷史上最著名人物，擇要舉例，並非說中國歷史上知識青年從軍的只有此數。若是我們要把二十五史詳細檢舉，來講述中國已往青年從軍的故事，恐非專寫一書莫辦，現在我們且繼此一說歷代的兵役制度。春秋戰國是平民軍隊與貴族軍隊交替代興的時候，已於上文述及。秦漢則是全民兵役制，那時雖宰相之子必須戍邊三天，一遇戰事，還有許多自動從軍，恰如現代所謂義勇軍的，在那時則謂之良家子從軍，所以秦漢武功遠播，斷非無因而致。東漢而下，全民兵役制破壞，國威亦遠遜。魏晉是私家部曲兵以及奴兵謫役兵的時代，因此國威更挫。東晉時，謝安當國，在揚州訓練了一支所謂北府兵，因是經招募挑選而成的軍隊，較之部曲兵奴兵謫役兵遠勝，賴有此一支軍隊，始有肥水之捷，保存了半壁江南。此後劉裕還用此軍隊北伐。五胡北朝全是部族兵與簽兵的混合隊伍，直到北周蘇綽，創府兵制，那時候纔再有像樣的國民軍隊。府兵是一種選民訓兵制，當時全國戶口，依家財分列九等，只有第六等以上的中上人戶子弟始許入伍，下三等貧窮家庭，則不使有當兵入伍的權利，因此當時軍隊，全是民間的豪右精壯，隋唐藉此制度完成統一，而且國威遠揚。但在唐高宗時，府兵待遇漸不如舊，劉仁軌曾為此事向中央詳細陳述，可惜唐室不能盡量注意，此下便漸漸從府兵變成方鎮兵，那又是一種招募的軍隊了。

但是方鎮兵開始，還如東晉北府兵般，召募之後，繼續一番挑選，還不失為勁旅。晚唐五代，兵漸驕，將漸惰，沒有所謂挑選，直到周世宗始再振作一番。宋代承襲周制，依然用的是募兵，承平日久，挑選日疏，軍律廢弛，國威大弱。但在宋代積弱的軍隊裡，也還出了不少著名軍人，北宋如狄青，南宋如岳飛，是尤其著名的。尤其是岳飛，成為中國歷史上的武聖人，足為弱宋增光不少。遼金元都是部族兵，與五胡北朝相仿。明代的衛兵制，是師法唐代府兵制的，而且明代士大夫，都喜慷慨建功業，頗有豪氣，很像唐代人物，因此明代國力也還不弱，直到亡國時，還是名將百出，在東北支撐危局的如熊廷弼、孫承宗、袁崇煥，都由文臣出總師旅，若論才能，他們中間任何一人，都可抵抗住滿洲，只因中央政治腐敗，軍事受其影響，遂使他們都失敗了。這不能怪當時擔任邊事的將才不夠。清代又是部族兵，亦如五胡北朝與遼金元，雖則同時加上一些召募的綠營兵，又是受的不平等待遇，因此清代只要滿洲部族一腐化，國力便不振。現在我們國家正在從募兵制漸次蛻化的途中，國民普遍從軍的風氣，尚未養成。而置身全球列強鬥爭的大旋渦裡，又無法臨陣脫逃。人家以精銳豪強來，我們以疲弱貧愚應，不僅器械不如人，隊伍亦不如人。

環顧現勢，回溯舊史，我們一定要走上西漢般的全民兵役制，否則如唐代之選民訓民制，決不能以東晉北宋之自由應募為保衛國家的長城。只是急切未能驟變。前中央號召十萬知識青年從軍，即是遠追北周隋唐選拔中上等國民充當兵役的遺意，但依然是像晉宋般許我們自由應募，這也是一時不得已，然而國事艱難，大家應該踴躍以赴。在英美諸國，知識青年從軍譬如家常便飯，用不著大驚小怪，但在中國今日，說到知識青年從軍，依然像有極濃厚的浪漫文學的氣味，依然像是傳奇式的動人聽聞，依然如讀古史般充滿著英雄式的慷慨情調，古人云英雄造時勢，時勢造英雄，又云識時務者為俊傑。今日知識青年從軍，正是俊傑識時務者之所為，這個時勢是極需要英雄的了，只看英雄如何不辜負此時勢。我們很盼望在此知識青年從軍的大潮流裡，再出幾個楚霸王與霍驃姚，或是再來幾個周公瑾與諸葛孔明，或是再有幾個李英公與李衛公，或是再有幾個岳武穆與王文成。此乃國家民族前途禍福所繫，全國知識青年，其速奮起！

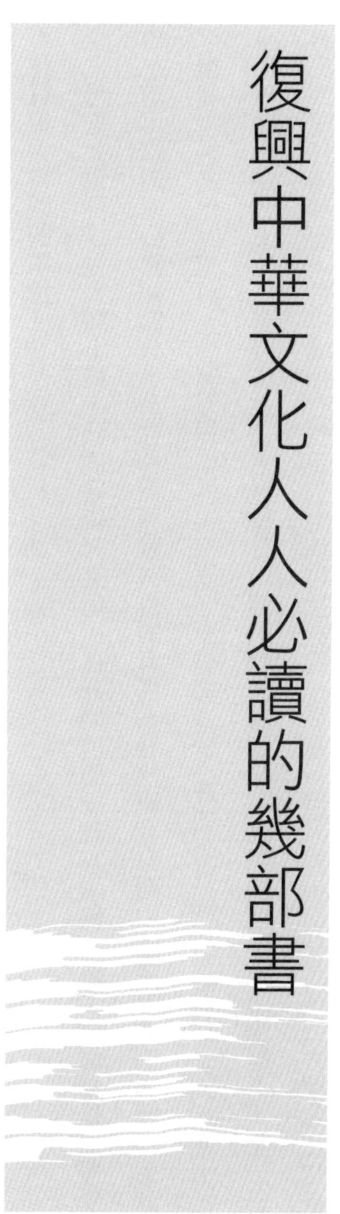

復興中華文化人人必讀的幾部書

一、引言

諸位先生：去年總統提出了復興中華文化運動的號召。這一運動可說是民國創建以來一個最重大、最有意義的運動。到今已過一年，我聽到很多人說，一年來，這一個復興文化運動有了些什麼成績呢，或者有了些什麼具體的方案呢？這當然是大家都關切的問題，可是我們也該知道，這一運動，我們並不能希望它有一個很快的成績給我們看。我可以說，倘使在座的先生們，在五十歲以內出生的話，他從出生日起，已是我們中國人存心在懷疑，在反對，在破壞自己傳統文化的時候了。並不要到共匪執政，或者如今天的紅衛兵正式提出文化大革命以後才如此。我們已經是五十年來，造成風氣，在懷疑，在反對，也可說在破壞這一套自己的文化。當然開始這一番思想、理論，也是為著愛國家、愛民族，其心無他，然而我們早已認為中國文化要不得，至少是看輕了中國文化，接下來就看輕了中國民族，看輕了中國人。那麼我們要來救這個國家，救這個民族，就得另外來一套。那些覺得要另外來一套的是所謂前進分子，那些不能追隨向前的人，便是頑固守舊要不得、該淘汰。倘使不是這種思想這種風氣在社會上隱藏著，蔓延著，我可以說共匪也不會得政。我們五十年來的社會風氣已如此，我們怎能在一年兩年內，就有顯著的改變，這當然是很困難的。

而且所謂復興文化，也不是一個人、一個團體、一個機關所能負起責任的。這事千頭萬緒，我們每個人都該負起責任來。不能在一旁觀看，說你有什麼成績？大家抱著這心理，這一運動便不會有很大樂觀的前途。

可是我也可以從大體上講，我們要復興文化，在我們前面擺著有兩條大路：一條路是振興學術，這可以說是少數知識分子，在學術界應該負的責任。我們研究有關中國各方面的學問，應該以復興中華文化為抱負。不要對自己文化，專門去挑些可以批評的來批評，來反對。我們當知道，全世界各民族各文化，到今天為止，還沒有一個能說真到了無可批評的地步。中國歷史，至少已有三四千年的綿歷，這中間那有找不到毛病可批評的。從每一個人說，即使是一個大聖人，也會有過失。怎樣一個強健的身體，到醫院去檢查，也總有毛病。我們現在的智識界總喜歡找我們歷史裡面零零碎碎的、向不受人注意的許多毛病，或許舉出一件兩件特殊的事，來大肆批評，這是最近幾十年來的風氣。到今天我們要振興學術，該換一個方向，究竟中國文化裡面有沒有它的長處，長處在那裡，不要專找毛病。得要研究我們自己文化精華之所在，這決不是一年兩年所能有成績的事情。另一條路是改造風氣，這是一般社會的。譬如此刻大家看不起中國人，只看重外國人，這個風氣瀰漫整個社會，任何人都不免。我可以舉很多具體的例來講，可以拿一件一件的小事情來作證。今天我們雖是一個中國人，但只看重外國人，看不起中國人，接著就看不起自己。看不起了自己，還有何事肯認真實地去幹。每一個家庭為父母的，總望能送子女往外國去留學，若是父母老了，七八十歲，他的子女不回來，長期居留在外國，甚至入了外國籍，照中國文化傳統講，那子女太不懂孝道。但為父母的，總覺得子女在外國，總比在中國強一點，不歸來盡孝道也應該。這是他們太看重了外國，看不起中國，看不起中國人，連自己也看不起，只要能沾到外國一點光也好。依照這種心理演變下去，中國斷然會永遠沒有翻身的日子。所以我說我們總統提倡復興中華文化，這是民國創建以來一件最有意義的事。

至於如何來提倡學術，改造風氣，這都不是短時期一年兩年內就能做到。今天我所講的題目，是我們要復興中華文化，能不能提出幾部人人必讀的書來？這與振興學術改造風氣這兩方面都有關係。可是我今天所提出的，也只是一問題而已。我們要不要有這樣幾部書，能不能有這樣幾部書，這都是問題。我只借這個機會，舉出幾部書來，這幾部書是不是我們人人必讀，當然希望在座各位，乃至全社會，拿來做一個共同討論的問題。此刻所講只是我個人的想法。文化是一個共業，大家來共同合作。當我們的文化，在正常或是在隆盛的時候，好像一健康的人不注意到他的身體般，我們只在這個文化空氣中生活著，大家不覺得，又好像我們此刻坐在這所房子裡面，不注意到這房子。但今天我們的中國文化，已經到了一個支離破碎將次崩潰的時候，大家反對它，看不起它，至少懷疑它，在這時候來談復興，我們首先能不能集中到一個大方向，雖不能有個共同的信仰，也該有一個共同的了解，這裡要提出幾部人人必讀的書，便是由這問題而起。可是所謂人人必讀，我的想法，只要他能有相當於高中或大學的程度，社會上一切人都在內，是不是真能有一部兩部或多幾部，大家應該都看一下的書。這樣可使大家在心理上有一共同的規範，或是共同了解。就如我們同在這個屋子裡，自然大家的坐位可以在這邊，在那邊，人人儘可有不同，可是大家總是共同在此一個屋子之內，我們纔能為此屋子有些想法，有些做法。所謂復興文化，也該有一些共同嚮往之點，共同了解之點，至於意見，卻儘不妨各人有各人之相異。

我們要從年輕人，譬如一個高中學生，直到年老人，不論他在社會還擔任責任或不擔任責任，不論他做什麼事業、什麼行業，都希望他能來讀這樣一本書或幾本書，如此說來，也就覺得困難。

要大家能讀，不是說要我們少數人能讀。若為今天來到這裡聽我講話的人舉出幾本人人能讀的書，還比較是輕而易舉。但我們要著想到社會上的一般人，這就難了，能不能真有幾本這樣的書人人能讀，而又是人人必讀呢？說到這裡，我要請各位原諒。我認為文化一定有傳統，沒有傳統，便不叫做文化。若使今天有一位大思想家、大學問家，他發明一套新理論，提供一套新知識，但這不就叫文化，這是他個人的思想，理論，知識，研究成果。不曉得這些思想、理論、知識、成果，還要經過多少年，或是幾十年或是幾百年，而後才慢慢地變成了某一文化裡重要的一部分，我們不能今天就把這個來認叫做文化。我大膽告訴諸位，文化中一定有古老的東西，而且可說都是古老的。新的只是由此古老中所生，斬斷了古老的根，便不能有新生的枝葉和花果。今天我們大家講，復興文化不是要復古，那麼我請問各位，要復的是什麼東西？你說我們要學外國人，但外國有外國之古，外國也不能只有今天一天全新的東西。你講近代科學，近代科學也至少有兩三百年之古在裡面。講民主政治，民主政治也至少有四五百年之古在裡面，所以文化不能全是新的。全新的不成為文化，要慢慢在舊文化裡演出新花樣，這是中外一律的。所以我今天在此要想提出幾部書來，卻都是幾部代表傳統性的古老書，沒有一部近代人的新出書。最重要的一點，我們要懂得我們以前的中國人，他們是怎樣想法？怎樣講法？怎樣做法。我們希望今天的中國人，能同我們的父母祖宗，幾百年、一千年、兩千年以前的中國人，通一口氣，這才叫有文化，叫有傳統。

若這口氣不通的話，將來縱使中國或可以做出一個極富極強的國家來，但不一定就是文化復興。至於一個並沒有文化傳統的民族與國家是否能極富極強，這是另一問題，不在此刻討論。

現在我想要找幾部人人必讀的書，從前述意見講來，還是要找出從前我們中國人大家讀的書。這是比較客觀的標準。若我今天提出一部書，與文化傳統無關，可能這部書有貢獻，有影響，或許可變成將來文化重要的一部分，確實使中國文化改造，起了新變化。可是在此刻，只是我一人意見，不能強人人必讀。我們此刻是在復興中華文化的前提之下來選幾部書，此幾部書，則是古人的，從前大家讀過的，在中國社會上遞傳了多少年，有憑有據。不能說由我一個人來提倡讀這幾部書。否則我認為應該讀什麼幾部書，你認為應該讀什麼幾部書，各有各的意見，很難得調和。因此我們該是站在中國文化的立場，在中國傳統文化裡，看有那幾部特別應該看的書？其主要條件，則是從前中國人都曾看的。為何要把此作標準？這很簡單，若要講中國文化，則不能不理會到中國古人。此刻講民主，該由大家投票表決。在今天你認為這幾部書不該看，但是我們上一代、兩代、三、四代、十代、二十代歷史上的古人，都曾讀，都曾看重這幾部書，那麼這即是中華文化傳統一向集中偏重在那裡。我要把此標準來舉出幾部歷史上大家都讀的書，來作為我們今天也應該人人一看，讓我們從此了解到從前中國人想些什麼，講些什麼，看重些什麼。這豈不與我們此刻要來復興文化也有些關聯。

但是這些書也不能是大書，大書不能大家有工夫去看。我已經講過，若你在大學裡當教授，設講座，你可以從容研究。現在講的是希望人人有一份。既不能是大書，同時又不能太專門。現在大學分科分得很細，很專門。或學文學，學史學，學經濟，學法律，講藝術，講哲學。自然科學更不論，分門別類，實是太細太多了。我們現在的標準是人人的，不論你是藝術家，建築師，或是醫生，或是律師，或是任何行業，我們要在文化傳統的共同之點上有一個了解，而來讀這部書。而且要這部書不一定是學術界中人才能讀，要男女老少行行色色人都能讀。我告訴諸位，這像是難，卻不難。只要真正是一部大有價值的書，大家都該讀的書，也就絕不是一部專門書。要講專門書，如講史學，某一人某少數人可以讀二十四史，卻不能請大家都讀二十四史。在學校裡講課，可以講專門。而文化則不是一項專門學問，亦不能由某一項專門學問家來講。我們需要的是有一個共同的了解，人人必讀的書則絕非專門的，而且也絕不是大部的書。大部的書只可放在圖書館裡去研究成一個學者。現在是要社會上流行的書，是要人人能讀的書，那往往是幾句話的書，絕不是大書。惟其是幾句話的書，所以能流傳到整個社會，所以能成為文化傳統中一個共同的目標。但是不是有這樣的書呢？我此下所舉，當然只是我個人的意見。

我上面講的這套話，我想第一是原則上的，要先討論，是不是要提出幾部我們應該提倡大家來看的書。第二是這類的書，一定要有傳統性，要能使我們中華民族上下通氣。要使今天我們有一口氣通到上面中國古人身邊去。諸位不要怕這就是落伍，其實這是不落伍的，這些書應該在今天還是有價值。若使中國古書在今天都落伍了，那麼這就是中國文化落伍，所以有些人要提倡線裝書扔毛廁裡，要廢止漢字，要用羅馬字拼音，這就沒有話講了。若使我們中國古代還有幾部傳統性的書，這套思想，這套理論，今天還有價值，那麼我們中國文化就該存在，我們今天自該也來用心一看。要說這都沒有了，只有要我們今天來創造一番新的，我請問諸位，怎樣般去創造？那就只有到外國留學去，但這也不是創造，只是去拿人家的，來借作自己的用。倘使我們本來沒有，去拿一點人家的來，這事也還簡單。譬如這房子裡面空蕩蕩地沒有東西，搬張桌子來，搬張椅子來，很簡單。所可恨的，是我們這所房子裡早有東西充滿了，要從外面拿進來，先要把自己裡面的拿出去。所以先要打倒中國文化，就是這個理由。因為外面的拿不進，拿進來了又不合式，則只有先拿掉裡面的。又可恨，裡面的拿不走，又拿不盡。我們今天的問題在這裡。今天我們總統既然提倡到復興文化這句話，我們能不能從正面來具體想想，究竟中國文化有沒有些存在的價值？若我們真認為有，那麼我們要復興中華文化，便應該在中國的舊書裡，找出幾部人人必讀的，至少希望造成一種風氣，亦可為振興學術奠一基礎。

二、四書——《論語》、《孟子》、《大學》、《中庸》

我想舉的第一部書是《論語》。你若要反對中國文化，那很簡單，第一就該打倒孔家店。當時立意要打倒孔家店的人，就都在《論語》裡找話柄。如說：「唯女子與小人為難養也」，說這是孔子看不起女人。又如說「民可使由之，不可使知之」，說孔子主張愚民政策。又如「子見南子」，把來編成劇本表演。拿《論語》裡凡可以挑剔出毛病的，都找出來。至於如《論語》開卷所說「學而時習之，不亦說乎？」有何毛病呢？這就不管了。至少從漢朝開始，那時中國人就普遍讀《論語》，像如今天的小學教科書。《論語》、《孝經》、《爾雅》，人人必讀。《爾雅》是一部字典，現在我們另外有合用的字典，不需要讀《爾雅》。《孝經》今天也不須讀，已經經過很多人研究，《孝經》並不是孔子講的話。我想《論語》還應該是我們今天人人必讀的一部書。倘使要找一部比《論語》更重要，可以用來了解中國文化，又是人人可讀的，我想這不容易。只有《論語》，照我剛才所講條件，從漢朝起，到我們高呼打倒孔家店時為止，本是人人必讀的，在中國沒有一個讀書人不讀《論語》，已是經歷了兩千年。我們要了解一些中國文化，我想至少該看看《論語》。

既然要讀《論語》，便連帶要讀《孟子》。講孔子講得最好的，莫過於孟子，宋代以後的中國人常合稱孔孟。唐朝以前只叫周、孔，不叫孔、孟，這不能說不是中國後代一個大進步。說周孔，是看重在政治上。說孔孟，是看重在學術、教育上。至少從宋朝到現在，一般中國人都拿孔孟並稱，所以我們讀《論語》也該連讀《孟子》。《論》《孟》這兩本書我現在舉出為大家該讀之書，讀了《論語》有不懂，再讀《孟子》，容易幫我們懂孔子。

既然講到《論語》和《孟子》，又就聯想到《大學》和《中庸》，這在宋代以來合叫做四書。實際上，《大學》、《中庸》只是兩篇文章，收在《小戴禮記》中，不算是兩部獨立的書。但很早就有人看重這兩篇文章。到了宋朝，特別是到了朱夫子，就拿《大學》、《論語》、《孟子》、《中庸》，合稱四書。他說《大學》是我們開始第一本該讀的。中間所講格物、致知、誠意、正心、修身、齊家、治國、平天下，八個大綱領，把中國學術重要之點全包在內。使一個初學的人，開始就可知道我們做學問的大規模，有這樣八個綱領。至於如何來講究這格物、致知、誠意、正心、修身、齊家、治國、平天下這一套，就該進而讀《論語》和《孟子》。這樣讀過以後，才叫我們讀《中庸》。《中庸》有些話講得深微奧妙，好像我們今天說太哲學了。所以朱子說，四書的順序，該最後纔讀《中庸》。後來坊間印本書，《大學》、《中庸》的分量都太單薄了，就把這兩本書合訂成一本，於是小孩子跑進學校，就先讀《大學》、《中庸》，再讀《論語》、《孟子》，這就違背了我們提倡讀四書的人的原來意見。可是四書認為是我們人人必讀的書，從元朝就開始，到今天已經七百年。

我的想法，我們既然要讀《論語》、《孟子》，兼讀《大學》、《中庸》也省事，而且《大學》、《中庸》這兩篇文章，也是兩千年前已有，中間確也有些很高深的道理，我們不必把它和《語》

《孟》再拆開，說讀了《語》《孟》，開不必讀《學》《庸》，所以我主張還是恢復舊傳統舊習慣，依然讀四書，只把讀的方法變動些。不要在便始進學校識字就讀，我也不主張在學校裡正式開這四書一門課。我只希望能在社會上提倡風氣，有了高中程度的人，大家應該看看這四書。尤其重要的讀四書，一定該讀朱子的註。提倡這個四書的是朱子，朱子一生，從他開始著作，經歷四十年之久，把他全部精力多半放在為四書作註這一工作上，因此朱子的《論孟集注學庸章句》可以說是一部非常值得讀的書。我們中國的大學者，多方面有成就，在社會上有最大影響的，所謂集大成的學者，上面是孔子，下面是朱子。朱子到今天也已八百年，我們不該不看重這個人。四書是兩千年前的書，今天我們不易讀。我們拿八百年前朱子的註來讀兩千年前的四書，這就容易些。直到今天，還沒有一個人註四書能超過了朱子。所以我希望諸位倘使去讀《論語》、《孟子》、《大學》、《中庸》，一定要仔細看朱子的註。我再敢直率講一句，倘使我們讀了四書，就不必讀五經。當時宋朝人提出這四書來，就是要我們把四書來替代五經。讀四書，既省力又得益多。至於五經，在漢代以來就規定為大學教材的，然而五經不易讀。在漢時，已經講得各家各說，莫衷一是。朱子也曾在五經裡下工夫，但他一生，只講了兩部經，一是《詩經》，一是《易經》。可是他後來說他的工夫浪費了，他讀《詩》《易》所得，遠不如他讀四書所得之多而大。倘使我們今天還要拿《詩》和《易》來做人人必讀的書，那就有些不識時務。至於《春秋》，那是孔子自己寫的，但誰能真懂得《春秋》。朱子說，他對《春秋》實在不能懂。直到今天，也沒有人真能懂。講《春秋》的，就要根據《左傳》、《穀梁傳》、《公羊傳》，把這三傳的講法來講《春秋》，但三傳講法又不同。所以講《春秋》的一向要吵架。朱子勸他學生們且不要去讀《春秋》，現在人還要來講《春秋》，這是自欺欺人，誰也不懂得。又若講《禮》，《儀禮》十七篇今天社會上那裡行得通。而且從唐代韓昌黎起他已說不懂這部書。從唐到清凡是講《禮》的，都得是專家之學，不是人人能懂，而且也易起爭辨。若論《書經》，清代如戴東原，近代如王靜安，都說它難讀難懂。目前學者，還不見有超出戴王的，他們如何卻對《書經》能讀能懂。所以我認為到今天我們還要來提倡讀經，實是大可不必了。但我也並不是要主張廢止經學，經學可以待大學文科畢業，進入研究院的人來研究。縱使在大學研究院，也該鄭重其事。近代能讀古書的大師如梁任公王靜安他們在清華大學研究院作導師，也不曾提倡研究經學。若要稍通大義則可，要一部一部一字一句來講，要在經學中作專門研究，其事實不易。王靜安研究龜甲文，講訓詁，講經學。據說他勸學者略看《儀禮》，因為名物制度有些和研究龜甲文有關。譬如一個廟，一項祭典，一件衣服，龜甲文中有些字非參考《儀禮》《尚書》守古經典不可。一言以蔽之，我並不反對大學研究院有絕頂的高才生，真等經學專家作導師，再來研究五經，來一部一部作研究。可是從宋朝起，一般而論，大家就已不像漢唐時代以經學為主。元、明、清三朝的科舉考試，雖也考五經，實際上只要第一場四書錄取，第二場以下的五經只是名義上亦加考試，而錄取標準並不在此。這三朝來，如《通志堂經解》、《清經解正續編》，卷帙繁重，真是汗牛充棟，不先理會這些書，又如何來對經學上有更進一步之新發現。所以我認為我們今天雖要提倡文化復興，似乎可以不必再要人去讀五經。讀通五經的是孔子，我們今天讀了孔子的書，也就夠了。而且經學中也儘有孔子所沒有讀過的，譬如《儀禮》，這是孔子以後的書，孔子一定沒有讀過，今天我們要講復興文化，並不是說不許人復古，但古代的東西也該有一選擇。更要是使人能了解。近人又認為五經雖難懂，翻成語體文便易懂，但先要有人真能懂，纔能翻。若請梁任公王靜安來翻，他們必然敬謝不敏。在清朝時代講經學，那時尚有個行市、行情。一人說錯了，別人來糾正。今天經學已無行市行情可言，大家不管了，一個人如此講，別人也無法來批評，你是一個專家，儘你講，沒人作批評。卻要叫人人來讀你翻的，那太危險了。所以我想五經最好是不讀，我們就讀四書吧。

三、《老子》、《莊子》

但是我要告訴諸位，講中國文化，也不是儒家一家就可代表得盡，還有《老子》、《莊子》——道家一派的思想，從秦開始到清也歷兩千載。我們最多只能說道家思想不是正面的、不是最重要的。但不能說在中國文化裡沒有道家思想之成分。儒道兩家思想固有不同，但不能說此兩派思想完全違反如水火冰炭不相容。我們要構造一所房子，決不是一根木頭能造成的。我們講文化，也決不是一家思想所能構成。中國自漢到清，恐怕讀過《老子》、《莊子》書的很多，不曾讀過《老子》、《莊子》書的很少。如陸德明《經典釋文》中有《老》《莊》，但無《孟子》。宋以前不論，宋以後雖則大家讀四書，但還是大家都兼看《老》《莊》。我想要講中國文化，應該把孔、孟、老、莊定為四書。儒道兩家在中國傳統文化中是一陰一陽，一正一反，一面子，一夾裡。雖在宋朝以下，所謂四書是《大學》、《中庸》、《論語》、《孟子》，可是我們今天是要講中華文化，不是單講儒家思想。儒家思想是中國文化裡一根大樑，但其他支撐此文化架構的，也得要。所以我主張大家也不妨可以注意讀讀《老》、《莊》。《老子》只有五千言，其實《論語》也不過一萬多字，《孟子》多了，也不過三萬多字。今人一動筆，一口氣寫一篇五千一萬三萬字的文章並不太困難，讀《論語》、《老子》、《孟子》三書合共不超過六萬字，這又有什麼困難呀。每天看一份報章，也就五六萬字一氣看下了。只有《莊子》三十三篇較為麻煩一些。但我想，我們讀《莊子》，只要讀〈內篇〉七篇，不讀其〈外篇〉、〈雜篇〉也可以，當然喜歡全讀也儘可全讀。但〈內篇〉大體是莊子自己寫的，〈外篇〉、〈雜篇〉或許也有莊子自己的話，或許更多是莊子的學生及其後學們的話加上去。〈內篇〉七篇也不到一萬字上下，讀來很輕鬆。若我們要讀《老子》、《莊子》的話，大家知道，《老子》有王弼註，《莊子》有郭象註。但兩部註書實不同。從王弼到郭象，還有幾十年到一百年，這個時候正是中國大變的時候，等於我們從民國初年到今天，思想、學術、社會上各方面都大變。所以我們看王弼註的《老子》，也還不太離譜。至於郭象註《莊子》，文章寫得很好，可是這些話是郭象自己的意見，並不是《莊子》的原意。我們若要研究中國思想史，應該有一個郭象的思想在那裡。他的思想正在他的《莊子》註裡面。倘使我們喜歡，當然郭象的文章比較容易讀，莊子的文章比較難讀。但是我們讀了郭象註，結果我們認識了郭象的思想而誤會了莊子的思想，那也不好。因此我想另外介紹一本註《莊子》的書，那是清代末年的王先謙。他有一部《莊子集解》，這部書商務印書館有賣，篇幅不大。有兩個好處：一是註得簡單。莊子是一個哲學家，但他的註不重在哲學，只把《莊子》原文調直一番，加一些字句解釋便是。第二個好處是他把《莊子》原文分成一章一節，更易讀。若你讀郭象註，讀成玄英疏，一篇文章連下去，就較麻煩。能分章分節去讀便較容易。《論語》、《孟子》、《老子》都是一章一章的，只有《莊子》是一長篇，所以要難讀些。也把來分了章，便不難。若這一章讀不懂，不妨跳過去讀下一章，總有幾章能懂的。諸位當知，這些都是兩千年前人的書，此刻我們來讀，定不能一字一句都懂。你又不是在個大學開課設講座，來講孔孟老莊，只求略通大義即得。縱使大學講座教授，有學生問，這字怎樣講？教授也可說這字現在還無法確定講，雖有幾個講法，我都不認為對，且慢慢放在那裡，不必字字要講究。大學教授可以這樣，提出博士論文也可以這樣。寫一本研究《莊子》的書，也可說這裡不能講，講不通。真讀書的人，其實那本書真能從頭到尾講，每一字都講得清楚明白呢？這是一件不可能的事。假讀書的人，會把這些來難你，叫你不敢讀，或者一樣來假讀不真讀。這些話，並不是我故意來開方便之門，從來讀書人都如此。能讀通大義，纔是真讀書。或許諸位會問，那麼朱子註四書不也是逐字逐句講究嗎？但朱子是個數一數二的大學者，他註四書為方便我們普通讀四書的人。我們是普通的讀書人，為要讀書，不為要註書。而且我們只要普通能讀，不為要人人成學者。這裡是有絕大分別的。從前人說讀六經，我想現在把《論語》、《孟子》、《大學》、《中庸》、《老子》、《莊子》定為新六經，那就易讀，而且得益也多些。

四、《六祖壇經》

以上所講都是秦朝以前的古書，但我還要講句話，中國的文化傳統裡，不僅有孔子，老子，儒家道家，還有佛學。其原始雖不是中國的，但佛教傳進中國以後，從東漢末年到隋唐，佛學在中國社會普遍流行，上自皇帝、宰相，下至一切人等信佛教的多了，實已成為中國文化之一支。直到今天，我們到處信佛教的人還是不少。印度佛教經典，幾乎全部翻成了中文，如《大藏經》、《續藏經》，所收真是浩瀚驚人，而且歷代的《高僧傳》，不少具有大智慧、大修養、大氣魄、大力量的人，在社會上引起了大影響，那些十分之九以上都是中國人，你那能說佛教還不是中國文化的一支呢。這正是中國民族的偉大，把外來文化吸收融化，成為自己文化之一支。據此推論，將來我們也能把西方文化吸收過來融化了，也像佛教般，也變成為中國文化之又一支，那決不是一件不可想像的事。而且佛教是講出世的，孔孟老莊都是講入世的，出世入世兩面尚能講得通，至於我們吸收近代西方文化講民主，講科學，這些都是入世的，那有在中國會講不通之理？從前中國人講修身、齊家、治國、平天下，講治國平天下怎樣不講經濟？又怎樣不喜歡講民主？我們何必要拿這所房子裡的東西一起全搬出去了，纔能拿新的進來。從前人講佛教，拿佛經一部一部的翻，使中國社會上每個人都能讀，何嘗是先要把中國古書燒掉，抑扔進毛廁去。今天講西方文化的人，卻不肯把西方書多翻幾本，有人肯翻，卻挑眼說他翻錯了。翻錯了也不打緊，《金剛經》薄薄一小本，不也翻了七次嗎。不論翻書，連講話也不肯講中國話，必要用英語講，至少遇話中重要字必講英語。這樣，好像存心不要外國文化能變成中國文化，卻硬要中國捨棄自己一切來接受外國文化，那比起中國古僧人來，真大差勁了。最了不起的是唐玄奘，他在中國早把各宗派的佛經都研究了，他又親到印度去。路上千辛萬苦不用提，他從印度回來，也只從事翻譯工作。他的翻譯和別人不同，他要把中國還沒有翻過來的佛經關於某一部分的全部翻。他要把全部佛教經典流傳在中國，那種信仰和氣魄也真是偉大。若使現代中國這一百年乃至五十年來，亦有一個真崇信西洋文化像玄奘般的人來畢生宏揚，要把西方文化傳進中國來，也決不是一件難事。若使玄奘當時，他因要傳進佛學先來從事打倒孔子老子，我也怕他會白費了精力，不僅無效果，抑且增糾紛。

在隋唐時，佛教裡還有許多中國人自創的新宗派，以後認為這些是中國的佛學——這裡有三大派，天台宗、禪宗、華嚴宗，而這裡最重要的尤其是禪宗。在唐以後中國社會最流行，幾乎唐以後的佛教，成為禪宗的天下。我這些話，並不是來提倡佛教，更不是在佛教裡面來提倡禪宗，諸位千萬不要誤會。或許有信佛教的人在此聽講，不要認為我太偏，我來大力講禪宗，我只說中國唐代以後，中國佛教中最盛行的是禪宗。這只是一件歷史事實。因此我要選出唐代禪宗開山的第一部書，那就是《六祖壇經》。這是在中國第一部用白話文來寫的書。這書篇幅不大，很易看，也很易懂。而且我們此刻自然有不少人熱心想把西洋文化傳進中國，那更該一讀此書，其中道理，我不想在此詳細講。我記得我看《六祖壇經》，第一遍只看了整整一個半天，就看完了，但看得手不忍釋。那時很年輕，剛過二十歲，那天星期，恰有些小毛病，覺得無聊，隨手翻這本書，我想一個高中學生也就應該能讀這本書的了。如此一來，我上面舉出的書裡，儒釋道三教都有了。也許有人又要問，你為什麼專舉些儒釋道三教的書，或說是有關思想方面的書呢？這也有我的理由。若講歷史，講文學，講其他，不免都是專門之學，要人去做專家。我只是舉出一些能影響到整個社會人生方面的書，這些書多講些做人道理，使人人懂得，即如何去做一個中國人。若能人人都像樣做個中國人，自然便是復興中國文化一條最重要的大道。這是我所以舉此諸書之理由。這樣我上面舉了六經，此刻加上《六祖壇經》，可以說是七經了。

五、《近思錄》、《傳習錄》

從唐代《六祖壇經》以後，我還想在宋、明兩代的理學家中再舉兩書。諸位也許又要說，理學家不便是儒家嗎？但我們要知道，宋明兩代的理學家已經受了道家、佛家的影響，他們已能把中國的儒釋道三大派融化會通成為後代的新儒家。從歷史來說，宋以後是我們中國一個新時代，若說孔孟老莊是上古，禪宗《六祖壇經》是中古，那宋明理學便是近古，它已和唐以前的中國遠有不同了。現在我想在宋明理學中再舉出兩部書來：一部是朱子所編的《近思錄》，這書把北宋理學家周濂溪、程明道、程伊川、張橫渠四位的話分類編集。到清朝江永，把朱子講的話逐條註在《近思錄》之下，於是《近思錄》就等於是五個人講話的一選本。這樣一來，宋朝理學大體也就在這裡了。也許有人說我是不是來提倡理學呢？這也不是。在《近思錄》的第一卷，朱子自己曾說，這一卷不必讀，為何呢，因這中間講的道理太高深，如講太極圖之類，也可說是太哲學了。既不要人人做一哲學家，因此不必要大家讀。下面講的只是些做人道理，讀一句有一句之用，讀一卷有一卷之用，適合於一般人讀，不像前面一卷是為專門研究理學的人讀的，所以我們儘可只

讀下面的。我選此書，也不是要人去研究理學，只是盼人注重做人，則此書實是有用的。

最後一本是明代王陽明先生的《傳習錄》，這本書也是人人能讀的。我勸人讀《六祖壇經》，因六祖是一個不識字的人。當然後來他應識得幾個字，可是他確實不是讀書人。他也不會自己來寫一本書。那部《壇經》是他的佛門弟子為他記下，如是的一本書，我說一個高中程度的人應能讀。至於王陽明自己是一個大學者，但他講的道理，卻說不讀書人也能懂，他的話不一定是講給讀書人聽，不讀書人也能聽。而且陽明先生的《傳習錄》，和朱子的《近思錄》，恰恰一面是講陸王之學的，一面是講程朱之學。宋明理學中的兩大派別，我也平等地選在這裡。教人不分門戶平等來看。

六、結　言

以上我所舉的書，《論語》、《孟子》、《大學》、《中庸》、《老子》、《莊子》、《六祖壇經》、《近思錄》、《傳習錄》，共九部。九部書中，有孔、孟，有老、莊，有佛家，有程、朱，有陸、王，種種派別。我們當知中國文化，本不是一個人一家派所建立的。諸位讀這九部書，喜歡那一派、喜歡這一派，都可以，而且我舉此九部書，更有一個特別重要的，因此九部書，其實都不是一部書，都可以分成一章一節。諸位果是很忙，沒有工夫的話，上毛廁時也可帶一本，讀上一條也有益，一條是一條。不必從頭到尾通體去讀。倘使你遇有閒時，一杯清茶，或者一杯咖啡，躺在籐椅子上，隨便拿一本，或是《近思錄》，或是陽明《傳習錄》，依然可以看上一條、兩條就算了。究看那些條，這又隨你高興，像抽籤一樣，抽到那條就那條。或有人說，中國人的思想就是這麼不科學，沒系統、無組織。但我認為中國思想之偉大處，也就在這地方，不從一部一部的書來專講一個道理。我們只是一句一個道理、一條一個道理，但那些道理到後卻講得通，全部都通了。西方人喜歡用一大部書來專講一個道理。像馬克斯的《資本論》，老實說，我從沒有時間來讀它，其實西方人真能從頭到尾讀它的恐怕也不多。如果馬克斯是一個中國人，他受了中國文化影響，我想只很簡單兩句話就夠了，說你這些資本家太不講人道，賺了這許多錢，也該為你的勞工們想想辦法，讓他們的生活也得改好些。這就好了。如此說來，他的話也是天經地義，一些也沒錯。但西方習慣，定要成為一家的思想，只此一家，別無分出，於是不免要裝頭裝尾，裝出許多話。於是，歷史的命定論，唯物史觀，階級鬥爭種種理論都裝上。本是講經濟，講資本主義，後來不曉得講到那裡去，毛病就出在這些加上的話。我對西洋哲學，當然是外行。但我覺得一部書從頭到尾讀完，其實也只幾句話。但他這幾句話，必須用許多話來證。中國書中講一句是一句，講兩句是兩句，不用再有證。只此一句兩句已把他要說的道理說完了。所以西方哲學，是出乎人生之外的，要放在大學或研究院裡去研究，中國人孔孟老莊所說的話，是只在人生之內的，人人可以讀，人人也能懂。從這個門進來，可以從那個門出去，隨便那條路，路路可通。我們中國人認為有最高價值的書應如此。我所舉的這九部書，每部書都如此。可以隨你便挑一段讀，讀了可以隨便放下，你若有所得，所得就在這一條。如《論語》云：「言忠信，行篤敬，雖蠻貊之邦行矣。言不忠信，行不篤敬，雖州里行乎哉！」你若到外國留學去，這段話對你恰好正有用。我們此刻要講中國文化，孔子思想，卑之毋甚高論，即如言忠信行篤敬六字也有用，難道有此六字，便使你不能留學！必得先打倒孔家店才能留學嗎？若要民主與科學，有此六字亦何害。你到外國，言不忠信，行不篤敬，你在家裡，你到街上，言不忠信，行不篤敬，到底會行不通。難道你嫌孔子講的思想太簡單？但中國思想的長處就在這簡單上。我不說外國思想要不得，但和我們確有些不同，正如一人是網球家，一人是拉小提琴的，你拿打網球的條件來批評拉小提琴，只見短處，不見長處，只有不是，沒有是處。你總是要我把小提琴丟了，來打網球，那未免太主觀太不近人情。我們不能儘拿外國的來批評中國，等於不能拿獅子來比老鷹，老鷹在天上，獅子不能上天去。我這樣講，你說我頑固守舊，那也沒法。我在小孩時最受影響的有一故事，試講給諸位聽。那時我在初級小學，那是前清光緒時代，一位教體操的先生，他摸摸我的頭，問我說，你會讀《三國演義》是嗎？我說是的，他說這書不要讀，開頭就錯了，什麼叫做天下分久必合，合久必分，一治一亂，這都是中國人走錯了路，中國的歷史才這樣，你看外國，像英國法國，他們治了還會亂，合了還會分嗎。

那是六十多年前的事。中國人崇拜西洋，排斥中國自己的那一套心理，前清時代就有，我在小學時那位體操先生就是思想前進早會講這些話。但現在的英國法國又是如何呢？我的意思，還是勸諸位且一讀這九部書，也不勸諸位去全部讀，可以一條一條隨便的讀。讀了一條又一條，其間可以會通。如讀《論語》這一條，再翻《論語》那一條，這條通了，那條也可通。讀了王陽明這一條，再讀王陽明那一條，其間也可以通。甚至九部書全可得會通。

我提出了這九部書，照理我該提出第十部，我們總統提倡復興中華文化，就是要實行　國父孫中山先生的三民主義，《三民主義》應該是今天的國民黨一部人人必讀的書，《三民主義》並沒有抹殺中國文化，在近代可說是獨出人群一個大見解，也可定為中國人一部人人必讀書，可是我今天只想舉幾部古書，不舉今人的著作。因此也不把《三民主義》舉在內。這九部書中，也不一定要全讀，讀八部也可七部也可。只讀一部也可。若只讀一部，我勸諸位讀《論語》。《論語》二十篇，至少有幾篇可以不讀，譬如第十篇〈鄉黨〉，記孔子平常生活，吃什麼穿什麼，那一篇可以不讀，最後一篇〈堯曰〉，不曉得講些什麼，也可不讀，只〈堯曰〉篇最後一條卻該讀。如是一來，《論語》二十篇只讀十八篇也好。十八篇中有你不喜歡的，也可不必讀，譬如上面說過「唯女子與小人為難養也」，這一條，你說不行，你不讀這條也好。那一部書找不出一點毛病，不要把這一點毛病來廢了全書。你不能說孔子這人根本就不行，當知這只是一種時代風氣，時代過了，那些便只是偏見，很幼穉，很可笑。《孟子》的文章是好的，《莊子》文章也好，若不能全讀，只讀〈內篇〉，就〈內篇〉中分章分段把懂的讀。其餘各書當然一樣。我們既不是要考博士，又不是應聘到大學裡去當教授，既為中國人，也該讀幾部從前中國人人人讀的書。若有人把這幾本書來問你懂不懂，你儘說不懂便好。你若把書中道理你懂得的講，人家會把西洋人見解來和你辨。那是急切辨不出結果來的。只要我讀了一遍感覺有興趣，自然會讀第二遍，讀一條感覺有興趣，自然會讀第二條。讓我再舉一故事。那時我還不到二十歲，十九歲時，那是民國二年，已在一小學裡教書。一天病了，有一位朋友同在一校，他說他覺得《論語》裡有一條話很好，我問那一條，他說「子之所慎，齊、戰、疾」一條很好。他說你此刻生病，正用得著，應該謹慎，小心一點，不要不當一件事，不要大意，可也不要害怕，不要緊張，請個醫生看看，一兩天就會好。我到今天還記得那一段話，還覺得《論語》此一條其味無窮，使我更增加讀《論語》的興趣。你不能說今天是二十世紀，是科學時代，這一條七個字要不得，不能存在了。其實在《論語》裡，直到今天還可以存在的，絕不只這一條七個字。如「言忠信，行篤敬」，這條能不能存在呢？「子曰：『學而時習之……』」這條能不能存在呢？你若用筆去圈出其能存在的。第一遍至少圈得出二三十條，第二遍可圈出七八十條都不止。還有一位朋友問我對《論語》最喜歡那一條，我一時感得奇怪，說我並沒注意喜歡那一條。我反問他你喜歡那一條呢？他說他最喜歡「飯疏食，飲水，曲肱而枕之，樂亦在其中矣。不義而富且貴，於我如浮雲」那一條。那位先生比我還要窮，他喜歡這一條，是有特別會心的。我仔細再把這一條來讀，我說你講得好。回想那時，民國初年，在小學裡教書，還能有朋友相討論，此刻是不同了，肯讀《論語》的人更少了。我今天所講，當然並不是一個學術上的問題，讀書得其大意，為自己受用。若能成為風氣，大家來讀，那時情形就更不同，可以互相討論，可以溫故知新，可以各自受用。不論政、軍、商、學各界，學科學的，做醫生的，都可讀，醫院裡的護士，店舖裡的伙計都該讀。此刻的問題我所舉的九部書是不是可以替換？這也無所謂。只要是大家能讀，容易讀，而讀了又有用。

今天我大膽的提出這九部書，這九部書，可以減，可以加。有幾部該讀註，有幾部不要註。從前我曾把王陽明先生的《傳習錄》作一節要本，並不是說某幾條不重要故節了，我只把《傳習錄》裡凡引到《大學》、《論語》、《孟子》，引到其他古書的都刪了，我要使一個只懂白話，一本古書也沒有讀過的，讓他去讀這節本，我是這樣節法的。我想諸位勸別人讀陽明先生的《傳習錄》，他要說他沒有讀過中國古書，好了，凡是裡面引到《論語》、《大學》、《孟子》種種古書的暫且都不要讀，不好嗎。等他讀了有興趣，再去找本四書看，自然會把自己領上一條路。最難的是對中國無興趣，對中國古人古書更無興趣，那就無話可講。但如此下去，終必對自己也無興趣，對中國人一切無興趣，把中國人的地位全抹殺，中國的前途也真沒有了。我們今天如何來改造社會轉移風氣，只有從自己心上做起，我最後可以告訴諸位，至少我自己是得了這幾部書的好處，所以我到今天，還能覺得做一中國人也可有光榮。

中國思想通俗講話

錢穆 著

思想無法脫離群眾獨立，中國傳統思想更是蘊藏於廣大群眾的行為、往古相沿之歷史傳統及社會習俗之中。

本書以「道理」、「性命」、「德行」、「氣運」四題及補文一篇，共五個部分，拈出目前社會習用的幾許觀念與名詞，由此上溯全部中國思想史，並由淺入深的闡述此諸觀念、諸名詞的內在涵義，及其相互會通之點，藉以描繪出中國傳統思想的大輪廓。凡此，均足供讀者作更深入的引申思索。

中華文化十二講

錢穆 著

本書乃賓四先生初定居臺灣期間，在各軍事基地之演講辭，共十二篇，大體討論中國文化問題。賓四先生認為中國文化有其特殊之成就、意義與價值，縱使一時受人輕鄙，但就人類生命全體之前途而言，中國文化必有其再見光輝與發揚之一日。

賓四先生一生崇敬國家民族之傳統文化，幾乎一如宗教信仰，頌讚或有過分處，批評他人或有偏激處，要之讀此一集，即可見中國文化影響之悠久偉大，實有難乎想像之處。

世界局勢與中國文化

錢穆 著

本書乃彙集三十年之散篇論文，共三十題，就其中一題，取名為《世界局勢與中國文化》，討論當前世界局勢之演變，及中國文化在此變動局勢中應如何自處之道。所涉方面甚廣，論題或大或小，或專或通。每題各申一義，而會合觀之，則彼此相通，不啻全書成一大論題，而義去一貫。其間各篇，雖因時立論，而自今讀之，亦無過時之感。因本書作者，本對世界局勢與中國文化，抱一堅定深入之信念，故因機解發，自有泉源混混，不擇地而出之致也。

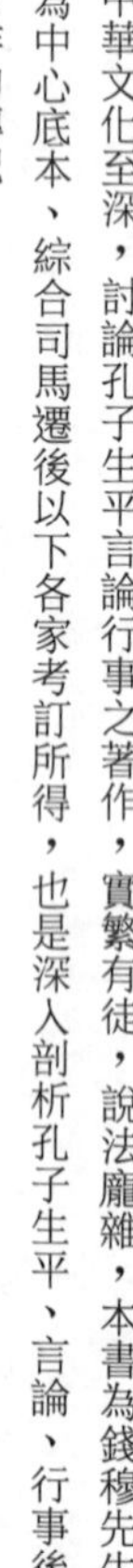

孔子傳

錢穆　著

儒學影響中華文化至深，討論孔子生平言論行事之著作，實繁有徒，說法龐雜，本書為錢穆先生以《論語》為中心底本、綜合司馬遷後以下各家考訂所得，也是深入剖析孔子生平、言論、行事後，重為孔子所作的傳記。

作者從孔子的先祖談起，及至孔子的早年、中年、晚年。詳列一生行跡，並針對古今雜說，從文化脈絡推論考辨，以務實的治學態度辨明真偽，力求貼近真實的孔子。

莊子纂箋

錢穆　著

《莊子》一書為中國古籍中一部人人必讀之書，但義理、辭章、考據三方面，皆須學有根柢，乃能通讀此書。本書則除郭象注外，詳採中國古今各家注，共得百種上下，斟酌選擇調和決奪，得一妥適之正解。全部《莊子》一字一句，無不操心，並可融通，實為莊子一家思想之正確解釋，宜為從古注書之上品。讀者須逐字逐句細讀之始得。

朱子學提綱

錢穆　著

本書為《朱子新學案》一書之首部。中國宋元明三代之理學，朱子為其重要一中心。儻論全部中國學術思想史，則孔子為上古一中心，朱子乃為近古一中心。《朱子新學案》乃就朱子學全部內容來發揮理學之意義與價值，但過屬專門，學者宜先讀《宋元學案》等書，乃可入門。此編則從全部中國學術思想之演變來闡述朱子學，範圍較廣，但易領略，故宜先讀此編，再讀《朱子新學案》全部，乃易有得。

國家圖書館出版品預行編目資料

中國文化叢談／錢穆著.——三版一刷.——臺北市：三民，2023
面； 公分.——（錢穆作品精萃）

ISBN 978-957-14-7397-0（平裝）
1. 中國文化

541.262 111001271

中國文化叢談

作 者 錢 穆
發行人 劉振強
出版者 三民書局股份有限公司
地 址 臺北市復興北路 386 號 (復北門市)
臺北市重慶南路一段 61 號 (重南門市)
電 話 (02)25006600
網 址 三民網路書店 https://www.sanmin.com.tw

出版日期 初版一刷 1969 年 11 月
二版二刷 2013 年 7 月
三版一刷 2023 年 1 月
書籍編號 S540240
I S B N 978-957-14-7397-0

三民書局